Florian Schroeder
Unter Wahnsinnigen

AF196968

FLORIAN SCHROEDER

UNTER WAHN SINNIGEN

Warum wir das Böse brauchen

dtv

Taschenbuchausgabe 2025
© 2023 dtv Verlagsgesellschaft mbH & Co. KG
Tumblingerstraße 21, 80337 München
produktsicherheit@dtv.de
Umschlaggestaltung: dtv nach einem Entwurf von
Dani Muno & Dirk von Manteuffel
Umschlagmotiv: Frank Eidel
Fotos: Florian Schroeder
Satz: Fotosatz Amann, Memmingen
Gesetzt aus der Minion
Druck und Bindung: CPI books GmbH, Leck
Printed in Germany · ISBN 978-3-423-35251-2

INHALT

Vorwort – Wie ich zum Bösen kam 9

Krieg – Putin, der geliebte Feind 15

Rohe Gewalt – Männer und das Böse 45

Lauter Lügen – Ein Mann, zwei Frauen und ein Doppelleben 73

Die Letzte Generation – Der Feind auf der Straße 101

Sexueller Missbrauch – Die Strafe nach der Strafe 135

Rechtsextreme – Fünf Jahre mit Martin Sellner und Horst Mahler 169

Im Wahn – Eine Frau und ihre Schizophrenie 207

Künstliche Intelligenz – Die Überwindung des Menschen 239

Nachwort – Lob der Ambivalenz 273

Nachwort zur Taschenbuchausgabe – Der linke Antisemitismus 283

»Annäherung wird durch Eintretendes bestätigt,
Anwesendes durch Abwesendes ergänzt. Sie treffen
sich im Spiegel, der Zeit und Unbehagen löscht.
Nie war der Spiegel so leer, so ohne Staub und bildlos [...]
der Vorhang wird durchsichtig; die Bühne ist frei.«

Ernst Jünger, *Annäherungen. Drogen und Rausch*[1]

VORWORT –
WIE ICH ZUM BÖSEN KAM

Allmählich hat sich mir herausgestellt, was jede große Philosophie
bisher war: nämlich das Selbstbekenntnis ihres Urhebers und eine Art
ungewollter und unvermerkter mémoires.

Friedrich Nietzsche, *Jenseits von Gut und Böse*[1]

Das Böse erlebt eine gewaltige Renaissance: Freund und Feind, richtig und falsch, für mich oder gegen mich. Es gibt kaum noch Grautöne, dafür fast nur schwarz oder weiß. Die Welt wird auf diese Weise sehr einfach und übersichtlich – aber eben nur scheinbar. Die Kategorien Gut und Böse lassen uns denken, wir hätten die Sache unter Kontrolle. Solange wir nicht böse sind, sind wir immer die Guten. Wir können uns einrichten in einer Schaukelstuhl-Behaglichkeit des »Wir haben's doch nur gut gemeint!«. Wir können richten und hängen, strafen und verfolgen – wir können andere ein- und ausgrenzen und dabei garantiert auf der richtigen Seite stehen. Das Schönste dabei: Wir brauchen keine Verantwortung mehr zu tragen, wenn die Ursache allen Übels stets woanders liegt, wenn die Bösen immer die anderen sind.

Dadurch gibt es nur zwei Möglichkeiten: Die Nachrichten sind wahr oder fake, Putin ist Hitler oder Held, Deutschland ist am Ende oder größer und geiler denn je. Kaum geschieht ein Verbrechen, fordern die üblichen Verdächtigen endlich schärfere Gesetze angesichts dieser Explosion der Gewalt. Dabei erleben wir heute so wenig Kriminalität wie noch nie in den vergangenen fünfzig Jahren. Das ist die Krankheit unserer Zeit, sie reduziert unsere Spielräume auf dramatische Weise: Entweder wir liken das Gute oder wir canceln das Böse.

Diese Krankheit macht uns gleichzeitig immun gegen den ehrlichen Blick auf uns selbst. Zu ihren Symptomen gehört, dass wir uns darüber etwas vormachen, wie wir sind. Wir sind nicht nur Engel oder Teufel, Herr oder Knecht, Heilige oder Verräter. Wir sind beides – und vielleicht auch manchmal keines von beiden. Doch je besser wir uns fühlen, je mehr wir die Guten sein wollen, desto verhängnisvoller können wir dem Bösen verfallen. Denn wir sind, wie die Psychologie sagt, Meister im Externalisieren. Wir verlagern Gefühle, Motive und Absichten nach außen, statt sie in uns selbst zu suchen. Und rufen laut: »Dafür kann ich nichts!« Wir verabscheuen das Verbrechen und hören – scheinbar paradoxerweise – leidenschaftlich True Crime Podcasts, schauen *Tatort* und lesen Krimis am Strand.

Wir verlagern das Böse in uns nach außen. Hier spreche ich nicht als Therapeut, sondern als Patient. Ich bin damit großgeworden. Ich komme aus einer Welt, in der das Böse zum Alltag gehörte und darum verschwiegen werden musste: Mein Vater war kriminell, er saß mehrere Jahre im Gefängnis. Mein Vater war ein klassischer Betrüger: gelernter Antiquar, belesen, talentiert, doch statt wertvolle Bücher zu verkaufen, stahl er sie und verkaufte sie teurer weiter. Er zog es vor, in Hotels erfundene Namen anzugeben, statt sich mit der eigenen Unterschrift zu erkennen zu geben. Im Fernverkehr löste er grundsätzlich keine Tickets, weswegen ich mich bei der Fahrkartenkontrolle stets schlafend stellen musste – vielleicht meine erste große schauspielerische Herausforderung. Früh wollte er auch mich ans kriminelle Geschäft heranführen, indem er mich aufforderte, Bananen auf *seine Weise* vom Markt mitzubringen: sie einstecken, wenn keiner schaut, und dann schnell weglaufen. Mein Vater war ein Hochstapler, eine Art Felix Krull des ausgehenden

20. Jahrhunderts. Am Ende starb er vereinsamt in einer dunklen Ecke des Schwarzwaldes. Er, der alle Möglichkeiten gehabt hätte, ein gutes Leben zu führen, entschied sich bewusst dagegen und bewegte sich stattdessen am Rand der Gesellschaft. Dafür muss man schon eine Menge destruktiven Enthusiasmus und Aggression in sich haben. War er aber wirklich böse?

Das war der dunkle Fleck meiner Jugend – es galt zu schweigen, nichts zu erzählen, um bloß nicht mit seinen kriminellen Aktivitäten in Verbindung gebracht zu werden. Als Kind einer alleinerziehenden Mutter war die Stigmatisierung ohnehin schon groß. Über meiner Jugend schwebte das große Horrorbild, ich könnte so werden wie er und am Ende genauso vereinsamt, genauso allein, so beleidigt und resigniert sterben – und erst nach zehn Tagen Liegezeit an einem sehr warmen Frühlingsmorgen gefunden werden, weil sich Nachbarn über den Geruch verwesenden Fleisches beschwert hatten. Mein Vater war ein hochtalentierter Taugenichts – einer, an dessen Schicksal nie er selbst, sondern immer nur die anderen schuld waren.

Ich wurde also groß mit einem bösen Antihelden, und das Lebensziel war schon erreicht, wenn ich ihm nicht nacheiferte. So lernte ich auf der einen Seite tatsächlich eine frühe Form der Selbstverantwortung, auch des Ehrgeizes. Erst sehr viel später stellte ich fest, dass dieses für so fest und sicher gehaltene Ufer auf der anderen Seite des Flusses umso brüchiger war, mich nicht zu schützen vermochte vor meinen eigenen Dämonen. Da ich alles, was er war, nur abgespalten und nicht integriert hatte, lebte es fort und wucherte vor sich hin wie ein Tumor. So habe ich mir, während ich alltäglich sehr funktionsfähig war, oftmals in meinen Umfeldern genau die Menschen wieder gesucht, die das mitbrachten, was ihn ausgemacht hatte – es waren Figuren der Wiederholung, die das Vergangene in der Gegenwart lebendig werden ließen und mich herausforderten –, zumeist warfen sie mich zurück auf gewohnte Reiz-Reaktions-Schemata: Um all diese Gremlins, die wie Schatten der Vergangenheit im Heute wirkten, abzuwehren, verhielt ich mich wie er – herablassend, arrogant, verletzend, selbstgefällig, kalt und vor allem: externalisierend. Ich lud also alles zu mir ein, was ich mit großer Kraft von mir fernhalten wollte. Schuld waren auch bei mir oft die anderen.

Wenn ich dieses Buch also *Unter Wahnsinnigen* genannt habe, so bedeutet das auch: Ich bin einer von ihnen – nicht, weil ich mich selbst dämonisieren oder die Protagonisten heroisieren oder verharmlosen möchte, sondern schlicht, weil ich sie als den anderen, den väterlichen Teil meiner selbst sehe, als Menschen, die in einem bestimmten Moment eine andere Abfahrt genommen haben als ich. Der Unterschied zwischen mir und ihnen, zwischen Gut und Böse, mag riesig scheinen, ist aber vielleicht nur marginal. Der entscheidende Kronzeuge dieses Buches ist wahrscheinlich Michel Foucault. Als ich beschloss, es zu schreiben, dachte ich oft an einen seiner schönsten Texte, der *Wahnsinn – das abwesende Werk* überschrieben ist. Darin gibt es einen Satz, der eine Art Grundfrage, eine Art Betriebsanleitung für dieses Buch ist: »Warum verstieß die abendländische Kultur genau das an ihre Grenzen, worin sie sich ebenso gut hätte erkennen können – worin sie sich de facto verzerrt selbst erkannt hat?«[2] Es ist doch erstaunlich: Ein Zeitalter, das sich rund um die Uhr selbst bespiegelt – von Insta-Reels über Feedback-Schleifen bis zu Achtsamkeits-Workshops –, ist vor lauter Selbstoptimierung blind für die Wunden und Narben, die Brüche und Risse, die Schwellen und Abgründe, in die zu schauen wirklich heilend sein könnte. Darum ist die Frage dieses Buchs: Wer sind die Ausgeschlossenen, die Fremden, die anderen? Warum verunsichern sie uns, oder besser: Warum lassen wir uns von ihnen verunsichern? Wen haben wir zum Bösen erklärt und vor wem möchten wir Angst haben? Neben dem Bösen spielt die Angst in diesem Buch eine große Rolle. Das war auch für mich eine überraschende Erkenntnis: Wir haben Angst vor dem Bösen, aber auch die sogenannten Bösen haben häufig mehr Angst, als wir glauben – vor sich oder der Welt, manchmal vielleicht vor beidem. Wie ist das möglich? Die Antworten helfen uns zu verstehen, warum wir das Böse brauchen und welche Leerstelle es füllt. Wenn wir den Blick in diese Richtung verschieben, könnte das der erste Schritt sein, das Böse anzuerkennen, ihm Platz am Tisch einzuräumen und es nicht länger als irre, wahnsinnig oder bestialisch wegzusperren. Wir brauchen das Böse, weil es unsere Angst, unsere Lügen, unsere Doppelmoral erklärt. Das Böse ist unsere Krücke. Es geht in diesem Buch auch um die Frage, wie unser Leben ohne diese Krücke aussehen könnte.

Als Komiker und Satiriker höre ich seit Jahren, meine Show sei dann besonders gut, wenn sie richtig böse ist. Ich habe mich immer gefragt, was das bedeutet: Die meisten Freunde des bösen, bissigen Kabaretts wünschen sich, dass man das sagt, was sie schon immer dachten, nur eben besser, zugespitzter formuliert. Das ist aber das Gegenteil von böse: Das ist meist näher am Evangelischen Kirchentag als an messerscharfer Gesellschaftsanalyse.

Das Böse hat mannigfaltige Gesichter – es stößt uns ab, zieht uns in seinen Bann, lässt uns staunen und erschaudern, erzwingt, dass wir angewidert zuschauen oder mit einer ängstlichen Lüsternheit ambivalent bleiben. Aber es ist stets interessanter als das Gute, es fordert uns immer heraus. Böse sein, sofern man diesen abgedroschenen Begriff in Stellung bringen kann, heißt in der Satire gerade das Gegenteil von dem, was emsige Absitzer des Kleinkunst-Abonnements glauben: Nämlich gerade nicht dem Publikum nach dem Mund reden, sondern es kontraintuitiv verwirren, auf die falsche Fährte führen, sich selbst zum Bösen zu machen, zum bigotten Arschloch. Nur bitte nicht zum Prediger des Guten, der im Gewand des Enttäuschten sich bequem einrichtet in der Haltung, die Welt sowieso nicht ändern zu können.

In diesem Buch geht es um diese Konfrontation, darum, das Böse zu zeigen, so, wie es ist. Ohne die billige faszinierte, fast schon voyeuristische Lust am Bösen, aber auch ohne falsche Rücksichtnahmen. Darum habe ich mich entschlossen, teils auch harte, an die Grenze des Erträglichen gehende Handlungen und Taten so detailliert wie nötig zu beschreiben – weil sie das Innere des Bösen ausmachen. Ich bin dorthin gegangen, wo das Böse ist, habe mit denen gesprochen, die mutmaßlich Böses getan haben oder es tun könnten. Ich habe die Nähe des Dunklen gesucht – und zwar, um es aus der größtmöglichen Nähe heraus zu verstehen, zu beobachten, ihm zuzusehen und zuzuhören. So flankieren dieses Buch Porträts und Reportagen, in denen ich weniger versuche, das Rätsel der potenziellen Täter zu entschlüsseln, um mich zum Richter aufzuschwingen – als das Böse vielmehr in seiner Rätselhaftigkeit und Mehrdimensionalität zu zeigen und damit die Kategorie des Bösen selbst aus den Angeln zu heben.

Darüber schwebt stets die Frage: Wie haben wir, die abendländischen Menschen, die Philosophie, die Psychologie, die Politik, im Lauf der Zeit das Böse zu fassen versucht? Welche Versuche gab es und warum gingen sie oft in die Irre? Das Kleine, das Persönliche, zeige ich also vor der Folie des großen Ganzen. Nähe braucht Distanz, Intimes braucht Abstand, der Vordergrund wird scharf nur durch seinen Hintergrund. Wer das eine ohne das andere haben will, wird bei einer vorhersehbar langweiligen Haltung ankommen, in der die Faszination des Bösen alles wäre und ich als Autor mit Gafferaugen voller Angstlust auf Verkehrsunfälle starrte. Insofern ist der Blick des Buches eher ein chirurgischer, hoffentlich präziser, nachdem das lauttönende Tatütata sein Werk getan hat.

Es sind Geschichten von Menschen und ihren Leben, die ich anders verstehe, seit ich ihnen nahegekommen bin.

KRIEG –
PUTIN, DER GELIEBTE FEIND

ANNÄHERUNG AN DEN FEIND

Ich bewege mich hier auf neuem Terrain. Im Grunde war mir Krieg immer egal. Er war weit weg, ohne Zweifel schrecklich, aber für alles, was damit im Detail zusammenhängt, habe ich mich nie interessiert. Den Kriegsdienst habe ich selbstverständlich verweigert – so wie sich das für jemanden gehört, der sich mit seinem Zwei-Komma-irgendwas-Abi für einen Intellektuellen hält. Das Kreiswehrersatzamt Freiburg im Breisgau stufte mich mit T3 ein, also mittelmäßig tauglich. Ich hatte gehofft, aufgrund meines Heuschnupfens für untauglich erklärt zu werden, aber das reichte dann doch nicht. So endete ich als Zivi beim Patientenradio der Uniklinik Freiburg – faktisch war ich Radiomoderator. Man kann also sagen: Im Grunde habe ich auch den Zivildienst verweigert. Den Soldatenberuf hatte ich aufgrund der Befehls-Gehorsams-Struktur immer heimlich verachtet – aber eher aus überheblichem Desinteresse denn aus fundiertem Wissen.

Vor diesem Hintergrund bin ich dankbar, dass mir die Bundeswehr in Litauen zwei Presseoffiziere zur Seite gestellt hat, die mich auf Schritt und Tritt begleiten. So ist das üblich, wenn ziviler Besuch kommt. Beide fungieren hier nicht als Zensoren oder Überwacher, oft helfen sie, all die Fachwörter zu übersetzen, die mir, dem feinen Herrn Ex-Zivi, sonst unverständlich geblieben wären.

Gaižiūnai heißt der Truppenübungsplatz irgendwo im litauischen Niemandsland, wo die neun Scharfschützen des Panzer-grenadier-Bataillons 401 aus Hagenow in Mecklenburg-Vor-pommern eine Annäherungsübung durchführen. Sechs Scharf-schützen müssen es schaffen, sich über gute zwei Kilometer an zwei Kameraden, die als feindlicher Beobachter fungieren, anzu-nähern. Werden sie entdeckt und rausgeschossen, gibt es Punkt-abzug. Im Gefecht wären sie wahrscheinlich tot. Im Unterschied zu den Schützen sehen die Beobachter mit ihren Ferngläsern die Landschaft nur zweidimensional. »Das ist eine völlig andere Sicht-weise.« Gerster, 35 Jahre alt, der Zugführer, ist mit seinen acht Kameraden für sechs Monate hier in Rukla – einem 2000-Seelen-Dorf mitten in Litauen, etwa eineinhalb Autostunden nördlich von der Hauptstadt Vilnius. eFP-Battlegroup heißt die NATO-Kampfgruppe, die hier seit 2017 stationiert ist. Das steht für Enhanced Forward Presence, was etwas wackelig übersetzt so viel bedeutet wie »Verstärkte Vorwärtspräsenz«. Seit Russlands Über-fall auf die Ukraine sind hier 1700 Soldaten stationiert – ein Drit-tel mehr als vor dem Angriff. Die Bundeswehr hat die Führung, sie stellt mehr als die Hälfte der Kräfte. Neben Deutschland rotieren Einheiten aus Norwegen, Belgien, Frankreich, Kroatien, Luxemburg und den Niederlanden. Faktisch soll die Gruppe Pu-tin abschrecken, die Grenze zu überqueren; Putin wiederum sieht in der westlichen Präsenz eine Provokation. Greift Putin hier an, sind die Deutschen im Krieg. Das, was sie nie wieder sein wollten.

Drei Tage Anfang Mai 2023 verbringe ich hier – nach etlichen Mails, Telefonaten und einem persönlichen Vorstellungsgespräch beim Einsatzführungskommando der Bundeswehr in Potsdam. Dort war man anfangs skeptisch: ein Scharfschütze der Bundes-wehr inmitten von Gewalttätern und anderen Wahnsinnigen, gemeinsam in einem Buch? Da sei aber der Soldat schon etwas anderes. Ich habe erklärt, worum es gehen soll: natürlich um den Ukraine-Krieg, um Putin als den Bösen, um Pazifismus, Terrorismus und die Frage, ob Soldaten das Böse brauchen – und ob das Böse Soldaten braucht.

»Hier habe ich als Erstes mit einem Sumpf Bekanntschaft gemacht«, sagt Gerster, nachdem wir die Freifläche des Truppenübungsplatzes hinter uns gelassen haben. Die Annäherung an den Feind führt unter zwei Stromtrassen durch eine sumpfige Graslandschaft, die von zwei Baumreihen umgrenzt wird. So wirkt der Weg wie eine riesige Allee mitten im Feld. Mit einem Marder sei er damals, gerade angekommen, bei Schnee munter losgefahren und nach achtzig Metern stecken geblieben. Schließlich musste ein Bergepanzer kommen, der ebenfalls stecken blieb. Man habe lange Drahtseile gespannt, um erst den Bergepanzer zu bergen und dann den richtigen Panzer.

Neben uns sitzen zwei Scharfschützen zwischen Bäumen im Gras und suchen nach dem richtigen Weg zum Feind. Für die Beobachter ist es kaum möglich, sie zu sehen. »Tarnung ist die Lebensversicherung des Schützen«, hatte Gerster noch im Wald gesagt. Der Scharfschütze hat keinen Helm und keine Schutzweste und auch nicht die Feuerkraft eines Grenadierzugs mit 36 Mann. Ghillie suits heißen die Tarnanzüge, mit denen sie stattdessen unterwegs sind. Das Wort kommt aus dem Schottischen. Bis zu 90 Arbeitsstunden gehen drauf, bis der Schütze seinen Tarnanzug angefertigt hat: Er muss aus Jutesäcken einzelne Fäden zupfen, einfärben und einzeln in den Ghillie hineinflechten. In Form und Farbe soll sich der Schütze jederzeit der Landschaft anpassen können, Tarnschminke im Gesicht kommt hinzu. Alle menschlichen Konturen müssen gebrochen werden. Im Rucksack, der zwischen vierzig und sechzig Kilo wiegt: Scharfschützengewehr, Sturmgewehr, Pistole, Munition für alle drei, Laser-Entfernungsmesser – das ist ein Fernglas, mit dem sich auf Knopfdruck die Entfernung zum Ziel anzeigen lässt, achtfach vergrößert. Maximal 1,4 Kilometer weit kann das Scharfschützengewehr

G22A2 im Kaliber 300 Winchester Magnum schießen. Aus dieser Entfernung kann es einen Menschen treffen, aus 800 Metern eine Brust und aus 600 Metern einen Kopf. 880 Meter pro Sekunde legt das Geschoss zurück, es durchschießt Schutzwesten und gepanzerte Fahrzeuge. Trifft eine solche Patrone ein Reh, ist es danach Ragout. Scharfschützen werden ausgebildet, um zu schießen, im Zweifel zu töten, das ist ihr Job. Gerster widerspricht, das stimme so nicht. Sie sollten in erster Linie den Feind verletzen, nicht umbringen. »Das Ziel ist, noch mehr Soldaten an den Verletzten zu binden, sodass die gegnerischen Kräfte den regulären Kampfhandlungen nicht mehr nachkommen können, weil sie Verwundete versorgen müssen.« Getötet habe er noch niemanden, nicht einmal geschossen. Er will das auch nicht. Es ist die Frage, die Scharfschützen hassen. Sie ist der Grund, warum niemand in Gersters Umfeld weiß, dass er Scharfschütze ist, nicht einmal sein Versicherungsvertreter. Er ist eben bei der Bundeswehr und häufig weg von zu Hause.

Wie alle Zivilisten kenne ich den Krieg nur aus Büchern und Filmen. Und so verbringe ich, während Gerster und seine Kameraden wieder in der Kaserne sind, die Abende in Kaunas, einer malerischen Stadt an der Memel, mit Kriegsliteratur. Mit Ernst Jünger, dem Ästheten des Krieges. Offizier im Ersten Weltkrieg, mindestens siebenmal verwundet, bekam er so ziemlich alle Auszeichnungen und war der jüngste Soldat, dem der Orden Pour le Mérite verliehen wurde. Jünger beschreibt den Krieg als Rausch, als Erweckung. Es geht um den Kampf um des Kampfes willen. Der Feind wird nicht als Feind gesehen, den der Soldat vernichten muss, er ist schlicht auf der anderen Seite, einer, der gebraucht wird, um die lebendige Lust des Kampfes erleben zu können. »Aufgewachsen in einem Zeitalter der Sicherheit, fühlten wir alle die Sehnsucht nach dem Ungewöhnlichen, nach der großen Gefahr. Da hatte uns der Krieg gepackt wie ein Rausch.

In einem Regen von Blumen waren wir hinausgezogen, in einer trunkenen Stimmung von Rosen und Blut. Der Krieg musste es uns ja bringen, das Große, Starke, Feierliche.«[1] Mit diesen Worten beginnt Jünger sein Kriegstagebuch *In Stahlgewittern*. Krieg ist ihm ein männlich-orgiastisches Ereignis. Zwar spricht er vom Schrecken, vom Grauen und von der Gefahr. Aber all das ist stets nur Antrieb, um es ins Kraftvoll-Ekstatische zu wenden:»Gewiss, es ist bitter ernst. Aber das Abenteuer ist der Glanz, der über der Drohung liegt. Die Aufgabe ist das Leben, aber das Abenteuer ist die Poesie. Die Pflicht macht die Aufgabe erträglich, aber die Lust an der Gefahr macht sie leicht.«[2] Da Jünger die wissenschaftliche Psychologie, wie alle anderen Naturwissenschaften, ablehnt, kann Krieg zum Kriegsspiel werden wie ein Theaterstück oder ein Film. Leben und Tod werden zu Kunst. Damit lagert er auch die Frage nach dem Bösen aus in eine äußere, dämonisierte, unhinterfragte Notwendigkeit des Krieges.

Mit dem Angriff Russlands auf die Ukraine hat sich auch in Deutschland etwas verändert. Manche sagen, das Land sei wieder nah an der Kriegsbegeisterung eines Ernst Jünger, so, als seien wir dankbar, dass es plötzlich wieder ums Ganze, um Leben und Tod geht. Das ist sicher Quatsch. Was aber hat sich verändert? In meinen Tagen in Litauen trendet auf Twitter der #Bundeswehr. Die üblichen Verdächtigen erregen sich vorhersehbar über eine neue Werbekampagne der Armee. Plakate säumen deutsche Straßen, auf denen eine Soldatin mit Tarnschminke im Gesicht auf einem Panzer mit einem Laser-Entfernungsmesser sitzt. In großen Buchstaben ist zu lesen:»Was zählt, wenn wir wieder Stärke zeigen müssen?« Auf Twitter brüllen ein paar Leute, die Bundeswehr sei geschichtsvergessen und kurz davor, wieder zur Wehrmacht zu mutieren. Auch das ist das gewohnte Gekeife der sozialen Medien, aber irritierend scheint es schon: Plötzlich ist all das wieder da, was für immer erledigt schien: Waffen, Munition, Panzer, Kampfjets, Soldaten. Am 1. April 2022 gingen Bilder eines Massakers um die Welt, das russische Soldaten im ukrainischen Butscha verübt hatten. Vermutlich waren sie es, die alles verändert haben: Bilder des Grauens von toten Zivilisten, darunter Frauen und Kinder, verstümmelt und verbrannt, gefoltert und vergewaltigt. Der erste Reflex auf diese Bilder ist meist eine Enthumanisierung der Täter: »Das sind keine Menschen!« Damit behandeln wir die Täter aber kaum anders, als sie ihre Opfer behandelt haben: als Menschen ohne Würde und ohne Rechte. Zugleich externalisieren wir das Böse: Das sind fremde Dämonen, die mit uns nichts zu tun haben. Wir sind die Guten, die Humanen – und zwar einfach nur deshalb, weil wir so etwas nicht tun würden oder nicht tun könnten. Also müssen wir uns weder mit denen noch mit uns wirklich beschäftigen. Mit der dunklen Tatsache zum Beispiel, dass deutsche Soldaten im Zweiten Weltkrieg nur zwanzig Kilometer von Butscha entfernt, in Babyn Jar, unfassbare Kriegsverbrechen begangen haben.

Sigmund Freud waren diese infantilen Abwehrmechanismen des Dunklen im Menschen sehr vertraut. »In Wirklichkeit gibt es keine ›Ausrottung‹ des Bösen«, schrieb er in *Zeitgemäßes über Krieg und Tod*. Die Psychologie zeige »vielmehr, daß das tiefste Wesen des Menschen in Triebregungen besteht, die elementarer Natur sind, bei allen Menschen gleichartig sind und auf die Befriedigung gewisser ursprünglicher Bedürfnisse zielen. Diese Triebregungen sind an sich weder gut noch böse.«[3] Das ist zunächst eine Blaupause für all die martialischen Schreie nach Rache und Vergeltung. Freud geht nun davon aus, dass Menschen sich entwickeln, indem sie sich gleichsam auf jeder Entwicklungsstufe selbst mitnehmen – also das, was früher war, was wir einmal erlebt haben, wird durch neues Erleben nicht getilgt, sondern verändert mitgeführt. Im Krieg nun zeigt sich »der frühere seelische Zustand«, der überwunden und irgendwo in den Kellern der Vergangenheit konserviert schien, erneut wie unter einem Vergrößerungsglas – und zwar so, »als ob alle späteren Entwicklungen annulliert, rückgängig gemacht worden wären«.[4] Freud hat diese Neigung später polemisch aufgegriffen: »Denn die Kindlein, sie hören es nicht gerne, wenn die angeborene Neigung des Menschen zum ›Bösen‹, zur Aggression, Destruktion und damit auch zur Grausamkeit erwähnt wird.«[5]

Draußen im Feld, auf dem Weg zum Feind, inmitten der Annäherung, sind wir abgebogen. Wir laufen auf einem breiteren Weg, ohne Gras und ohne Sumpf. Es ist noch ein Kilometer bis zum Ziel. Der Weg scheint uns vom Feind, den Beobachtern, wegzuführen. Das Dach des dunkelgrünen Transporters, gerade eben noch deutlich zu sehen, ist jetzt irgendwo dort oben auf einer Anhöhe verschwunden. Gerster ist eigentlich gelernter Tischler. Früh entschied er sich für eine Laufbahn bei den Streitkräften. Erst als Zeitsoldat, heute als Berufssoldat. Überall, wo die Bundeswehr in den vergangenen Jahren war, war er auch. Einmal in Mali und zweimal in Afghanistan. Dort ist er einmal unter Beschuss geraten. Zusammen mit amerikanischen Kräften war er unterwegs, als aufständische Taliban das US-Fahrzeug mit einer Sprengfalle fast völlig zerstörten. Als die Deutschen die verwundeten Amerikaner versorgt hatten, beschossen die Aufständischen sie mit Maschinengewehren und Mörsern. Den ganzen Tag lag er in Stellung mit seiner Waffe, von morgens bis abends um 21 Uhr. Geschossen hat er nicht, getroffen wurde er auch nicht. Wie hat er das erlebt? »Der Tag ist im Nachhinein relativ schnell vergangen.« Erst ein halbes Jahr danach, wieder zu Hause, habe er Albträume gehabt, immer wieder, immer dieselbe Geschichte: »Dass ein Aufständischer mit einer Waffe auf mich zukommt, den Feuerkampf gegen mich führt, ich selbst eine Waffe habe, aber einfach nicht schießen kann.« Psychologen nennen das posttraumatische Belastungsstörung. Damals war er

24 Jahre alt, jünger, naiver und abenteuerlustiger. Heute hat sich vieles verändert. Er ist seit sechs Jahren mit einer Frau zusammen, sie haben geheiratet und ein Kind, eine eineinhalbjährige Tochter. Er telefoniert täglich mit ihr, meist auch mit Video, damit er wenigstens ein bisschen mitbekommen kann, wie sie sich entwickelt. Gersters Leben ist ein Widerspruch, gelebte Zerrissenheit – damit wird er auch zu unserem Spiegel, dem Spiegel unserer zwiespältigen Haltung zum Krieg. Er ist Schütze, möchte aber nicht schießen müssen; er möchte zu Hause sein, Familienvater sein, und doch seinen Auftrag wahrnehmen. So wie wir keinen Krieg wollen und doch beschützt sein wollen, solange es Leute wie Putin gibt.

Hatte er in Afghanistan das Gefühl, in einer Umgebung zu sein, die böse ist? »Ja, dadurch, dass ein Menschenleben dort gefühlt nicht so viel wert ist wie in unseren Normen. Für die Aufständischen sind wir die Bösen, weil wir in ihr Land eingedrungen sind und unsere Werte und Normen verbreiten wollen.« Alles immer eine Frage der Perspektive. Und das Böse, was ist das? »Das, was bewusst versucht, Schaden anzurichten.« Somit konnten die Taliban ihm auch zum Feind werden. Es sei eben eine andere Kultur, die auch aggressiv gewirkt habe auf ihn. Immer wieder seien sie mit Steinen beworfen worden. »Dann fragt man sich auch: Okay, wir sind doch jetzt eigentlich hier, um für euch Sicherheit herzustellen, und warum seid ihr uns gegenüber jetzt so negativ gesinnt?« Es ist ihm bis heute schleierhaft, dass er und damit wir, der Westen, anders als gut wahrgenommen werden könne.

Das Wichtigste für den Scharfschützen sei neben dem Blick nach vorne, aufs Ziel gerichtet, der nach hinten. Gerster sagt, die entscheidende Frage sei: »Wie wirke ich in der Landschaft, die hinter mir liegt?«

DER DÄMON DES WESTENS

Ob ich Putins Geschichte mit der Ratte kenne, fragt Storm, der Truppenpsychologe in seinem abgedunkelten Containerkasten. Er sitzt auf der Couch, auf dem sonst seine Klienten sitzen. Die Rattenstory geht so: In ärmlichen Verhältnissen sei er aufgewachsen, der Vater war in einer Fabrik, seine Mutter Hausmeisterin. Als Junge trieb er sich mit Kameraden auf den Hinterhöfen herum. Im Hausaufgang hausten Ratten. Seine Freunde und er jagten sie immer mit Stöcken. Einmal entdeckte er eine riesige Ratte und fing an, sie zu verfolgen, bis er sie in die Ecke getrieben hatte. Da bäumte sie sich plötzlich auf und ging auf ihn los. Jetzt hatte sie den Spieß umgedreht und jagte ihn. Diese Geschichte hat Wladimir Putin immer wieder über sich erzählt, insbesondere in Interviews zu Beginn seines Aufstiegs.[6] Für Storm ist diese Geschichte der Schlüssel zum Verständnis dessen, was Putin tut. Der Morgen des 24. Februar 2022, der Beginn des Angriffskriegs auf die Ukraine, habe ihn darum auch wenig überrascht. Er musste sofort an die Ratte denken.

Ist Putin die Ratte? Hat er Grund, sich gedemütigt, in die Ecke gedrängt zu fühlen? Tatsächlich ist die NATO-Osterweiterung eine der großen Fragen rund um diesen Krieg. Der damalige sowjetische Präsident Michail Gorbatschow sagte noch 2014, es sei ein Mythos, dass er betrogen worden sei. Es hat also faktisch kein Versprechen an Moskau gegeben, dass die Grenzen Deutschlands auch die Grenzen der NATO bleiben würden.[7] Nachdem der Eiserne Vorhang gefallen und der Warschauer Pakt Geschichte war, ergriffen die mitteleuropäischen und baltischen Staaten die Initiative und wollten möglichst sofort der NATO beitreten – auch, weil Mitte der 1990er-Jahre wieder neoimperiale Stimmen aus Russland zu hören waren, die dort »große Ängste hervorgerufen haben«, wie der Osteuropa-Experte Klaus Gestwa von der Universität Tübingen sagt. Dabei habe die NATO durchaus die Sicherheitsbedenken Russlands berücksichtigt. Sie verpflichtete sich dazu, östlich der Elbe keine Militärstützpunkte zu errichten und auch nicht mehr als 5000 NATO-Soldaten in den beitretenden Staaten zu stationieren. »Das bedeutet, dass wir es hier mit einer politischen, nicht mit einer militärischen Erweiterung zu tun haben«, sagt Gestwa. Selbst nach der Annexion der Krim 2014 waren höchstens 8000 NATO-Soldaten auf dem Gebiet der neuen Beitrittsländer stationiert. »Meines Erachtens ist die herbeifantasierte Bedrohung Russlands durch die NATO ein Zerrbild, um den eigenen Angriffskrieg als Präventivkrieg darzustellen«,[8] bilanziert Gestwa.

So gut wie alles, was Putin bis heute tut, speist sich aus einem Trauma jener Zeit, 1991, als die UdSSR zusammenbrach. In der Folge nannte Putin dies »die größte geopolitische Katastrophe des 20. Jahrhunderts«.[9] Ein Zerfall ohne Gewalt, ohne Putsch und ohne Revolution – schon der Mauerfall 1989 hatte Putin erschüttert, der damals in Deutschland als sowjetischer Spion arbeitete. Putins Frage war die der Scharfschützen: Wie werde ich vom Feind gesehen und wie verhindere ich, dass er mich überhaupt beobachten und aufklären, also verraten kann. Der Politologe Ivan Krastev, der Putin persönlich getroffen hat, beschreibt ihn so: »Wenn er Menschen sieht, die demonstrieren, fragt er nicht: ›Warum sind sie da?‹ Seine Frage ist: ›Wer hat sie geschickt?‹«[10] Überall dunkle, böse Mächte, die im Hintergrund die Strippen ziehen.

Putins Weg zum Dämon des Westens lässt sich in drei Phasen einteilen. Es ist die Geschichte einer gegenseitigen Entfremdung. In der ersten Phase seiner Regentschaft gab er den Imitator des Westens. In den Tagen, nachdem in New York zwei Hochhäuser eingeäschert worden waren und die Welt unter Schock stand, sprach er im Deutschen Bundestag. Er hielt damals eine Rede, die hiesige Politiker und Journalisten nachhaltig beeindruckte. »Wir schlagen heute eine neue Seite in der Geschichte unserer bilateralen Beziehungen auf«, sagte er und sprach vom gemeinsamen »Aufbau des europäischen Hauses«.[11] Beim damaligen Kanzler Gerhard Schröder verfing das, er übernahm Putins Deutung: Der Tschetschenien-Krieg ist ein Teil des Kriegs gegen den Terror, dem sich die westliche Welt verschrieben hatte.

2007 gab er auf der Münchener Sicherheitskonferenz erstmals auf großer Bühne den Angreifer im Gewand des Opfers. Jetzt attackierte Putin: Sein Feind waren die heuchlerischen USA, die es sich zur Aufgabe gemacht hatten, die Welt zu bekehren, indem sie sich in die inneren Angelegenheiten fremder Länder einmischten, dabei ihre eigenen geopolitischen Interessen vorantrieben und in die eigene Tasche wirtschafteten.

Als Russland 2008 Südossetien und Abchasien besetzte, bezog sich Putin wesentlich auf den aus seiner Sicht Inbegriff westlicher Heuchelei: die Menschenrechte.[12] In seiner Erklärung zur Annexion der Krim bediente er sich in Teilen fast wortgleich der vom Westen unterstützten Unabhängigkeitserklärung des Kosovo.

Mit der Annexion der Krim 2014 zündete Putin die zweite Eskalationsstufe. Er ließ den halben Kreml seinen neuen, längst verstorbenen Lieblingsautor Iwan Iljin lesen – diesen aus seiner Sicht geradezu visionären russischen Philosophen, der ihm die Stichworte für die kommenden Jahre liefern sollte. Iljins These war, nach dem Zusammenbruch des Kommunismus werde es ein »einige Jahre während des Chaos« in den Republiken der ehemaligen UdSSR geben, das nur eine »nationale Diktatur« beenden könne. Nur so könne das russische Imperium dem Westen widerstehen, dessen einziges Ziel es sei, »Russland zu zerstückeln, um es unter westliche Kontrolle zu bringen, es aufzulösen und schließlich verschwinden zu lassen«.[13] Der klassische Verschwörungsmythos: Wenn wir untergehen, wird es die Schuld des Feindes sein. Früher oder später wird das Rattengift wirken.

In dieser Zeit beginnt auch Putins Kampf gegen das, was er die westliche Dekadenz nennt: die liberale Haltung gegenüber Minderheiten, offen gelebte Homosexualität, Schwangerschaftsabbrüche, Zugang zu Pornografie. All das führt aus seiner Sicht unweigerlich zur Zerstörung der Familie und in einen alles zersetzenden Relativismus. Worte, die auch vom Papst sein könnten.

Die Reaktion des Westens hilft ihm, sich in dieser Rolle weiter zu inszenieren. Als viele westliche Staatenlenker 2014 die Olympischen Spiele in Sotschi boykottieren, einige mit der Begründung, das sei, als führen sie 1936 zu Hitlers Olympiaspektakel nach Berlin, hatte der Westen höchstpersönlich Putin zu dem gemacht, was man die böse Fee nennt – die ungeliebte Tante lädt zum Tanztee zu sich nach Hause ein und keiner geht hin.

Aus dem (selbst)viktimisierten Aggressor war nun ein politischer Mephisto geworden. Der Teufel hat im Unterschied zu seinen Gegenmächten auf der Seite des Guten größere Freiheiten – und diese erweiterte Mephisto Putin zielstrebig. So feierte Russland den Brexit wie Amerika zuvor den Zerfall der Sowjetunion. So wie der Westen liberale NGOs in Russland unterstützte, finanzierten Russen rechts- und linksextreme Gruppen im Ausland. Und wie sich die USA immer wieder in russische Wahlen eingemischt haben – wie etwa 1996, als ein von Bill Clinton arrangiertes Darlehen die Wiederwahl Boris Jelzins ermöglichte –, mischte sich Russland 2016 in den US-Wahlkampf ein und unterstützte Donald Trump.[14] Mit den Sankt Petersburger Trollarmeen des späteren Wagner-Chefs Prigoschin zeigte Russland auch, dass die angeblich so freien Wahlen der USA ähnlich manipulierbar sind wie die eigenen; und das Internet, dieses von der westlichen Welt noch im Arabischen Frühling glorifizierte Medium der Freiheit, war nun plötzlich das Instrument der Manipulation geworden.

Putin war damit endgültig der Antiwestler. Und einer der offiziellen Gründe für den Einmarsch in die Ukraine, Putins dritte Eskalationsstufe, war, so einem Angriff des Westens auf Russland zuvorkommen zu wollen.

Was aber ist Putins Ziel? Eine Restauration des Russischen Reichs? Zwei Monate vor Beginn des Krieges, im Dezember 2021, schickte der Kreml zwei »Vertragsentwürfe« ans Weiße Haus in Washington und die NATO in Brüssel. Darin stand: Westeuropa solle sich militärisch neutralisieren, die USA mögen sich aus Europa zurückziehen und die demokratische Entwicklung Osteuropas soll zurückgedreht werden. Das hätte bedeutet: Kontinentaleuropa unterläge dem Einfluss Russlands. Die US-Sicherheitsberaterin Fiona Hill gab daraufhin zu Protokoll, dass, im Fall eines russischen Siegs in diesem Konflikt, »die baltischen Staaten, Finnland, Polen und viele andere Staaten, die einst Teil des russischen Imperiums waren, der Gefahr eines Angriffs oder eines Umsturzes« von innen ausgesetzt« wären.[15] Ambitionierte Restauratoren sind oft Fanatiker. Sie können nicht lockerlassen, bis alles wieder genauso aussieht, wie es einmal war. Oder noch schlimmer: wie sie glauben, dass es einmal gewesen sein muss. Paradoxerweise dürften dabei auch die Sanktionen, die der Westen nun gegen Russland verhängt hat, Putins Geschmack treffen. Damit kann er sich weiter zur Opferratte machen. Mehr noch als um Restauration scheint es ihm um eine ethnische Säuberung zu gehen – um eine Reinigung von allem Westlichen –, und es funktioniert: Kaum hatte sich McDonald's aus Russland zurückgezogen, eröffnete ein russisches McDonald's – mit demselben Personal und fast identischen Produkten, nur in russischen Lettern. Die Namen ändern sich, die Kopien bleiben. Erst wenn dort alles Westliche getilgt ist, wenn die Reinheit des Russischen wiederhergestellt ist, kann der russische Geist wieder erstrahlen. Dann wäre die Wunde von 1991 geheilt. Es scheint paradox: Der Westen, namentlich die USA, war der erklärte Feind Russlands, das personifizierte Böse. Zugleich imitierte Russland die ganze Zeit genau diese Vereinigten Staaten. Wenn Amerika in Syrien interveniert, kann Russland das auch tun. Wenn Amerika im Irak über Massenvernichtungswaffen lügt, kann Russland auch eine Entnazifizierung der Ukraine als Vorwand für einen Angriffskrieg ins Feld führen. Wenn die Amerikaner 1999 in Belgrad zunächst den Fernsehturm angreifen konnten, kann Russland auch den Ukraine-Krieg eröffnen, indem es den Kiewer Fernsehturm angreift. Wenn Amerika ein imperialer Staat ist, kann auch Russland imperial auftreten. Warum aber imitiert man den, den man verachtet?

Seit dem Fall des Eisernen Vorhangs 1991 war die Botschaft des selbsterklärten Siegers der Geschichte – des Westens – an die Weltgemeinschaft: Wenn Ihr unser Spiel akzeptiert, mit all den Regeln, die wir aufstellen, dann könnt Ihr mitspielen. Also strengt Euch an. In Osteuropa genau wie in Russland gab es eine Phase, in der diese Staaten versuchten, so zu sein, wie sie sein sollten. Russland war sogar in Putins erster Phase als Präsident eine Art Musterschüler der Imitation. Gute Nachahmer wollen zwar meist gefallen, zugleich aber auch im Schatten derer bleiben, denen sie gefallen wollen. Da ihnen das Eigene fehlt, kommt zum Streberhaften auch immer ein Stück Hass auf die, denen sie so eifrig nacheifern.[16]

FRIEDENSVERHANDLUNGEN JETZT!

Für Ivan Krastev ist der Ukraine-Krieg so etwas wie Putins Identitätspolitik, ausgeführt auf dem Schlachtfeld.[17] Identitätspolitik ist in unserem Alltag der nervige Streit, der spätestens nach fünf Minuten beim Thema Gendern hoffnungslos eskaliert und nach zehn Minuten bei Hitler ankommt. Die Älteren sagen dann, sie dürften nichts mehr sagen, während sie gerade Applaus dafür bekommen, dass sie das lautstark sagen, was sie nicht mehr sagen dürfen. Die anderen wollen festlegen, wer in wessen Namen sprechen darf – oder besser schweigen sollte. Was beide Seiten eint: Sie sehen sich als Opfer der jeweils anderen Seite – und scheinen alles dafür zu tun, dass das so bleibt.

Die Auseinandersetzung mit Putin ist Identitätspolitik auf großer Bühne, die den Rest der Welt zwingt, sich auf die eine oder andere Seite zu schlagen. Ein abwägendes Dazwischen scheint unmöglich. Entweder Kriegstreiber, also Bellizist, oder »Waffenstillstand jetzt!« brüllender Pazifist, der doch nur Frieden will. Zur Radikalisierung der Lager trägt ihre Unübersichtlichkeit bei. Ehemals selbst ernannte linke und grüne Parteien und viele ihrer Wähler sind für Waffenlieferungen, um die Ukraine bestmöglich zu unterstützen und Putin in seine Schranken zu weisen. Auf der anderen Seite eine irritierende Querfront aus Links- und Rechtspopulisten, die sich Friedensverhandlungen schon seit vorgestern wünschen. Sie müssen sich vorwerfen lassen, Putins Trolle

31

zu sein. Zu diesem Lager gehört der Rechtspopulist Roger Köppel aus der Schweiz.

Köppel, Verleger und Politiker, saß acht Jahre für die Schweizerische Volkspartei, so etwas wie die eidgenössische Schwester der AfD, im Nationalrat. Seine Zeitung, die *Weltwoche*, hat er seine eigene Entwicklung nachvollziehen lassen: vom linksliberalen Blatt zum rechtspopulistischen Magazin. Köppels Karriere fußt darauf, ein Querulant zu sein. Immer dagegen statt nur dabei. Das ist seine Währung in der viel beschworenen Aufmerksamkeitsökonomie: Er hat Trumps früheren Chefideologen Steve Bannon auf die Bühne in Zürich gebracht, in Berlin und Wien veranstaltete er ein »Gipfeltreffen der freien Rede« mit Thilo Sarrazin. In der Corona-Pandemie schloss er sich den Maßnahmengegnern an. »Ich bin auf den Giftschrank abonniert«, sagt er. »Ich habe immer versucht, eine Technik zu entwickeln, wie ich den Gottesdienst stören kann.«

Köppel sitzt in Zollikon unter einer Dachschräge und schaut in seine Zoom-Kamera. Wenige Wochen vor diesem Gespräch war er nach Moskau gefahren, ins »Epizentrum des angeblich Bösen«, wie er schrieb. Eine publizistische Annäherungsübung auf mehreren Seiten, eine ausgeschmückte Verneigung vor dem Feind des Westens. In der *Weltwoche* schrieb er: »Mediterrane Unbeschwertheit herrscht, Fröhlichkeit in überfüllten Restaurants, aber auch Ordnung und Sauberkeit beeindrucken, freundliche Polizisten, keine Klima-Vandalen.«[18] Beim Lesen war ich unsicher, ob er wirklich über Russland schreibt oder doch über die Schweiz.

Die Frage, wie seine Haltung zum Ukraine-Krieg sei, lässt ihn augenscheinlich schlingern. Er fühlt sich gezwungen, sich für seine Reise zu rechtfertigen. Er bringt ein Argument vor, um es sofort zu relativieren. »Im Grunde haben wir es mit einem Krieg zwischen zwei ehemaligen Sowjetrepubliken zu tun. Mit einem mutmaßlich völkerrechtswidrigen Einmarsch. Aber es gibt keinen völkerrechtskonformen Krieg, mir ist keiner bekannt.« Sein Trick: Indem er den Skeptiker gibt, spielt er Putins Spiel. Die Rede von den zwei Sowjetrepubliken ist exakt dessen Narrativ. In seinem Essay, in dem Putin schon im Sommer 2021 die Ukraine als Brudervolk bezeichnet hatte, nahm er den Ukrainern faktisch das Recht zu entscheiden, wer sie sind und sein wollen.

Je länger wir sprechen, desto mehr verstärkt sich mein Eindruck, dass die Fraktion Köppel genau die Guten sind, die sie keinesfalls werden wollen. Sie sprechen blumig von Frieden, das ist einfach. Möglicherweise sollte aber, wer das Gute so bedingungslos fordert, sich zunächst mit dem Bösen auseinandersetzen – und das ist in diesem Falle die dunkle Seite des Kriegs. Der Politikwissenschaftler Herfried Münkler unterscheidet zwischen zwei Kriegsformen – Niederwerfungskriegen und Erschöpfungskriegen.[19] Landmächte wie Russland neigten zu kurzen und intensiven Niederwerfungskriegen – ein kurzer Krieg, der den Gegner wehrlos macht. Das war augenscheinlich auch Putins Strategie. Scheitert sie, öffnet sich ein kurzes Fenster für Gespräche. Das dürfte in der Ukraine im April 2022 gewesen sein. Nur selten sind sich die Kriegsparteien über diesen magischen Moment des Friedens einig. Darum münden viele Kriege danach in Erschöpfungskriege – jenen langen, quälenden Krieg, den wir nun erleben. Das Ziel: die angegriffene Seite so lange zu unterstützen, bis der Aggressor einsieht, dass er gescheitert ist. Damit kann sich das angegriffene Land zunächst auf einen Waffenstillstand einlassen, auf den dann Verhandlungen folgen können, die dann wiederum zu einem Friedensabkommen führen können. Kommen Waffenstillstand und die Verhandlungen zu früh, wird der unterlegene Teil – in diesem Fall die Ukraine – Sicherheitsgarantien von anderen Ländern fordern. Sollte der Angreifer erneut angreifen, wäre der Westen Kriegspartei.

Köppel ist ein Rechtspopulist, aber seine Thesen sind auch ganz links anschlussfähig. Hier, auf der stets guten Seite der Macht, hängt man sich gerne noch die Pazifismus-Girlande um, damit man sich des eigenen Gutseins versichern kann. Prominenteste deutsche Beispiele sind Sahra Wagenknecht und Alice Schwarzer, die sich mit offenen Briefen und Friedensmanifesten regelmäßig zu Putins nützlichen Idiotinnen machen.

Es sind sehr unterschiedliche gesellschaftliche Gruppen, die diese beiden unterstützen: alte Friedensbewegte aus den 1980er-Jahren, junge Linke und – wie Köppel – (mittel)alte Rechte, auch ein paar Neonazis marschieren mit, ebenso ehemalige Querdenker und vollkommen unverdächtige Menschen, die einfach nur Angst haben vor dem Dritten Weltkrieg. Es gibt eine geheime Komplizenschaft zwischen der Fraktion Köppel-Wagenknecht-Schwarzer und Wladimir Putin: Sie stehen identitätspolitisch auf derselben Seite. Was sie verbindet, ist die Angst vor dem Statusverlust, vor dem Verlust ihrer historischen Bedeutung.

Putin fühlt sich bedroht – von außen, aber auch von innen. Mehr als jede zweite Ehe in Russland wird geschieden – eine deutlich höhere Quote als zur Sowjetzeit und ein Zeichen, dass traditionelle Werte weniger wichtig werden. Zwischen 1993 und 2010 schrumpfte die russische Bevölkerung von 148,6 Millionen auf 143,2 Millionen.[20] Die Lebenserwartung russischer Männer lag unter der von Männern im Sudan oder in Ruanda. In Russland kommen damit zwei negative Faktoren zusammen: eine so hohe Sterblichkeit wie in Afrika und eine so niedrige Geburtenrate wie in Europa.[21] Bei einem Führer, der zu Verschwörungsmythen neigt, brennen hier schnell alle Sicherungen durch. Darum hat die Duma 2012 US-Amerikanern verboten, russische Kinder zu adoptieren. Hinter den Massenentführungen von ukrainischen Kindern und Waisen und der Entscheidung des russischen Parlaments, ihre Adoption durch Schnellverfahren zu genehmigen, steckt eine tiefe Angst vor dem Aussterben. Allein durch Corona, wovor Putin so viel Angst hatte, dass er sich fast schon sklavisch im Kreml verbarrikadierte, starben eine Million Menschen in Russland.

Schaut man sich die Listen derer an, die Wagenknechts »Manifest für Frieden« unterschrieben haben, springt ein spannender kulturpsychologischer Defekt ins Auge: Demografisch sind es Menschen, die über 50 Jahre alt sind; Menschen, die sich häufig ein Leben lang auf der richtigen Seite wähnten, indem sie dagegen waren. Dissidenten, hauptberufliche Widerständler, Künstler. Gegen den Mainstream, gegen die Regierenden, gegen alles, was da oben ist. Hauptsache, erst einmal dagegen. Sie fühlen sich als Ausgestoßene, als Opfer, als Kämpfer, die dennoch immer Unterlegene geblieben sind. So identifizieren sie sich auf der großen Bühne mit einem wie Putin, der ebenfalls Opfer ist, ungehört und eingeengt wie sie selbst; übersehen und verletzt wie sie. Wenn die Profession eines Lebens darin bestand, im Widerstand zu sein, so besteht sie nun darin, dieses Lebensprinzip fortzuführen: besonders sein, aus der Masse herausstechen, sich absetzen – und je lauter der Vorwurf dröhnt, man mache sich mit dem Aggressor gemein, desto fester baut man die Trutzburg, in der man trotzig behaupten kann, lediglich auf der Seite des Unterdrückten zu stehen. In Wahrheit sind sie aber wie Putins Ratten, die diese unterlegene Position für sich nutzen – beleidigt, gedemütigt, allzeit zur Rache bereit. Wer sich immer auf der Seite der Guten sah, wird irgendwann in einem Schützengraben enden, in dem nur noch der Feind des Feindes ihr Freund sein kann.

Köppel, Wagenknecht und Schwarzer haben fast parallel zu Putin eine ähnliche Entwicklung hingelegt: Sie treffen sich mit ihm in einer ungeheuren Identitätspanik, einer Untergangsparanoia. Schon vor fünf Jahren wollte Sahra Wagenknecht lieber deutsche statt ausländischer Fachkräfte sehen und spielte mit Freude arme Geflüchtete gegen arme Deutsche aus – und der AfD in die Hände. Alice Schwarzer hat seit der Kölner Silvesternacht vor allem Täter mit Migrationshintergrund als Dämon auf der Uhr.[22] Und Roger Köppel beendete den Bericht in der *Weltwoche* über seinen Moskau-Besuch so, als sei Russland der bessere Westen:»Vielleicht kommt der Hass auf Russland auch daher, dass sich die Russen einfach dem Wahnsinn verweigern, der unsere westliche Welt zugrunde richtet: grüne Ideologie, politkorrekte Meinungsverbote, Gender-Irrsinn, Zertrümmerung der Familie, Verwahrlosung des Rechtsstaats, blinder Gehorsam gegenüber den USA. Sind die Russen heute die besseren, die wahren Europäer? Nach einem Besuch in ihrer Hauptstadt könnte man es fast meinen.«[23]

Was Rechte und Linke hier verbindet, ist die Überzeugung, dass »der Westen« sich in einer tiefen Doppelmoral gemütlich eingerichtet habe. Das ist zweifellos richtig. Der Westen war und ist heuchlerisch, doppelzüngig und zynisch: Er hat es zum Programm erhoben, dass die rechte Hand so tut, als wisse sie nicht, was die linke tut – während die rechte sie zugleich führt. Es gilt, diesen dunklen Anteil des Westens als Schwäche, als Ursache großen Leids, anzuerkennen – es gilt, diese verlogene, düstere Seite in den Blick zu nehmen. Aber sie ins Feld zu führen, um den Aggressor im Namen des Friedens unter der Hand zu verteidigen, übertrifft die zu Recht kritisierte Doppelmoral des Westens bei Weitem. Sie kehrt diesen Zynismus um, so ähnlich, wie Putin das heuchlerische Spiel des Westens für sich umkehrte, indem er wieder in der Rolle des Opfers seine imperialen, invasiven Züge für sich in Anspruch nahm.

George Orwell hat in einem kleinen Text, der ironischerweise *Über Nationalismus* heißt, hellsichtig auf den blinden Fleck aller sogenannter pazifistischer Bestrebungen aufmerksam gemacht, als er feststellte, dass Pazifisten »nicht durchweg Gewalt als solche [verurteilen], sondern lediglich Gewalt, die zur Verteidigung westlicher Länder angewandt wird. Den Russen wird, anders als den Briten, nicht vorgehalten, dass sie sich mit kriegerischen Mitteln verteidigen und sämtliche pazifistische Propaganda dieses Typs vermeidet es sogar, Russland oder China überhaupt zu erwähnen.« Er kommt zu dem Schluss: »Insgesamt kann man sich des Eindrucks nicht erwehren, dass der Pazifismus, wie er sich bei einem Teil der Intelligenzia findet, insgeheim von einer Bewunderung für Macht und erfolgreiche Grausamkeit beseelt ist.«[24]

Pazifisten genau wie ihr Gegenüber, die sogenannten Bellizisten, die Kriegstreiber, erliegen einer Doppelmoral, die mitverantwortlich ist für die stickige Luft, die in diesen Debatten häufig herrscht. Beginnen wir mit der Sprache der Pazifisten. Gerne ergehen sie sich bedeutungsschwanger in Begriffen wie »Verantwortung«, »Gewissen« oder »Rechte«[25], in jüngster Vergangenheit gipfelte ihre Schwülstigkeit schon einmal darin, dass sie »reinen Herzens«[26] seien. Mit anderen Worten: Sie betreiben einen triefenden Moralüberschuss, der seinesgleichen sucht. Auf der anderen Seite beanspruchen die Bellizisten für sich, jeder Moral enthoben zu sein, da Moral in der Politik nichts verloren habe. In dieser scheinbar moralfreien Zone sprechen sie dann gern von »Interessen« einzelner Länder. Das rechtfertigt meist nur den bekannten Zynismus, wonach militärische Interventionen aus moralischen Gründen abgelehnt, aber Rüstungsexporte zugleich genehmigt werden – auch in Krisengebiete, trotz Verbots.[27] So viel zur rechten und zur linken Hand. Der Versuch, die Moral im Sinne von scheinbar moralfreien Interessen auszuschalten, sorgt nur für die nächste Generalmobilmachung der Moral. Das verbindet Pazifisten und Bellizisten: Die einen suchen die Moral, um sich mit ihr gegen die Kriegstreiber bewaffnen zu können, die anderen suchen sie zu vermeiden, um Politik zu machen – beide haben das gleiche Ziel, sich vom Bösen, der moralischen Schuld, reinzuwaschen. Je mehr wir aber versuchen, der Schuld zu entkommen, umso verhängnisvoller holt sie uns ein – und überführt uns der eigenen Ambivalenz: 2011 stimmte der UN-Sicherheitsrat darüber ab, ob er die Rebellen in Libyen unterstützen sollte, die den Diktator Muammar al-Gaddafi stürzen wollten. Hier zeigte sich beispielhaft, wie dünn das Eis der Moral ist, indem sich die eingeübten Rollen der üblichen Verdächtigen schlagartig in ihr Gegenteil verkehrten. Der UN-Sicherheitsrat beschloss damals, eine Flugverbotszone einzurichten – und damit faktisch einen militärischen Eingriff –, um Gaddafi zu entmachten. Als der Sicherheitsrat abstimmte, enthielt sich Deutschland wie Russland, China, Indien und Brasilien, anders als die Verbündeten USA. Deutschland argumentierte dabei plötzlich so wie die reinen Herzen von der Pazifismus-Front: Einmischung in die Angelegenheit fremder Länder, Gewalt, unklare Perspektive, ergo: Finger weg davon! Die anderen Länder, die intervenieren wollten, argumentierten nun moralisch wie sonst nur die Kriegstreiber vom Bellizisten-Panzer: Es sei verwerflich, einen Diktator weiter gewähren zu lassen, statt ihn zu stoppen.[28] Nur der ausgeprägte Wunsch, zu den Guten zu gehören, macht anfällig dafür, alle Ideale schneller über Bord zu werfen, als der Untergang des Tankers vorhergesagt ist.

Roger Köppel hatte unter der Zollikoner Dachschräge gesagt, das Böse sei das überschießende Gute. Mutmaßlich hat er damit recht. In dem Moment, in dem wir glauben, die eigenen Werte und Normen seien die einzig richtigen, tragen diese bedingungslos guten Werte ihren Widerspruch, das Dunkle, vielleicht auch das Böse, schon in sich. Die Aufteilung der Welt in Gut und Böse ist eine Art Wurmfortsatz der Moral. Vielleicht brauchen wir das Böse nur deshalb so sehr, weil wir die Moral brauchen, uns an ihr festklammern wie ein Nichtschwimmer an seinem Rettungsring. Was wäre, wenn wir sie verabschiedeten? Ertränken wir dann in den Stürmen des Meeres, weil wir kein Land mehr sehen? Oder überließen wir uns einer wilden, amoralischen Anarchie, in der alle machen, was sie wollen, nur noch an sich denken und je nach Lust und Laune übereinander herfallen oder sich in den Armen liegen?

Es könnte helfen, auch hier einen neuen Beobachtungsstandort zu wählen. Weg von der Moral, hin zur Ethik. Häufig werden die beiden Begriffe synonym gebraucht – ich meine aber, sie machen einen Unterschied ums Ganze. Ähnlich wie der Philosoph Michael Schmidt-Salomon[29] definiere ich Moral als etwas Privates, wie eine Meinung. Ich kann mit Moral die Notwendigkeit eines Krieges genauso rechtfertigen wie die Heiligsprechung eines Menschen, dessen Überzeugung in mir zufällig Wohlgefallen erzeugt. Ich brauche im Zweifel noch nicht einmal eine Begründung dafür. Moral bleibt immer willkürlich, sie kennt nur Achtung und Missachtung, das ist ihr binärer Code. Jede Moral ist damit nur die Einstiegsdroge in die Doppelmoral, den Zynismus, die Lüge. »Empirisch gesehen ist moralische Kommunikation nahe am Streit und damit in der Nähe der Gewalt angesiedelt«, schreibt der Soziologe Niklas Luhmann. »Wer moralisch kommuniziert und damit bekanntgibt, unter welchen Bedingungen er andere und sich selbst achten, bzw. missachten wird, setzt seine Selbstachtung ein – und aufs Spiel. Er wird dann leicht in Situationen kommen, in denen er stärkere Mittel wählen muss, um Herausforderungen zu begegnen.«[30] Wenn ich also moralisch argumentiere, dass Waffenlieferungen des Teufels seien, weil sie Menschen töten, dieses Argument aber nicht ausreicht, so werde ich immer schwerere Geschütze auffahren müssen, um diese Position moralisch zu begründen. Am Ende lande ich eben bei der Apokalypse und rede bar aller Fakten den Dritten Weltkrieg herbei – nur, um meine Moral zu verteidigen. Ethik dagegen setzt bei der Frage an: Ist eine Handlung fair, gerecht, verallgemeinerbar? Ethik wägt ab, ordnet ein, versucht möglichst viele Sichtweisen und Perspektiven miteinzubeziehen. Zugleich wäre es ebenso kurzsichtig, die Moral einfach schnell über Bord zu werfen. Das wäre auch wenig zielführend. Es würde schon genügen, wenn wir die Moral selbst beobachten würden, wenn wir uns mit ihr über sie aufklären würden, uns ihrer Funktion bewusst würden und damit sehen würden, warum wir sie und das Böse brauchen – oder beides in diesem Wissen vielleicht sogar loslassen können.

Darauf deutet derzeit leider nur wenig hin. Gerade der Westen braucht die Moral, weil er das Böse in Gestalt von Figuren wie Putin braucht. Das anziehend-verführerische Moment an unserem Kampf gegen das vermeintlich Böse ist, sich nicht der eigenen Abgründigkeit stellen zu müssen.

Gerster hatte auf dem Weg entlang der Annäherungsübung, betont, was ein guter Scharfschütze mitbringen müsse: Ruhe, Geduld, Aufmerksamkeit, hohe Frustrationstoleranz, starke Impulskontrolle. Wer laut, arrogant oder gar beleidigend die Stellung verlässt und das Gewehr in den Sand wirft, ist schnell tot. So aber agierte der Westen gegenüber Russland – wie ein Schütze, der bei der Eignungsprüfung ziemlich sicher durchfallen würde. Stattdessen hätten sich westliche Staatenlenker fragen können: Wie werde ich gesehen, was liegt hinter mir, was vor mir? Was sagt das, was ich von den Beobachtern in Russland wahrnehme, über mich? Vielleicht werde ich zweidimensional gesehen, aber auch dieser andere, mir fremde, glatte Blick, hat seine Konturen, seine Berechtigung. Weil der Westen nicht bereit war, sich über sich selbst aufzuklären, wird er nun von dem Feind aufgeklärt, den er selbst zum Feind gemacht hat. Wir haben uns den Luxus erlaubt, Putin zu der Ratte zu machen, die er sein wollte. Er war die willkommene Verunsicherung, die Bedrohung, ja letztlich das Unverstandene. Das Mandat, das Putin immer wollte und welches ihm der Westen gerne übertrug und unfreiwillig verlängerte.

Ausgestattet mit höchster Sensibilität für den Westen, für seine Sehnsüchte und Wünsche und vor allem für seine Unzufriedenheit mit sich selbst, seine Unzulänglichkeiten und Ungereimtheiten, agierte Russland als perfekter Doppelagent. Russland – und Putin, der Meister der Spionage, ganz besonders – spielte stets mit dem westlichen Blick auf sich selbst und warf ihn – im doppelten Wortsinn – blendend zurück. Das war der entscheidende Aspekt seines Spiels, das der Westen nie verstanden hat.

Ist Putin der Dämon? Das wäre eine stumpfe moralisch-biedere Sichtweise, die nur hilft zu verschleiern, dass auch wir Putin sein könnten oder wenigstens jemand, der sich bereitwillig von ihm oder einem wie ihm täuschen ließe. Putin handelt maximal unethisch, er ist mutmaßlich ein Kriegsverbrecher und einer der gefährlichsten imperialen Führer seit Hitler. Ist es das Ziel, dass wir die Guten sind? Nein, wir können uns nur fragen, ob es uns gelingt, relativ besser zu sein als die, die wir leichtfertig ins Lager des Bösen verweisen. Oder gibt es einen Zustand, in dem wir das Böse nicht mehr brauchen?

KRIEG — ABER OHNE MORAL

Wenn man immer geradeaus läuft bis fast ans Ende der Training Regiment Barracks in Rukla und dann vor einem der letzten Container rechts abbiegt, landet man bei dem Mann, der hier final zuständig ist für die Frage nach dem Bösen – bei Militärseelsorger Reichert. Fürs Gespräch hat er seinen Arbeitsplatz gewählt, die Little Church: eine improvisierte Kanzel, davor ein paar Stühle, hier predigt er jeden Sonntagabend. Manchmal auch zu anderen Anlässen. Heute ist sein 84. Tag. Morgen wird er abreisen, zurück nach Deutschland. Dass er überhaupt hier ist, sei eher ein Versehen, er sollte in den Niger, aber dann habe die Bundeswehr ihn hierhin geschickt. Er war schon immer ein Outdoor-, ein Survival-Typ. Afghanistan, Mali, alles hat er erlebt, nichts ausgelassen. Nur Militärpfarrer in irgendeiner Gemeinde, das sei ihm immer zu wenig gewesen. Grenzsituationen haben ihn immer gereizt. »Hier hat Kirche oder Glaube die Rolle vom ADAC. Ich muss nicht jeden Tag mit dem ADAC Kaffee trinken, aber wenn ich auf dem Standstreifen bin, dann soll der kommen«, so sieht er sich und seine Rolle hier. In den vergangenen Monaten habe er wenig zu tun gehabt. Die Angehörigen des Bataillons aus Mecklenburg-Vorpommern seien vor allem Leute aus dem Osten, sie kommen selten zu ihm. »Die gehen eher zum Psychologen, die denken: Der Pfarrer will sie ja nur konvertieren, so in der Art.«

Jetzt ist er im Camp auf Abschiedstour. Der Oberst hat ihm

einen Satz mitgegeben: »Wir beide haben Putin und Mahatma Gandhi in uns, und die Frage ist, wer hat die Oberhand, wer hat das Ruder in der Hand?« Reichert ist sicher, dass ein Mensch niemals nur gut oder nur böse ist. In seinem Abschiedsgottesdienst gestern hat er über Umkehr gesprochen. »Für mich ist Umkehr: Ich fange jeden Morgen neu an. Ja, ich mach die Liegestütze, ja, ich mach die Atemübung, ich nehme mir vor, jedem nett zu begegnen.« All das klingt sehr weltlich und aufgeklärt. Und wo ist Gott, der muss doch bei einem katholischen Militärseelsorger eine zentrale Rolle spielen? Gott sei »in mir drin«, sagt er. »Dieser göttliche Funke, der ist in uns allen. Und diese große Kraft, die ich spüre, die ich aber nicht fassen kann in einem Mann mit weißem Bart.« Reichert wirkt von seiner katholischen Kirche so weit entfernt wie ein junger Zeitsoldat, der fordert, die Armee solle ab sofort Gehorsam und Disziplin abschaffen. Er habe sich im Lauf der Zeit wegentwickelt von der reinen Lehre der Kirchen. »Wenn der liebe Gott so ist, wie die meisten Leute ihn sich vorstellen, bin ich auch Atheist.« Vorbestimmung? Gibt es nicht. Die Haltung der Kirche zur Sexualität? Ein Weg, Menschen in die Schuld zu treiben. Alles liege in der Hand des Menschen, seiner Freiheit. Und der Krieg? Ist der nicht das ultimative Böse? Will Gott das? »Gott fliegt keine Flugzeuge, der schmeißt keine Bomben, der tritt keinen Leuten in den Arsch, sondern das sind wir selber, die das tun. Ich glaube an einen Gott, der mir hilft, das Leben zu überstehen, das so ist, wie es ist.« Dabei ist doch gerade die katholische Kirche eine, die alle Grausamkeiten der Geschichte, von den Kreuzzügen bis zum Kindesmissbrauch, mit voller Kraft unterstützt, ausgekostet und vor allem verschwiegen hat. Reichert kann nur euphorisch zustimmen: Das sehe man ja jetzt auch im Ukraine-Krieg, bei dem die russisch-orthodoxe Kirche eine grauenhafte Rolle spiele und, wie seit Jahren schon, mit dem Staat kungele. »Kalaschnikow und Kreuz, Blut und Boden«, darum gehe es.»Und der Putin hat sich die Kirche gekauft, der Kyrill ist ja auch vom Fach. Das finde ich schon fett böse.« Patriarch Kyrill I. ist Putins verlängerter Arm in die Kirche, er predigt gerne im Kreml und sieht alle, die Russland nicht dienen, als Feinde.

In den vergangenen Jahren hat sich Reicherts Blick geweitet, er hat sich mit anderen Religionen beschäftigt, mit Mystikern, mit dem Sufismus, jenem Teil des Islam, der auch spirituelle Momente in sich trägt. Das Spirituelle, das ihm so wichtig geworden sei, spiele in der traditionellen Kirche schlicht keine Rolle. Und wo sieht er dann das Böse? Im Menschen.»Das Böse ist die Frucht der Freiheit. Wir sind frei. Und wir können uns entscheiden.« Er sei jetzt 57 Jahre alt und erwachsen geworden. Er brauche eben niemanden mehr, der ihm sage, was gut und was böse sei.

Ausgerechnet in einer Welt, in der es darum geht, Feinde aufzuklären und zu vernichten, scheint es ihm gelungen, über dieses Denken hinauszugehen, es zu überwinden. Ausgerechnet als Angehöriger einer Religionsgemeinschaft, die das Böse miterfunden hat und nutzt, um sich am Leben zu erhalten, die damit so viel Unheil verursacht hat und immer weiter verursacht, scheint er, der Seelsorger, dieses Böse nicht mehr zu brauchen. Ist er angekommen in einer Welt jenseits von Gut und Böse? Kann man dort ankommen?»Ich bin da gerade in einem Prozess«, sagt er mehrfach. Wahrscheinlich ist der Abschied vom Bösen kein Ziel, kein Ankommen, sondern auch nur eine langsame, oft mühsame Annäherungsübung. An den langen Tagen hier im Camp, beim Lesen, habe er etwas gefunden, was ihm näher sei, einen Satz. Er geht so:»Draußen, jenseits der Vorstellungen von Richtig und Falsch, liegt ein Ort. Dort werden wir uns treffen.« Der Satz ist von Rumi, einem Sufi-Mystiker – aus Afghanistan.

44

ROHE GEWALT –
MÄNNER UND DAS BÖSE

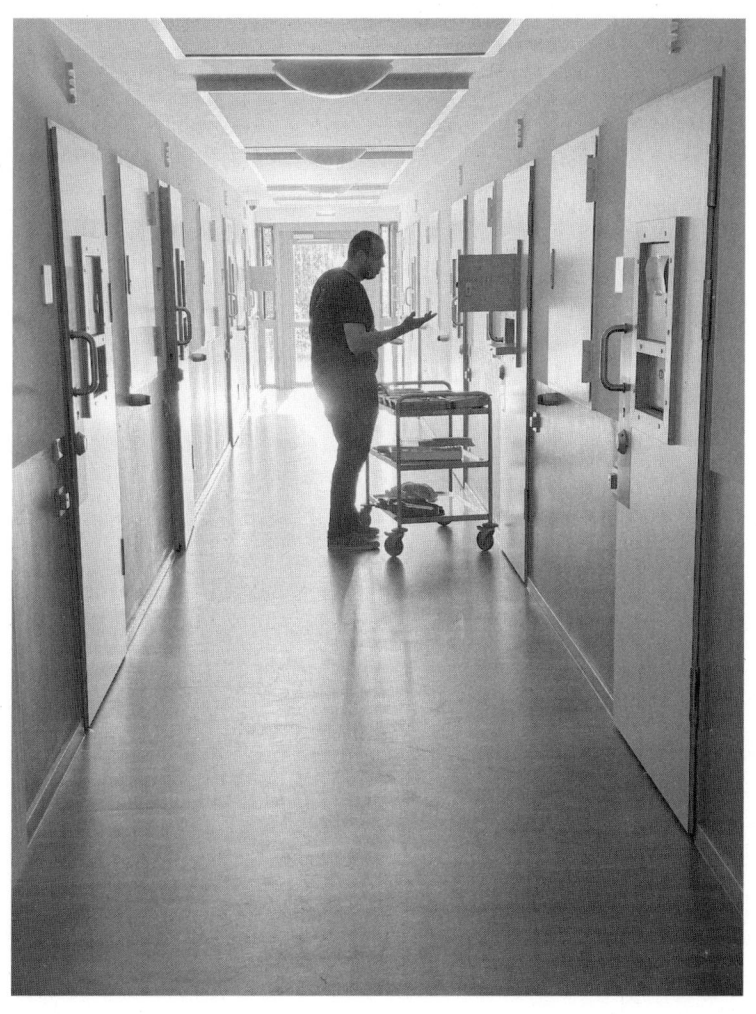

HINTER DEM ZAUN

Der Moment, in dem Nico merkte, dass er das Böse, diesen bisher so unheimlich-vertrauten Begleiter, vielleicht doch nicht mehr brauchte, ist drei Jahre her. Er hatte wieder einmal zugeschlagen, so wie er immer zugeschlagen hat. Dieses Mal hatte es einen Pfleger der Klinik getroffen. Der wollte, dass Nico sein Feuerzeug abgibt. Eine Lappalie. Aber seine Wut war so groß geworden, dass er den Bediensteten in den Schwitzkasten nahm, zu Boden warf und auf ihn einschlug – besoffen von der eigenen Gewalt. Zwanzig Pfleger kamen dem Kollegen zu Hilfe, trennten die beiden und fixierten Nico, damit er keinen Schaden mehr anrichten konnte. Das machte ihn noch wütender. Der Pfleger, der gerade den Nachtdienst angetreten hatte, schickte schließlich die Kollegen vor die Tür und blieb allein mit ihm, dem Randalierer, zurück. So saßen sie dann auf der Station, in seinem Zimmer, redeten und rauchten ein paar Zigaretten zusammen. Sie redeten lange und intensiv. »Wenn der mir so einen Vertrauensvorschuss gibt«, sagt Nico heute, »warum sollte ich den dann angreifen? Das hat mir gezeigt, es sind nicht alle böse. Warum sollte ich dann böse sein zu anderen Leuten?« Seitdem ist er nicht mehr gewalttätig geworden. Er fühlt, dass er auf einem guten Weg ist.

Nico ist 23 Jahre alt und seit sieben Jahren im Maßregelvollzug. Davor war er in Wohnheimen und Jugendpsychiatrien. Seine Geschichte ist eine Geschichte der Gewalt. Sie ist seine Sprache – er spricht sie fließend, von Anfang an. Alle anderen

Sprachen, die der Wünsche, der Bedürfnisse, der Sorgen und Ambivalenzen, sind Fremdsprachen für ihn. Er muss sie mühsam lernen, so, wie man Laufen lernt. Seit zwei Jahren ist er hier, in der Christophorus Klinik für Forensische Psychiatrie, eine halbe Autostunde südlich von Münster. Er ist einer von 54 Patienten, alles Männer, alle intelligenzgemindert. Nico hat eine Lernschwäche. Es ist die erste Klinik Deutschlands, die sich auf diese Gruppe spezialisiert hat. Die Menschen draußen, die sich als normal verstehen, bezeichnen Patienten im Maßregelvollzug gerne als Irre, Verrückte oder Psychopathen. Mörder, Brandstifter, Gewaltverbrecher, Menschen, die niemand in der Nachbarschaft haben will. Sie landen hier, wenn sie als vermindert schuldfähig oder schuldunfähig gelten – weil sie Suchtprobleme haben und unter Drogeneinfluss zu Tätern wurden oder weil sie als psychisch krank gelten. Wenn Gutachter und Richter ihr Urteil gefällt haben, landen sie hinter 5,50 Meter hohem Nato-Draht, rasiermesserscharf und unüberwindbar. Der Aufenthalt ist nicht befristet. So will es § 63, Strafgesetzbuch. Über ein langwieriges Lockerungsverfahren können sich Patienten in die Freiheit vortasten. Derzeit sitzen deutschlandweit rund 8000 Menschen in forensischen Psychiatrien, im Schnitt bleiben sie acht Jahre, manche auch für immer.[1] Einige, weil sie sich jeder Therapie entziehen, andere, weil sie hier ein Zuhause gefunden haben. Ihnen bietet die Forensik Schutz vor einem selbstverantwortlichen Leben, vor sich selbst, vor der Welt. Wieder andere werden nicht entlassen, weil sie als zu gefährlich gelten. Sie sind abhängig von Vollstreckungskammern und psychiatrischen Gutachtern, die sie regelmäßig anhören müssen. Das hat den Kliniken den Verdacht der Willkür eingebracht. »Ihre Leiter haben viel Raum, die Gerichte wenig Eingriffsmöglichkeiten«, kritisiert der Forensiker Norbert Nedopil.[2] Während Anwälte früher darauf spekulierten, dass ihre Mandanten in die Psychiatrie kamen, weil sie weniger drakonisch als eine Haft war, stehen die Anstalten heute im Verdacht, Patienten länger als nötig festzuhalten – oder falsch zu beurteilen. So wie bei dem Bayern Gustl Mollath, der aufgrund eines Justizirrtums fast acht Jahre unschuldig im Maßregelvollzug verbrachte. Zudem sind die rund 80 deutschen Anstalten allesamt am Limit. In Berlin leben zum Teil fünf Patienten in einem Zweibettzimmer: Auch in anderen Bundesländern liegt die Überbelegung bei bis zu 20 Prozent. Das hat dazu geführt, dass verurteilte Täter aufgrund fehlender Plätze freigelassen werden mussten – wegen schwerer Körperverletzung verurteilte Männer wie Nico.[3] So richtet sich ein Doppelvorwurf an die Kliniken, nämlich der, dass Straffällige weder rein- noch rauskommen.

Der Ärztliche Direktor der Klinik in Münster ist der Psychiater Dieter Seifert. Er hat sich lange mit dem Maßregelvollzug und seiner Geschichte beschäftigt. Die ersten Kliniken, um 1900 errichtet, galten weniger der Therapie als vielmehr »der Ausgrenzung und Verwahrung dieser Patientengruppe«[4], und manchmal hat Seifert das Gefühl, dass sich daran in den vergangenen 100 Jahren kaum etwas geändert hat. Er sitzt in seinem Büro direkt hinter dem Zaun und dem grünen Eingangstor. Ab und zu kommen Patienten vorbei und klopfen an sein Fenster. Er macht dann auf und spricht mit ihnen, er will Teil ihres Lebens, Teil ihrer Wirklichkeit sein. Vor einigen Jahren hatte er eine Bürgerinitiative gegen sich. Hier im Wald-und-Wiesen-Nirgendwo hatten sie über mehrere Kilometer Warnschilder aufgestellt: »Willkommen im Forensik-Rückfallgebiet« oder »Ein Albtraum – Sexualtäter im Schulbus«.[5] Das Oberlandesgericht Hamm hatte zuvor entschieden, dass unbegleitete Ausgänge von Patienten nach ärztlicher Entscheidung möglich sein müssen.

Nico wartet im Besprechungsraum, schräg gegenüber von Seiferts Büro, 1,75 Meter groß, quadratische Brille, die sein rundliches Gesicht kontrastiert. Bald darf auch er zum ersten Mal ohne Begleitung eines Pflegers raus aus der Klinik. Schon jetzt kann er sich frei auf dem Gelände bewegen. Nicos Vergangenheit erklärt, warum er hier ist, es ist die trostlose Geschichte seines Lebens, eines Schicksals. Die gleichzeitig grundsätzliche gesellschaftliche Fragen aufwirft: Wie viel Aggression kann eine Gesellschaft aushalten? Sind Aggression und Gewalt dasselbe? Gibt es auch gute Aggression? Und, da das Wort Männlichkeit inzwischen fast nur noch mit dem Adjektiv »toxisch« verbunden wird: Wie männlich ist Aggression und wie aggressiv sind Männer?

Müsste ich Nicos Leben in einem Satz beschreiben, würde ich sagen: Alle Gewalt geht vom Vater aus. Der hat Nicos Mutter regelmäßig schwer verprügelt, genau wie ihn und die Geschwister. Vier hat er, eigentlich wären es zwölf, sagt er. Acht Schwangerschaften der Mutter habe der Vater beendet, indem er die Mutter so heftig in den Bauch getreten habe, dass die Fruchtblase geplatzt sei. Es sei ein Glück gewesen, dass die Mutter das überlebt hat. Als sie sich schließlich von Nicos Vater getrennt hatte, betreute das Jugendamt die Familie. Beide Eltern waren heroinabhängig, der Vater ist der Sucht erlegen, als Nico sieben Jahre alt war. Im selben Jahr versucht die Mutter, sich das Leben zu nehmen. Anschließend immer wieder Umzüge, Nico fängt an zu rauchen, mit zehn Jahren nimmt er auch andere Drogen: LSD, Ecstasy, Amphetamine. Mit zwölf Jahren kommt Nico in die Jugendpsychiatrie. Immer wieder Wohnheime und Psychiatrien, bis zu seinem 17. Geburtstag brachte er es auf 13 Aufenthalte. Irgendwann hat er einen Förderschulabschluss gemacht. Meistens flog er raus, weil er wieder ausgeflippt ist. Sein Spitzname war »Psycho«, er hat ihn sich erkämpft.

Wenn er ausgerastet ist, sei das wie ein Rausch gewesen, besessen habe er getreten, gebissen, geschlagen, gewürgt. Als er zum ersten Mal eine Haloperidolspritze bekommt, die »Betonspritze«, ist er gerade mal acht Jahre alt. Sie wird schweren Gewalttätern in Kliniken verabreicht, wenn das Personal sich überhaupt nicht mehr zu helfen weiß. Damals wurde er auch fixiert, Dutzende Male sollten folgen. Bis zu sieben Gurte über Stirn, Brust, Bauch, Beine und Füße. Einmal lag er so vierzehn Stunden auf einem Fixierbett.

Vor sieben Jahren verurteilte ihn das Amtsgericht Meschede wegen Hausfriedensbruchs, Diebstahls, Körperverletzung, versuchter Körperverletzung, Beleidigung und Widerstand gegen Vollstreckungsbeamte im Zustand verminderter Schuldfähigkeit. Der Richter sprach ihn frei und ordnete an, dass er in einem psychiatrischen Krankenhaus unterzubringen ist. Die Gutachter bescheinigten ihm eine manifeste emotional-instabile Persönlichkeitsstörung vom impulsiven Typus. Er flog aus der Jugendforensik, weil er seinen Zimmernachbarn übel zugerichtet hatte. Der Grund für die Attacke: Der Mitbewohner hatte gedroht, Nicos Familie umzubringen. So kam er in die Erwachsenenpsychiatrie nach Lippstadt-Eickelborn, die Klinik, in der schon sein Vater gewesen war. Nico hat zwei Brüder und zwei Schwestern. Nur die Schwestern haben es geschafft, weder im Knast noch in einer Psychiatrie zu landen.

Seit er nicht mehr gewalttätig gegen andere ist, richtet er die Aggression gegen sich selbst. Zweimal hat er sich beide Unterarme bis aufs Fleisch aufgekratzt, die Wunden sind bis heute zu sehen. Wenn er wütend ist, reißt er sich die Zehennägel aus bis zur Wurzel, manchmal habe er auch gegen Betonwände geschlagen, bis seine Hände geblutet hätten. Den Pflegern sagte er dann, er sei hingefallen. »Bevor ich andere verletze, verletze ich mich selber, und zwar so, dass es keiner sieht.« Es habe sich auch ähnlich angefühlt wie die Ausraster gegen Fremde früher – es habe ihn beruhigt. Erst am nächsten Tag, als er seine Schuhe anzog, habe er den Schmerz gespürt. Ob das ein Schmerz sei, den er von

der Gewalt seines Vaters kenne, frage ich ihn. Nein, die Selbst-
verletzung habe immer ein Eigenleben gehabt in ihm. Schon im
Kindergarten habe er seinen Kopf wieder und wieder auf den
Fliesenboden geschlagen. Der Schmerz sei auszuhalten gewesen,
anders als diese unstillbare Wut in ihm.

Hier, in Münster, gehe es ihm besser. Montags Schule, dienstags Steinmetzen, dann Basketball, anschließend industrielle
Fertigung. Donnerstags Gartenarbeit. Rasen mähen und Frei-
schneiden mit der Heckenschere oder auch mal in der Schreinerei, wenn was zu tun ist. Dazwischen einmal pro Woche Einzel-
therapie bei Oberarzt Ansgar Osewold. Eigentlich sei Nico sehr
verletzlich, wenn er Leere empfinde, schlechte Nachrichten aus
der Familie bekomme, dann erlebe er einen Druck, den er kaum
noch abbauen könne. Ihm fehle die Impulskontrolle, sagt Osewold. Irgendwann, vor einem Jahr, sei Nico angekommen und
habe vorgeschlagen, seine Medikamente abzusetzen. Er wolle
sehen, wie es ohne sie laufe. Osewold hat ihm vertraut. Langsam
haben sie die Medikamente ausgeschlichen. Seitdem sei er aktiver
und habe sogar abgenommen, 50 Kilogramm insgesamt. Osewold wirkt wie ein gütiger, stolzer Vater, der seinem Jungen die
Welt aufschließt, so gut und soweit er eben kann, der aber auch
weiß, dass seine Möglichkeiten begrenzt sind.

WARUM WIR DIE AGGRESSION BRAUCHEN

Die Aggression hat einen schlechten Ruf – schon immer, aber besonders heute. Wir leben in Zeiten des Krieges und des Terrors. Ihre zerstörerische Seite erleben wir fast täglich. Wenn wir auf die Menschheitsgeschichte schauen, dann in diesen Tagen verstärkt auf eine von Männern geschriebene und gemachte Geschichte. Was von ihr bleibt, ist ein ausgebeuteter, zerstörter Planet – Bilanz der Herrschaft eines aggressiven Geschlechts, das seine Triebe nicht unter Kontrolle gebracht hat, bis heute nicht. Es gibt viele Indizien und Belege für diese Version der Geschichte. Der Kulturwissenschaftler Klaus Theweleit geht davon aus, dass »der Mann schuld ist am Bösen«. Diese Schuldgeschichte beginnt 12 000 Jahre vor unserer Zeit, als die Menschen sesshaft wurden. Von da an erst gab es Besitz und Eigentum und so auch Neid und Konkurrenz. »Damit gingen die kriegerischen Aktionen auf Männer über. Frauen wurden auf den inneren Bereich – Haus, Ernte, Kinder – festgelegt. Alles, was nach außen passierte, machten Männer.«[6] Kriege, wie wir sie heute kennen, entstanden in dieser Zeit.

In den Jahren um 1800 galt der Mann als »souverän und fehlerlos«, die Frau dagegen war nur seine Schwundform: instinktgetrieben, pathologisch, primitiv.[7] Simone de Beauvoir wird später über diese Zeit schreiben: »Der Mann vertritt die Menschen schlechthin. Die Frau dagegen erscheint als das Negative.«[8] Der Mann ist dann entsprechend kontrolliert, dominant und privilegiert, die Frau sein Opfer – so wie schon früher bei all seinen

Raubzügen im Rahmen von Kriegen. Die Beute waren stets Frauen, die er dem Besitz des feindlichen Mannes, dessen Land er eingenommen hatte, mitentzogen und zu seinem eigenen gemacht hatte – zumindest hielt er das für selbstverständlich.[9] Daran ist zweifellos vieles treffend – und bis heute zu wenig aufgearbeitet. Aber vielleicht ist das nur ein Teil der Wahrheit. Vielleicht fehlen Puzzleteile, damit ein vollständigeres Bild möglich ist. Die Frage wäre dann: Gibt es gute Aggression und wie lässt sie sich von böser unterscheiden? Wo liegt der Unterschied zwischen (guter) Aggression und Gewalt? So viel ist klar: Menschheitsgeschichte ist – und bleibt – Aggressionsgeschichte.

Um Aggression zu verstehen, müssen wir auf die Evolutionsbiologie schauen. In der Tierwelt ist sie ein Mittel, um zu konkurrieren, nicht, um sich gegenseitig zu vernichten. So wird die eigene Art erhalten. Der besiegte Wolf hält dem Sieger die Halsschlagader hin, um dessen Aggression zu hemmen. Rattenmütter töten ihre Jungen, wenn ein stärkeres Männchen auftaucht. So kann sich die Mutter mit dem kräftigeren Exemplar fortpflanzen und die eigene Art dominanter machen: Durch die Tötung der Jungen erhöht sie ihre eigene Fitness. Glück ist in der Evolution nicht vorgesehen. Der Mensch ist das einzige Tier, bei dem die Aggression innerhalb der eigenen Art destruktiv geworden ist. Zugleich ist er das einzige Tier, das Moral und Ethik für sich entdeckt hat. Vielleicht auch, weil er über eher gering ausgeprägte soziale Instinkte zum Schutz der eigenen Spezies verfügt. Der Mensch ist somit ein Wesen, das höchsten Aufwand betreiben muss, um sich vor der Selbstausrottung zu schützen – die Moral ist dabei seine Krücke, eine, mit der viele nur schwer umgehen können. Für Charles Darwin etwa war Moral ein Produkt der geistigen Reflexion, die er vielen Menschen absprach – zum Beispiel denen, die er die »Wilden« nannte.[10]

Dass die völlige Einhegung der eigenen aggressiven Triebe

schädlich für den Menschen sei, wird Sigmund Freud später fortführen: Er unterscheidet zwischen einem Lebens- und einem Todestrieb. Beide sind im Menschen, und nur aus dem »Zusammen- und Gegeneinanderwirken der beiden gehen die Erscheinungen des Lebens hervor«.[11] Der nach außen gerichtete Teil des Todestriebs zeigt sich als »Trieb zur Aggression und Destruktion«.[12] Dass diese aggressive Kraft, uneingeschränkt nach außen gerichtet, viel zerstören kann, zeigen Patienten wie Nico. Wie zerstörerisch sie ist, wenn sie nach innen gerichtet wird, zeigt Nico ebenso anschaulich. Beides kann also Menschen zerstören, die Aggression nach außen wie die nach innen. Einen Ausweg aus dem Dilemma, wie Aggression gelebt werden kann, ohne sich oder andere zu zerstören, hat Freud nicht angeboten.

Erich Fromm, der Freuds Triebtheorie ablehnt, unterscheidet stattdessen zwischen »gutartiger« und »bösartiger« Aggression. Die erste »ist eine Reaktion auf eine Bedrohung der vitalen Interessen. […] sie ist Tieren und Menschen gemeinsam; […] sie zielt darauf ab, die Bedrohung zu beseitigen, indem sie sie entweder vernichtet oder ihre Ursache beseitigt.« Wir haben es also hier mit einer Art körperlicher Notwehr zu tun, eine Antwort auf einen Angriff. Wenn ich unter diesen Bedingungen jemanden verletze, geht die Ursache und damit die Verantwortung nicht auf mich zurück. Anders ist es bei der bösartigen Aggression, denn die ist destruktiv: »Ihre Hauptmanifestationen – Mord und Grausamkeit – sind lustvoll, ohne dass sie einem anderen Zweck zu dienen brauchen; sie ist nicht nur schädlich für denjenigen, der angegriffen wird, sondern auch für den Angreifer.«[13] Unter dem Eindruck von Nationalsozialismus und Stalinismus sieht Fromm weit über den Einzelnen hinaus und erkennt in Josef Stalin einen »klinischen Fall von nicht-sexuellem Sadismus«. Die absolute Macht und Gewalt, mit der er über Leben und Tod entschied, Frauen und Kinder in Arbeitslager steckte, während die

Männer weiter fürs Land kämpfen sollten, muss ihm, wie Fromm vermutet, großen Genuss bereitet haben.[14]

Wie aber wird ein Mensch so destruktiv? Zum einen sind es die gesellschaftlichen Umstände, denen er entspringt. Fromm erkennt in ihnen die Grenzen menschlicher Entfaltungsmöglichkeiten: »Ein destruktiver oder grausamer Mensch ist so geworden, weil ihm die Voraussetzungen für ein weiteres Wachstum fehlen. Unter den gegebenen Umständen konnte er sozusagen nicht anders.«[15] Nico, der nie gelernt hat, auf Gefühle des Unbehagens anders als mit Wut und Aggression zu reagieren, konnte kaum anders als zuzuschlagen.

An einem grauen Winterdienstag muss Nico den Preis seiner Aggression zahlen. Er steht in der Werkstatt seiner Psychiatrie. Er verschläft jetzt nicht mehr, sein Tag hat Struktur, die Werkstatt beginnt um 8.30 Uhr. Er ist umgeben von anderen Patienten, die an Tischkreissägen, Bandsägen und Dekupiersägen arbeiten, es ist höllisch laut, aber das stört ihn nicht, er ist motiviert. Auf einer Hobelbank der Schreinerei muss er ein Holzregal zusammenbasteln, das er bei einem Wutanfall vor zwei Wochen demoliert hat. Anlass war ein Streit mit einem anderen Patienten, den er noch von früher, von draußen kennt. Der habe gesagt, seine Mutter werde bald verrecken, dann werde Nico seine Strafe bekommen. Statt wie früher auf den Mann loszugehen, bekam es das Holz ab. Auf dem Regal soll in Zukunft wieder sein Fernseher stehen.

Ein Raum weiter ist die Schule. Eine Unterrichtseinheit geht von 8 Uhr bis 9.45 Uhr. Martin, der Lehrer, macht zur Halbzeit eine Viertelstunde Pause. Die Bedürfnisse der Schüler hier sind unterschiedlich: Bei einem geht es viel um Lesen und Schreiben, bei anderen um die Grundlagen von Chemie und Physik. Er sei kein Fachlehrer, sagt Martin. Bis zum Sonnensystem komme er noch mit. Aber irgendwann höre es auf. In der zweiten Hälfte der Einheit schauen viele seiner Schüler YouTube. Der Klassenraum ist einer der wenigen, in denen es Internet gibt. Vor der Wand sitzt Ben, Nicos Freund. Die beiden sind ein Paar. Eigentlich sei er immer nur mit Frauen zusammen gewesen, aber hier habe er Ben kennengelernt. Das sei seine große Liebe, da ist Nico sich sicher. Ben ist zehn Jahre älter, er ist hier wegen Brandstiftung, Drogenhandel und Waffenbesitz. Ben fällt auf, weil er nur noch zwei Zähne hat – die beiden Schneidezähne oben, sie sind silbern überkront. Schwule Beziehungen kennen sie hier, die gibt es häufiger. In der Regel enden sie, sobald einer der beiden Partner draußen ist. Dann interessieren sich die meisten doch wieder nur für Frauen, egal, was sie sich vorher versprochen haben.

Vor der Tür des Klassenraums hängt ein Kronleuchter, er ist das Ergebnis eines Kunstprojekts. 16 Patienten der Klinik haben unter Anleitung einer Künstlerin daran mitgearbeitet. Er wirkt wie ein Fremdkörper in diesen Räumen. Die Hohlformen, in Tschechien handgeblasen, erinnern an Tropfen oder Tränen. In den länglichen Reagenzgläsern sind Tonbänder und Folien eingelegt, auf die Patienten ihre Geheimnisse gesprochen, geschrieben oder gemalt haben, in Gießharz verschlossen. Geheimnisse, die sie vielleicht niemandem je erzählt haben, auch hier nicht. Sie bringen Licht in ein unheimliches Dunkel, ohne ausgeleuchtet zu werden. Sie sind, was die Zeit so selten anbietet, sichtbar und doch verschlossen; präsent und doch konserviert. Sie sind gefangene Geheimnisse, so wie ihre Schöpfer. Ausbuchstabierte und doch ungehörte, ungelesene Sprache in einem Raum, in dem häufig Sprachlosigkeit herrscht.

Nico möchte seinen wichtigsten Raum zeigen, er ist draußen, dort, wo es kalt ist. Eine kleine Scheune, in der er Steinmetzarbeiten verrichtet. Auf seinem Stein hat er das Zeichen der Freimaurer eingraviert. Warum? Er findet das Symbol cool und die ganze Geschichte, den Einfluss, den sie hatten. Freimaurer sind eine verschworene Gemeinschaft, eine männliche Gemeinschaft, die daran glaubt, dass stetige Arbeit an sich selbst zu Selbsterkenntnis und zu menschlichem Verhalten führen. Freimaurer sind so etwas Nicos fernes Ziel. Männlich, aber menschlich. Weit genug weg, um idealisiert werden zu können. Der Steinmetz sagt, die Arbeit bei ihm habe meditative Züge. »Arbeit am Stein ist Arbeit am Menschen.« Wer viel rede, wie Nico, werde hier sehr leise. Es gehe darum, zu lernen, dass es nicht nur Zerstörung gebe, sondern dass man inmitten der Zerstörung auch etwas aufbauen, ja, erschaffen kann.

Verhaltensforscher Konrad Lorenz, der sowohl Freuds Todestrieb als auch die Kraft einer normativen Ethik ablehnte, sah die Aggression als wichtige vitale Kraft, »als Teil der system- und lebenserhaltenden Organisation aller Wesen, [...] der aber doch vom großen Geschehen des organischen Werdens zum Guten bestimmt ist«.[16] Es wäre verkürzt, Lorenz auf die Rolle des naiven Aggressions-Anhängers zu reduzieren. Er nahm sensibel wahr, dass diese Kraft, die doch stets zum Guten führen soll, im Zeichen von Kriegen und anderen Gewaltverbrechen eine Schräglage zum Zerstörerischen aufweisen kann – und zwar bei so gut wie jedem Menschen: »In gewissem Sinne sind wir also alle Psychopathen«, folgert Lorenz, »denn jeder von uns leidet unter den Triebverzichten, die das Gemeinwohl von ihm fordert.« Verbrecher unterscheiden sich von sogenannten normalen Menschen nur darin, dass sie »unter diesen Forderungen zusammenbrechen, indem sie entweder neurotisch, also krank oder aber delinquent werden«.[17]

Das ist nah an dem, worum es mir hier geht: Die als Irre, Kranke und Böse Apostrophierten, die Nicos dieser Welt, sind Nachbarn, es trennt uns von ihnen nur ein Zaun – mal ein Gartenzaun, mal einer aus Nato-Draht. Wenn ich mit Nico spreche, habe ich immer wieder den Gedanken: Wäre ich unter seinen Bedingungen ins Leben gestartet, wäre ich jetzt wahrscheinlich auch hier. Ich wäre der, über den ein anderer Autor diese oder ähnliche Zeilen schreiben würde. Ich hatte das Glück, in andere Verhältnisse hineingeboren worden zu sein. Ich hatte die Chance, eine Sprache für das zu entwickeln, was mich bewegt, die nicht die Sprache der Gewalt ist. Als ich vor einigen Jahren für den Fernsehsender 3sat eine Dokumentation über das Böse drehte, sagte *Tatort*-Schauspieler und Gefängnisarzt Joe Bausch den spannenden Satz, die Mehrheit aller Psychopathen sitze nicht hinter Mauern, Gittern oder Drähten, sondern sei unter uns. In der Wohnung nebenan, in der Fußgängerzone, im Bus – ohne dass wir sie erkennen.

Wie aber lässt sich die böse Aggression nun einhegen und zu etwas Gutem wenden, wie es Konrad Lorenz vorschwebte? Sein Vorschlag: Sport, diese »ritualisierte Sonderform des Kampfes«.[18] Sport ist in der Lage, Aggressionen auszulösen. Da es dabei fair zugehen muss, ist der Mensch gezwungen, mit ihnen umzugehen, sie in die Schranken des angemessenen Triebverzichts zu weisen, ohne allzu großes Leid bei sich und anderen hervorzurufen. Sport ist also auch in die Sprache des Spiels übersetzte Aggression – wenn es gelingt. Wer einmal eine Fußball-WM verfolgt hat, weiß, wie schnell aus Spaß brutaler Ernst werden kann.

Um Punkt 10.30 Uhr steht Nico in der Sporthalle der Klinik. Er trägt ein weißes T-Shirt und eine schwarze Sporthose. Heute ist Basketball. Die Sporttherapeutin heißt Lisa und sitzt am Rand auf einer Sportbank. Ich kenne diese Bänke aus Schultagen, auf ihnen habe ich lange Stunden verbracht, weil ich beim Fußball entweder im Tor stand oder gar nicht reingewählt wurde. Jetzt sitze ich wieder auf einer solchen Schulsportbank und erinnere mich an meinen unbändigen jugendlichen Hass auf alle, die cooler waren, die mich damals erniedrigt haben – oder von denen ich mich habe erniedrigen lassen. Ich erinnere mich an den Selbsthass, den ich entwickelt habe, weil ich nicht mithalten konnte mit ihrer körperlichen Kraft, ihrer Leichtigkeit im Grenzbereich zwischen Spiel und Ernst. Ich erinnere mich, wie ich einmal den kleinen Italiener, der mich bis aufs Blut gereizt hatte, grün und blau geschlagen habe. Ich erinnere mich an die rauschhafte Kraft der Gewalt in diesem Moment, an die Lust am Zuschlagen, an die Energie, die plötzlich keine Grenze und keine Gnade mehr kannte. Ich erinnere mich an die Machtlosigkeit der Erzieherinnen, an die vergeblichen Versuche, mich von meinem Opfer zu lösen. Ich erinnere mich an das tiefe Glück, den Peiniger ausgeliefert zu sehen.

Lisa sagt, vielen hier falle es schwer, im Team zu arbeiten, viele seien Einzelgänger. »Sehr stark geht es hier auch um Frustrationstoleranz.« Ein Patient habe immer den Badmintonschläger zertrümmert, wenn er verloren hat. Hier lernen sie, Techniken zu entwickeln, wie sie mit Niederlagen umgehen können: erst einmal rauszugehen, sich hinzusetzen, statt dem Gegner in die Rippen zu hauen. Wie ist es, als Trainerin allein unter Männern? Anfangs habe sie großen Respekt vor der Aufgabe gehabt. Manche ticken von einer Sekunde auf die nächste aus, ohne dass eine Erregungskurve zu erkennen sei wie bei anderen Menschen. Mehr Gegenwind als von den Patienten habe sie von ihren Physiotherapiekollegen draußen bekommen. Häufig kriege sie zu hören: »Warum gehst du denn zu diesen Verbrechern? Die haben das doch gar nicht verdient!«

Unser Umgang mit Aggression ist bigott. Auf der einen Seite sind Expansionen, Übernahmen und kreative Zerstörung oder – mit der beliebtesten Vokabel des Digitalkapitalismus formuliert – Disruption zentrale, positiv besetzte Werte unseres Fortschrittsglaubens. Auf der anderen Seite steht Aggression im Verdacht, die Eintrittspforte der Gewalt zu sein, weswegen sie insbesondere Jungen und Männern abtrainiert werden muss. Aggressionshemmung ist erste Bürgerpflicht. Der Psychiater Thomas Scheskat unterscheidet darum zwischen gefesselten und vergifteten Aggressionen.[19] Gefesselt sind gehemmte und verdrängte Aggressionen, die sich nicht zeigen dürfen, weil sie nicht vertrauenswürdig erscheinen. Verbunden mit ihnen ist die Angst vor dem Dammbruch der Gewalt, wenn sie entfesselt werden. Entfesselte Aggression ist darum aber nicht roh, sie kann sich auch in Wut zeigen, die trotzdem verhandlungs- und dialogbereit bleibt. Eine vergiftete Aggression wirkt ungesund oder unpassend, weil sie auf keinen Urheber zurückgeht, also weil derjenige, der sie empfindet, keine Verantwortung für sie übernehmen kann. Scheskat zeigt hier die unterschiedlichen Formen von Aggression und wie sie zusammenspielen.

Der Idealzustand, den naturgemäß kaum jemand konstant erreichen kann, wäre die ungefesselt-unvergiftete Spielart der Aggression. »Konfliktbereitschaft in Verbindung mit Dialogfähigkeit.« Konflikte kommen und gehen, aber ich kann sie klären, indem ich eigene Interessen vertrete, ohne dass ich die andere Partei mit gegensätzlichen Ideen oder Interessen zum Feind machen oder zum Bösen erklären muss. So wird Raum frei für ein »erotisch-lustvolles und kreativ-gestaltendes Verhältnis zum Leben«, schreibt Scheskat.

Der Gegensatz ist die vergiftet-ungefesselte Form der Aggression – wenn mir jede Impulskontrolle fehlt und das andauernde Gefühl, bedroht zu sein, mich dominiert, weswegen ich die Umwelt nur als Feind sehen kann, den ich mit allen Mitteln bekämpfen muss.[20] Das ist das Lebensmodell von Nico.

DER MANN – DAS BÖSE IN MENSCHENGESTALT

Wenn sich unsere Zeit auf etwas einigen kann, dann auf die Diagnose, dass der Mann das böse Geschlecht ist. Vieles spricht ja auch dafür: Im Maßregelvollzug genau wie im Gefängnis stellen Männer die überbordende Mehrheit der Gefangenen. Der Mann zettelt Kriege an und neigt häufiger zu Gewalt oder generell grenzüberschreitendem Verhalten. Kraft, Stärke und Macht, Expansionen, Eroberungen und Schlachten sind historisch seine Insignien, Sieg und Niederlage sein Koordinatensystem. Wie sehr Macht und Gewalt auch die Beziehung zu Frauen prägt, ist spätestens seit #MeToo deutlich geworden. Männliche Energie ist zerstörerische Energie. Männliche Identität ist gefährliche Identität: Dreimal so viele Männer wie Frauen bringen sich um, in der Pubertät sind es sechsmal so viele Jungen wie Mädchen.[21] Männer sterben dreimal häufiger als Frauen bei Verkehrsunfällen, trinken und rauchen mehr, sind bedeutend häufiger obdachlos.[22]

Gleichzeitig sind die Stärken von gestern zu den Schwächen von heute geworden. Klassische Männerdomänen sind in sich zusammengefallen – zwei Drittel der traditionellen Männerberufe, insbesondere jene, die körperliche Kraft erfordern, sind weg. Es dominiert die Dienstleistungsgesellschaft, die mit vermeintlich weiblichen – guten – Attributen belegt ist: Empathie, Kommunikationsfähigkeit, Flexibilität. Die allgemeine Wahrnehmung lautet: Der Triumphzug des sanften Guten – des vermeintlich Weiblichen – ist in vollem Gange; der Untergang des

Toxisch-Bösen – des vermeintlich Männlichen – ebenfalls. Das führt unter Männern zur Verunsicherung: Im Internet bestärken sich Männer darin, Opfer von Frauen zu sein, genauer, Opfer des Feminismus. Die Speerspitze bilden die »Incels«, also unfreiwillig ohne Frauen und Sex lebende Männer. Deren Wut, ungestört in ihrer gegenseitigen Selbstbestätigung, kann umschlagen in Hass, wie 2021 im südenglischen Plymouth, als ein 22-jähriger Incel fünf Menschen tötete, darunter seine Mutter.[23] Auch der misogyne und reaktionäre, aber mit 13 Milliarden Klicks sehr erfolgreiche TikToker Andrew Tate, der im Internet den Jungs erklärt, wie sie Alphamänner werden, ist ein Ausdruck dieser Gegenreaktion.

Es gibt Feministinnen, die fordern, die destruktive Kraft des Mannes müsse nun genauso zerstört werden, wie sie jahrhundertelang Frauen zerstört hat. Doch dieses Denken bleibt dem, wogegen es aufbegehrt, verschwistert. Denn es geht von einem unauflösbaren Gegensatz aus, bei dem das Pendel nur in die eine oder die andere Richtung ausschlagen kann – nun eben in Richtung Frau. Es bleibt dem »Wie du mir, so ich dir«-Prinzip verbunden. Die Geschlechterforschung liefert einen spannenden und produktiven Beitrag zu dieser Debatte. Doch bisweilen wirken Teile der Gender Studies wie gegenwärtige Abziehbilder von Nietzsches Macht des Ressentiments, in dem man sich der eigenen Schwäche versichert und die Schuld für diese Position der Gegenseite anlastet.

In diesem Zusammenhang brauchen sich die Geschlechter, um sich gegenseitig die Schuld zu geben, um die jeweils andere Seite als das Böse zu brandmarken. Sie brauchen das Böse, um sich selbst zu definieren. Sie finden Identität, indem sie das andere Geschlecht als übermächtiges anklagen und entwerten. Die destruktive Schleife beginnt immer wieder von Neuem.

Das gilt übrigens für beide Seiten: Im Sommer 2023 moderierte ich beim Philosophiefestival *phil.cologne* einen Abend mit dem Medientheoretiker Norbert Bolz. Laut Bolz falle dem Mann heute die Aufgabe des Sündenbocks zu, er habe die Situation, wie sie gerade sei, zu ertragen, ohne sich zu beschweren. Zugleich spricht er von den »woken Taliban« und einem Kulturkrieg gegen die Männlichkeit. Damit ist Bolz Beschwerdeführer in genau dem Sinne, wie das echte Männer seiner These nach niemals sein sollten. Er huldigt einem erzkonservativen unterkomplexen Verständnis von Männlichkeit und einer beleidigten fortschrittsverweigernden Haltung, indem »männliche Männer« und »weibliche Frauen« die Verlierer sind, während weibliche Männer und männliche Frauen irgendwie als Sieger vom Platz gehen. Schuld am eigenen Hadern mit der Gegenwart sind auch hier die anderen.

Um weiterzukommen – gemeinsam, nicht gegeneinander –, müssen wir aus einer Machtlogik heraustreten, nach der es immer nur Täter und Opfer geben kann. Stattdessen möchte ich vorschlagen, den Versuch zu unternehmen, die Geschlechterbeziehung ohne Macht- und Herrschaftsverhältnisse zu denken. Das bedeutet in der Konsequenz, Frauen nicht länger a priori als Opfer und Männer als Täter wahrzunehmen, sondern diese Begriffe über Bord zu werfen und sie als Stützräder einer Dialektik aus der Vergangenheit zu sehen. Das bedeutet nicht, bestehende Machtverhältnisse und die ungerechten, ausbeuterischen Strukturen zu leugnen, es bedeutet, eine andere Perspektive gleichberechtigt danebenzustellen.

Dazu gehört auch, dass wir eine traditionelle, geradezu biologistische Rollenverteilung aufbrechen, die den Mann als wild und zerstörerisch und die Frau als friedlich und zivilisiert sieht. Es ist ein Geschlechterbild, das Johann Gottlieb Fichte zu Beginn des 19. Jahrhunderts beschrieben hat – und das bis heute fortwirkt. Schon in der Kindheit sei der Knabe »wild, zerstörerisch, egoistisch und selbstsüchtig«, schreibt Fichte.[24] Darum will er später als Mann herrschen und befehlen, denn er ist der perfekte Krieger. Für seinen Kampfeswillen, seine Selbstständigkeit und Unabhängigkeit wird er bewundert. Ethisch ist diese Position für Fichte aber wertlos, sie ist sogar Grund allen Übels, da sie »als blinder Trieb wirkend einen sehr unmoralischen Charakter hervorbringt«.[25] Erschwerend kommt hinzu, dass in ihm »ursprünglich nicht Liebe, sondern Geschlechtstrieb« ist.[26] Er ist zwar als Kämpfer geeignet, aber aufgrund seiner Herrsch- und Sexsucht ethisch unbrauchbar. Die nötige Portion Sittlichkeit, die er braucht, lehrt ihn einzig die Frau durch ihre Liebe in der Ehe. Will er also mehr sein als ein Gefangener seiner rohen Triebe, muss er sich dieser ordnenden Energie unterwerfen. Die Lektion des Guten lernt der Mann nur hier, beim angeblich so emotionalen, denkunfähigen Weibe. »Die Frau sprengt gleichsam durch den Zwang ihrer Güte das egoistische Bollwerk des Mannes und lenkt ihn um auf das Akzeptieren von etwas anderem außerhalb seiner selbst«, wie es der Soziologe Christoph Kucklick beschreibt.[27] Die Frau nimmt sich also eines unmoralischen Monsters an, das sie mit der Kraft ihrer Liebe erst zum Menschen macht. Die Frau ist für Fichte Geburtshelferin des ganzen, des ethischen Mannes. Die Tiefausläufer dieses Denkens zeigen sich bis heute in Gesetzen wie dem Ehegattensplitting. Sein Funktionieren setzt ein Zerrbild von Mann und Frau voraus, wonach er für die materielle Sicherheit draußen sorgt und sie für die häusliche Geborgenheit drin. Kucklick bringt es auf die Formel: »Der Mann bessert sich – für die Frau.«[28] In ihrem Blick erst kann er sich erkennen, der werden, der zu sein von ihm erwartet wird. Das bildet den Ausgangspunkt für eine unheilvolle Dynamik, die bis heute wirkt und männliche Identität bestimmt: Je stärker eine Gesellschaft dazu tendiert, weibliche Eigenschaften als gute zu sehen und männliche als tendenziell böse, desto stärker fühlt sich der Mann motiviert, sich zu dem zu machen, der er sein sollte, wenn er ein guter, ein richtiger Mann sein soll – entweder für die Frau oder eben gegen sie. Der zweite Weg endet meist in toxischer Männlichkeit.

Der Psychologe Markus Theunert schreibt über seine Erfahrungen als Männertherapeut:»Uns Männern sitzt die Angst in den Knochen, in unserem Innersten lauere das Böse. Diese Angst verhindert den vertrauensvollen Innenbezug und fördert die Selbstentfremdung, bis die seelische Verwahrlosung eingetreten ist, die aus der Angst vor dem Bösen eine sich selbst erfüllende Prophezeiung macht.«[29] Damit wäre eine unheilvolle Dialektik an ihr Ende gekommen: In die Welt geworfen als rohes Böses, stets bestrebt, besser zu werden, landet der Mann am Ende doch beim vollendeten Bösen, dem zu entkommen doch gerade sein Lebensziel war. Aus Theunerts Sicht prägt diese Dynamik noch immer viele Beziehungen. Oft seien es die Frauen, die ihre Männer verbessern, zurechtweisen, kontrollieren und den Eindruck erwecken, als sei es ihre Aufgabe, hier gerade noch das Schlimmste zu verhindern: eine Trottelei, eine Unverschämtheit oder irgendeinen anderen unkontrollierten Affekt. Männer reagieren auf diese weibliche Erziehungsanstalt meist mit analoger passiv-aggressiver Abwehr. Diese Bänder des Zerstörerischen sind erstaunlich stark, weil sie die uralten Rollen auf so toxische Weise bestätigen und erhalten. Die Frau kann ihren überlegenen Blick behalten, dessen Botschaft ist:»Ich sehe was, was du auch sehen könntest, wenn du es nur wolltest.«[30] Der Mann ist durch ihre besserwisserische kontrollierende Zuwendung beschützt davor, dem unkontrollierten, gefürchteten Bösen in sich zu verfallen.

Warum fällt es dem Mann, diesem doch nach wie vor unbestritten mächtigen und machtvollen Geschlecht, so schwer, hier seine eigene Rolle zu finden. Meine These ist: Er hat es nie gelernt und das hat viel mit abwesenden oder auch sprachlosen Vätern zu tun.

Ich habe immer wieder wahrgenommen, dass viele Männer meiner Generation Söhne des Schweigens sind, Kinder der Sprachlosigkeit. Söhne von Vätern, die sich nicht ausdrücken konnten. Männer, die zu sehr vielen Innenwelten offenbar keinen Zugang hatten. Sie haben nicht gelogen, nicht getäuscht, sie haben nur enttäuscht, weil sie sich selbst fremd geblieben waren. Das hat sie zu sprachlosen Eingekerkerten gemacht, die aber in dieser Begrenzung ziemlich oft sehr zufrieden schienen. Wenn es darauf ankam, waren sie weit weg, unerreichbar. Ich kenne Söhne, die diese Unerreichbarkeit immer wieder gesucht haben, ein Leben lang, ihr hinterhergelaufen sind wie einer Fata Morgana – und immer wieder enttäuscht von diesen Reisen zurückkehrten und umso verzweifelter bei sich selbst ankamen.

Ich habe über viele Jahre vergeblich nach Vorbildern für Männlichkeit gesucht. Da mein eigener Vater abwesend war, adoptierte ich meine Väter – eine Formulierung, die ich Peter Sloterdijk verdanke. Ich suchte mir Väter, Vatergestalten, aber auf Zeit, so, wie ich sie brauchte und wie sie mir Lehrer, Vorbilder, Idole sein konnten. Ich sammelte nach und nach Bruch- und Versatzstücke dessen auf, was ich nur als Scherben kannte. Begierig atmete ich ein, wenn sie in sich zu vereinen schienen, was ich für erstrebenswert hielt, aber innerlich fehlte. Ich inhalierte Gesten, Haltungen, Sprechweisen und Bewegungen, imitierte alles, was mir den nächsten Schritt in diesem unübersichtlichen Feld ermöglichen sollte. In dieser einsamen, aber ergiebigen Suche hielt ich mich lange für einen singulären Außenseiter, für einen Bedürftigen, für einen ewigen Nachhilfeschüler in Sachen männlicher Identität. Ich musste aufholen, was anderen in die Wiege gelegt worden war, ich mir angesichts eines Vaters, zu dem ich keinen Kontakt mehr hatte, aber erst erarbeiten musste. Ich wollte mich selbst mit Höchstgeschwindigkeit einholen und hatte doch immer das Gefühl, zu spät dran zu sein. Ich musste

Fragen finden zu Antworten, die anderen wie selbstverständlich gegeben worden waren. Es dauerte lange festzustellen, dass meine Suche vielleicht eine sein könnte, die sehr viele andere mit mir teilten. Erst viel später verstand ich, dass auch anwesende Väter abwesend sein können – und dass abwesende anwesend sein können, wenn auch nur als Negativfolie, indem man sich von ihnen gewaltsam zu befreien sucht und ihnen in dieser Absetzbewegung erst recht verbunden bleibt.

Auch Nicos Vater, dieser der Drogensucht Erlegene, wirkt wie eine Entstellung dieser väterlichen Leere. An einem bösen Vater kann man sich abarbeiten, an einem, der sich durch Scheitern an sich und Unfähigkeit entzieht, wird das schon schwieriger. Es gibt selbst Väterbeziehungen, die auch im Kronleuchter in der Münsteraner Klinik verwahrt sein könnten. Konserviert als ewiges Geheimnis.

Woher kommt das Starre, das Unbewegliche? Der Psychiater Matthias Franz spricht von drei verheerenden Generationen deutscher Väter: Erst gab es den wilhelminischen – streng, hart, nationalistisch. Dann kam der nationalsozialistisch-soldatische, der beschädigt oder emotional verstümmelt zurückkam, und heute erleben viele den abwesenden Scheidungsvater.[31] Die damit einhergehende Verpanzerung und Sprachlosigkeit vererbt sich von Generation zu Generation. Die eigene Schuld, das Scheitern, die bösen Anteile, werden den folgenden Generationen unausgesprochen eingepflanzt, als blinder Passagier mit auf die Reise gegeben, statt in den Raum gestellt und angeschaut zu werden.

Eine Veränderung dieser traditionellen Rollen betrifft beide Geschlechter: »Wenn der Mann aus seiner traditionellen Rolle aussteigt und schwächelt und gefühlig wird, […] dann bekommen viele Frauen große Ängste. […] Insbesondere intellektuelle Frauen sind vom schwachen Mann völlig irritiert«, sagt Matthias Franz.[32] Das Widerspruchsvolle dieser Anforderungen lässt viele

Männer hadern und straucheln. Jenseits aller unzureichenden Gut-Böse-Geschlechterstereotype konnten Psychologen immer wieder zeigen, dass es eine genuin männliche oder auch väterliche Rolle geben kann, die weder besser noch schlechter als die der Mutter ist – sie tritt hinzu, als produktive Unterbrechung der natürlichen Mutter-Kind-Dyade. Zur Funktion des Vaters gehört es demnach, dem Kind verstärkt eine Kontrolle über den eigenen Körper beizubringen, das Geschlecht des Kindes stärker zu betonen und die Autonomie des Kindes zu fördern. Besonders ist er zuständig dafür, dass das Kind lernt, Regeln einzuhalten.[33] Zugespitzt formuliert: Wenn es Aufgabe der Mutter ist, Leben zu schenken, für das Leben zu öffnen, so könnte es die Aufgabe des Vaters sein, das Sterben zu lehren. Das ist weniger dramatisch, als es klingt. Der Gedanke knüpft an einen sehr heiteren Essay von Michel de Montaigne an, der *Philosophieren heißt sterben lernen* überschrieben ist. Dort heißt es: »Das Leben an sich ist weder Gut noch Übel, sondern nur der Ort, wo Gut und Übel so viel Platz einnehmen, wie ihr ihnen zugesteht.«[34] Sterben lernen heißt dann vielleicht nur, neben dem Möglichkeitsraum auch die Begrenzung dieses Raums anzuzeigen, neben den Anfang auch das Ende zu stellen, neben das Gelingen auch das Scheitern, das weder gut noch böse, noch nicht einmal schlecht sein muss. Diese oft als negativ oder dunkel bezeichnete Seite des Menschen einzubeziehen, sie weder zu dämonisieren noch zu harmonisieren, könnte – auch – eine wesentliche Aufgabe des Vaters sein.

Wir leben in einer Übergangsphase, die viele verunsichert. Das Paradox besteht darin, dass die alten Verhaltenslehren nicht mehr taugen. In einer Welt, in der wir weder das Weibliche noch das Männliche als Gutes oder Böses emporheben oder erniedrigen müssen, könnten sich am Horizont neue Selbstverständnisse auftun. Bei denen es nicht mehr darum geht, dass Männer »männlich« oder Frauen »weiblich« sein müssen, sondern sich alle Geschlechter – binär oder nonbinär – aller und keiner Verhaltensweisen bedienen können, ohne einer Schublade für ihre Entscheidung zu bedürfen.

Fünf Monate nach unserem ersten Treffen sitzt Nico an einem heißen Sommertag in demselben Besprechungszimmer. Er hat die Station wechseln müssen. Er ist jetzt wieder auf der geschlossenen Station. In der Tischlerei hat er viel fertig gekriegt in der Zwischenzeit, ein Regal, einen Kleiderschrank, der jetzt in seinem neuen Zimmer steht, und einen Pokertisch, den er einem anderen Patienten geschenkt hat. Es ist aber auch einiges kaputtgegangen. Der Mann seiner Mutter, der erste, den er als Stiefvater anerkennen konnte, hat versucht, seine Mutter über die Balkonbrüstung zu werfen, nachdem sie sich von ihm getrennt hatte. Das habe ihn sehr beschäftigt, dadurch habe sich viel aufgestaut. Bei einem Konflikt mit einem anderen Patienten brach sich das alles Bahn. Er habe den eigentlich gemocht, aber weil der ihm etwas vorschreiben wollte, sei er ausgerastet – und dann habe er einfach zugeschlagen, dem anderen brutal auf den Kopf geschlagen und ihn in die Schulter gebissen. Es tue ihm sehr leid, es mache ihn selbst fassungslos.

Kurz zuvor war Ansgar Osewold, Nicos väterlicher Begleiter im Klinikleben, in den Ruhestand gegangen. Nico war darauf vorbereitet worden, aber Osewold war eine Konstante für ihn gewesen, das, was jemand wie Nico so sehr braucht, weil es ihm immer gefehlt hat: Menschen, die bleiben. Egal, was ist. Wenn diese Bezugspersonen wegbrechen, komme es häufig zu Rückfällen, sagt Chefarzt Dieter Seifert. In seiner Welt gebe sich Nico wahrscheinlich die Schuld daran, dass sein Therapeut gegangen ist. Es war eine vertraute Erfahrung für ihn. Aber zwei Väter, die auf einmal verschwinden, das war vermutlich zu viel. Da kann man das Böse schon mal brauchen. Ausgänge allein draußen vor dem Zaun sind für längere Zeit tabu, jetzt ist wieder Einschluss um 21.30 Uhr. Nico ist wieder am Anfang. Er sagt, er will weiter an sich arbeiten. Er tut es dieses Mal nicht für einen fernen Vater – sondern für seine Mutter. Seit zwei Monaten ist sie wieder clean, runter vom Heroin-Ersatzprogramm. In den vergangenen fünf Jahren hatte sie vier Schlaganfälle und einen Herzinfarkt. Und sie hat ein Aneurysma im Kopf. Die Zeit, die bleibt, ist knapp. Nico muss sich beeilen. Seine Mutter ist 53 Jahre alt.

LAUTER LÜGEN –
EIN MANN, ZWEI FRAUEN
UND EIN DOPPELLEBEN

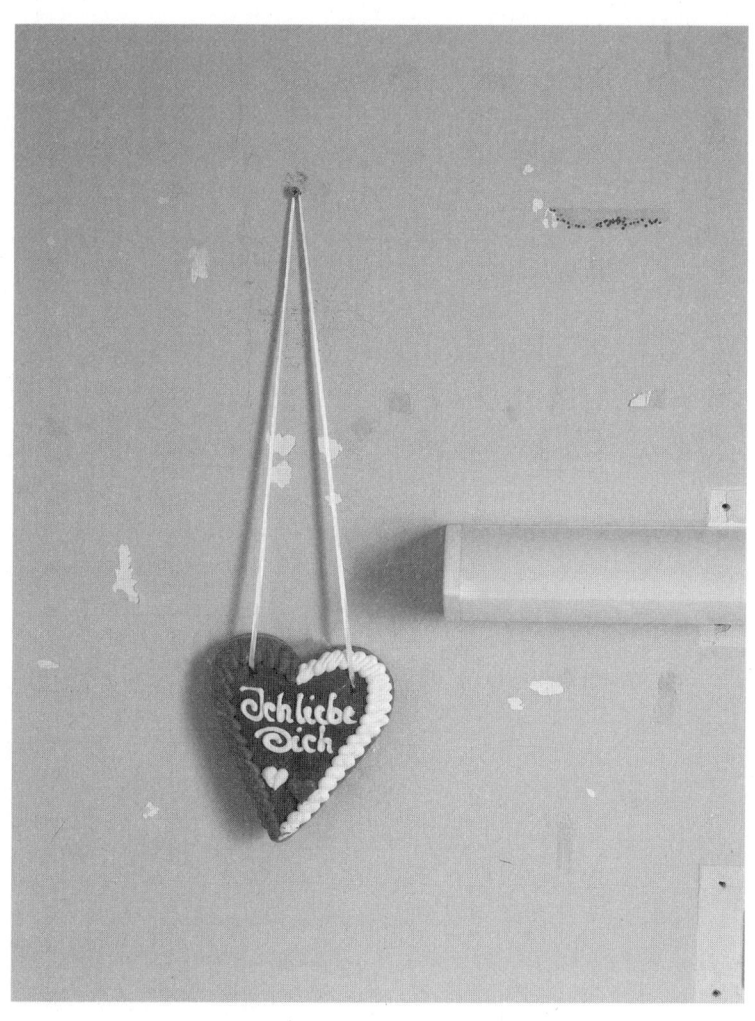

EIN MANN ZWISCHEN ZWEI FRAUEN

Der Tag, der Frank hierhin gebracht hat, beginnt auf hoher See, irgendwo dort, wo das italienische Hoheitsgewässer ins französische übergeht. Das Kreuzfahrtschiff der norwegischen Reederei hat Kurs auf Marseille genommen. Frank ist in seinem iPad verschwunden, seit Tagen, seiner Frau war es aufgefallen, sie hatte sich aber nichts weiter dabei gedacht. Jetzt, kurz vor Marseille, steht er leichenblass da: ein Abrechnungsfehler in der heimischen Arztpraxis. Jemand will ihm an den Kragen, alles noch unklar, aber schlimm, sehr schlimm. Es geht um 200 000 Euro, er muss das sofort klären, ihre Existenz steht auf dem Spiel. So schifft er aus und fliegt nach Hause, seine Frau bleibt besorgt zurück mit dem gemeinsamen Sohn, der 16 ist. Am Abend ruft Frank an, um zu vermelden, es sei alles gut.

Heute, an einem Donnerstag, die letzten Patienten haben ihre Pillen und Salben verschrieben bekommen, hat er, der Hausarzt, Zeit, seine Geschichte zu erzählen. Er ist 53, aber er hat etwas Jungenhaftes, er ist einer von denen, die nicht altern wollen: schlank, große blaue Augen, markante Gesichtszüge, alles an ihm strahlt Askese und Leistungsbereitschaft aus.

In dem kleinen Thai-Restaurant, das er ausgewählt hat, bestellt er ein Feierabendbier und zündet sich eine Zigarette an. Die Suppe Nummer 5, die Tom Kha Gai, sei zu empfehlen. »Dann fragen Sie doch mal, was wollen Sie wissen?« Die Sprechstunde kann beginnen. Ich, die Sprechstundenhilfe, bin bereit.

»Sie war eine Patientin von mir«, sagt er über Andrea, seine Ex-Frau. Fast zwanzig Jahre waren sie ein Paar. »Es ging relativ schnell alles. Wir sind schon nach ein paar Wochen zusammengezogen.« In den ersten zehn, zwölf Jahren sei alles wunderbar gewesen, bis die Depressionen begonnen haben. »Das war eine Zeit, die ging über anderthalb Jahre, in denen sie 20 oder auch 22 Stunden im Bett lag und ich das Kind zur Schule bringen musste, und in der Praxis habe ich damals auch noch rund 60 Stunden gearbeitet.« Lange hatten sie versucht, ein zweites Kind zu bekommen – mit künstlicher Befruchtung, Spritzen und Medikamenten, die sie nicht vertragen habe. Am Ende erfolglos. War die Depression darauf zurückzuführen? »Das weiß man ja nicht.« Auf jeden Fall habe er dann einen Ausgleich gesucht – eine Affäre.

Frank ist ein Mann, der ein Doppelleben geführt hat. Er hatte sich eingerichtet mit zwei Frauen und zwei Leben in zwei Welten – parallel in zwei Wohnungen. Alles funktionierte über Jahre. Bis seine Geliebte schwanger wird, ungewollt, wie er sagt. Es geht also um Lügen und ums Verschweigen, um gefälschte Dokumente und ums Warten darauf, dass er jetzt, da alles anders ist, endlich die Frau lieben kann, die er lieben möchte. Es geht um eine Eskalation der Lügen, um eine Verstrickung, die wie bei vielen Menschen banal beginnt und außer Kontrolle gerät. Und bei der am Ende die große Frage steht: Sind Lügen immer das Böse? Oder darf man lügen, muss man es manchmal sogar? Und wenn ja, wann? Und wer ist hier eigentlich der oder die Böse? Er? Seine Geliebte? Beide?

Andrea, die Frau, die so lange von nichts wusste, ist Anfang 50, hat dunkelrote lange Haare, herzliche braune Augen, volle Lippen – und inzwischen auch einen neuen Partner. Es fällt ihr schwer, diese Geschichte zu erzählen. Sie erinnert sich an die Zeit ihrer Depression, wie unterstützend sie Frank wahrgenommen habe, auch, welche Schuldgefühle sie hatte, nicht zu genügen, an seine Vorwürfe. Auch an ein ausgeprägtes körperliches Verlangen, trotz der Depression, an ihr reges Sexleben. Zugleich merkte sie, wie er sich veränderte. Er nahm ab, ließ sich einen Dreitagebart stehen, kaufte sich eine Harley Davidson und ging sonntags ins Fitnessstudio.

Nana, die Geliebte, war seine Patientin, wie Andrea zuvor. Auch sie war verheiratet und hatte zwei Kinder im Alter seines Sohnes. Schnell haben sie vereinbart, dass sie ihre Familien nicht verlassen werden. »Man kann ja mehr als einen Menschen lieben«, sagt er. »Ich wollte es einfach gut haben.«

Moralische Urteile über Frank sind schnell gesprochen: ein Lügner, ein Betrüger. Ursula Nuber kennt diese Kategorien nicht. Die langjährige Chefredakteurin von *Psychologie Heute* und Paartherapeutin will Menschen verstehen. Das gelingt nur mit einer Bannmeile gegenüber dichotomen Begriffen wie Gut und Böse, Schuld und Unschuld. Es beginnt damit, dass sie nicht von Betrug oder von Affären spricht. Bei ihr heißt das »Außenbeziehungen«, was ein wenig nach bilateralen Verhandlungen von zwei mittelmäßig gut befreundeten Staaten klingt. Moral, Vorwurf, Schuld, das sind Kategorien, die hier entsorgt werden müssen wie zu große Flüssigkeiten vor dem Besteigen eines Flugzeugs.

Nuber ist zu Hause in einer Welt, die meist aus drei Stühlen besteht, auf der einen Seite sie, auf der anderen zwei Menschen, die nicht mehr mit-, aber oft auch nicht ohneeinander können. Manchmal kommt auch nur einer allein, dann räumt sie den dritten Stuhl weg. Es ist ein Isolationsraum, ein Proberaum. Von hier aus wirkt die Welt draußen unendlich weit weg und kommt in der Atmosphäre der professionell-distanzierten Intimität doch so viel näher als sonst. Ursula Nuber versucht zu verstehen, indem sie Fragen stellt, die ihre Klienten auf sich zurückwerfen.

»Woher kommt diese Unsicherheit, woher kommt diese Angst, alleine dazustehen im Leben?‹ Solange man zwei Partner hat, steht man recht fest. Und deswegen sind diese Doppelleben auch oft so langwierig, weil sie so stabilisierend sind.« Es sei »so etwas wie ein Selbsterhaltungstrieb. Dass man sich selbst verliert in der eigentlichen Beziehung und nicht mehr weiß, habe ich überhaupt noch einen Raum, also einen inneren Raum, für mich. Und dann ist dieses Doppelleben so etwas wie eine Flucht zum eigenen Selbst.«

Zur Untreue gibt es zahllose Umfragen, Studien und Einschätzungen. So viel steht fest: Frauen holen beim Fremdgehen auf. Zwei Erhebungen aus den vergangenen Jahren in den USA und Deutschland belegen: Jede sechste Frau ist schon einmal fremdgegangen, unter den Männern war es jeder fünfte. Zwischen 1990 und 2010 ist der Anteil der untreuen Frauen um 40 Prozent gestiegen.[1] Forscher mutmaßen, das sei vor allem damit zu erklären, dass Frauen finanziell unabhängiger geworden sind. Dauert die Affäre länger als ein Jahr, entscheidet sich mehr als die Hälfte der Frauen für den neuen Partner, allerdings nur ein Viertel der Männer.[2] Frauen sind also eher bereit zum Schlussmachen, zur grundsätzlichen Veränderung, Männer dagegen neigen zum Bleiben. Die Motive für die Affäre sind noch immer unterschiedlich: Männer können ihre Gefühlswelt aus der Außenbeziehung oft besser raushalten, während Frauen zumeist etwas suchen, was sie in der Partnerschaft nicht gefunden haben, vermissen oder was schlicht verloren gegangen ist im Strudel des Alltäglichen: Gespräche, Interesse, daraus erwachsende Leidenschaft. Profaner gesagt: Männer suchen stärker das sexuelle Abenteuer und erschöpfen sich darin – im doppelten Wortsinn –, Frauen dagegen suchen eher eine emotionale Verbindung, die über den Sex hinausreicht.

Als die Affäre mit Nana ein halbes Jahr besteht, mietet Frank eine zweite Wohnung an, außerhalb der Stadt, weit weg von seinem Hauptleben mit Andrea. Ein Freund ist der offizielle Mieter. Alles ist so durchdacht, dass nie ein Verdacht aufkommen kann: Jeder hat die eigene Seife, das eigene Shampoo. Wenn Nanas Mann während ihres Zusammenseins mit Frank anruft, dann geht sie raus, stellt sich ans Hoffenster, damit er die Außengeräusche hört; wenn er anruft, während sie im Auto sitzen, steigt sie aus, damit sich ihr Aufenthaltsort nicht nach einem Wagen anhört. Als Andrea einmal den Geruch von fremdem Parfüm am Gurt im Familienauto riecht, war eben seine Sprechstundenhilfe mitgefahren. Wenn er Geschenke im Familienurlaub kauft, irgendwas von *Victoria's Secret*, ein Nachthemd oder so, dann ist es für seine Schwester. Wenn er abends stundenlang chattet, dann ist es die andere Ärztin in der Praxis, mit der er noch was besprechen muss. Bei Ausreden ist er schnell und einfallsreich. »Er konnte alles erklären. Er konnte es super erklären. Ich habe einfach nicht geglaubt, dass er mich betrügt«, sagt Andrea.

Der Lügner muss also wissen, was er tut. Er muss intelligent sein, die Fähigkeit besitzen, sich in sein Opfer einzufühlen, es für seine Zwecke zu instrumentalisieren, er muss Fantasie haben, erfindungsreich sein. »Gescheite Leute lügen gern«, schrieb Münchhausen – und der musste es wissen. Schließlich braucht der Lügner für seine Lüge eine Geschichte, am besten eine, die ohne Weiteres wahr sein könnte. Darum gibt es die bewunderten Lügner: Odysseus, Huckleberry Finn, Käpt'n Blaubär. Wer lügt, muss kognitiv auf Flughöhe sein, sonst stürzt er schnell ab. Da sind einerseits die großen Manipulatoren, die Skrupellosen, die Bösen, die sich einen Vorteil verschaffen wollen und dafür jeden Preis zahlen würden. Und dann gibt es noch die harmlosen Lügner und Lügen, die schützen können: Sie fragt: ›Findest du mich dick?‹ und er weiß, ein ›Ja‹ würde sie nur verletzen, also sagt er pflichtschuldig ›Nein‹. Höflichkeit ist also auch nur eine Lüge in schickerem Gewand.

Der Mensch lügt aus allen denkbaren, auch verständlichen Motiven: aus Angst, Furcht, Unsicherheit, Scham, Not, um sich und andere zu schützen oder sich vor anderen zu schützen. Wir sind ständig umgeben von allen nur denkbaren und undenkbaren Lügen: 90 Prozent fettfrei heißt es in der Werbung, und das bedeutet in erster Linie, dass stolze zehn Prozent Fett enthalten sind. Ist das nun viel oder wenig und vor allem mehr oder weniger als früher, oder ist alles so, wie es immer war?

Liest man dazu den antiken Philosophen Augustinus, könnte man auf den Gedanken verfallen, er habe im 12. Jahrhundert bei den Werbepausen zu spät weggezappt. Für ihn war das Verwerfliche an der Lüge weniger ihre Folge oder die Absicht, den Mitmenschen zu täuschen, sondern dass sie einen Missbrauch der Sprache darstellt: Wir haben »fürwahr die Sprache nicht zu dem Zwecke, damit sich die Menschen gegenseitig irreführen, sondern damit einer dem andern seine Gedanken mitteilen kann. Diese Sprache also zur Täuschung zu gebrauchen, ist Sünde; denn das ist ihr Zweck nicht.«[3] Darum lehnte Augustinus die Lüge radikal ab.

Aber es greift zu kurz, die Lüge auf einen Verstoß gegen die Sprache zu reduzieren. Ein Kind, das noch nicht sprechen kann, lernt sehr schnell, dass es sich verstellen kann, dass es auch so tun kann, als habe es Schmerzen, um die Aufmerksamkeit der Eltern auf sich zu ziehen. Das Kind muss also unterscheiden lernen zwischen Lüge und Wahrhaftigkeit. »Übereinstimmung einer Erkenntnis mit ihrem Gegenstande« sei Wahrheit, heißt es bei Immanuel Kant.[4] Das bedeutet: Wahrheit bezieht sich auf Objektives, das wir mithilfe von Zeugen herausfinden und sicherstellen können: Wer hat das Auto gestohlen? Das lässt sich im glücklichen Falle anhand kriminalistischer Beweisführung zeigen, indem die Polizei Zeugen befragt oder GPS-Daten auswertet.

Die Wahrhaftigkeit ist eine Form der subjektiven Wahrheit. Sie bezieht sich auf den psychischen Zustand eines Menschen: Ist er in Bezug auf das, was er über sich selbst wissen kann, ehrlich und aufrichtig? Der Zeuge eines Unfalls kann sich erinnern und ohne jede Täuschungsabsicht Falsches aussagen. Sofern er in dem Moment, in dem er befragt wird, alles sagt, was er zu wissen meint, ist er wahrhaftig, unabhängig davon, ob sein Bericht wahr ist. Die Philosophin Bettina Stangneth schreibt, Wahrhaftigkeit sei die entscheidende Kategorie, die der Lügner beachten müsse. »Da man lügt, um einen Fehlschluss zu erregen, dieser Fehlschluss aber ein ganz bestimmter sein soll, nämlich der, den der Lügner nahelegt, muss das, was nicht ist, in ganz vieles von dem verpackt werden, was ist, damit niemand bemerkt, worum es dem Lügner geht.«[5] Nur schlechte Lügner versuchen, mit Heldentaten zu glänzen. Gute Lügner kommen auf leisen Sohlen daher.

»Entscheidend bei einer Lüge ist die Frage, inwieweit sie das Selbstbestimmungsrecht eines Menschen verletzt und verhindert«, sagt die Psychologin Ursula Nuber. »Wenn ich ganz genau weiß, ich werde meine Frau oder meinen Mann verlassen, ich muss jetzt eigentlich nur noch etwas regeln, sodass ich finanziell gut dastehe – wenn man also weiß, wo man hinwill, und es dem anderen trotzdem nicht sagt: Das verletzt sein Selbstbestimmungsrecht.«

Die Freundin, die ihren Freund verlassen will, ihn aber erst das Examen hinter sich bringen lässt, lügt zwar absichtlich und hat eine Entscheidung getroffen, die sie besser heute als morgen mitteilen sollte. Hier überwiegt aber wohl der Aspekt der Fürsorge, da sie seinen Erfolg nicht gefährden will.

Der Arzt dagegen, der seinem Patienten verschweigt, dass er todkrank ist und nur noch ein Jahr zu leben hat, lügt bevormundend. Er schränkt den Patienten in seiner Wahlfreiheit ein. Er nimmt ihm die Möglichkeit, sich innerlich auf sein Ende einzustellen, in diesem letzten Jahr noch eine Weltreise zu machen, sich zu verabschieden oder den Leidensweg abzukürzen. Selbst wenn der Arzt nur gute, ehrenvolle Absichten hätte, wäre es nicht der Schutz des Patienten, der im Vordergrund stünde, sondern die Einschränkung seiner Freiheit, indem er ihm die Wahrheit vorenthält.

Frank sieht sich schließlich gezwungen, genau diese Grenze zu überschreiten und mit seinen Lügen tief in das Leben anderer einzugreifen.

DER NARZISST UND DIE FEMME FATALE

An einem klaren Frühjahrsmorgen kommt Nana in Franks Praxis mit einer erschütternden Nachricht: Sie ist schwanger, von ihm. Es ist der Moment, der alles verändert.

Anfangs hatte er seiner Frau die Affäre verschwiegen, um sie und die Familie zu schonen. Jetzt aber haben sich die Vorzeichen geändert. Er möchte Nana überreden, ihre Familie zu verlassen und das Kind gemeinsam großzuziehen. Doch Nana hat das Zepter übernommen. Sie will, dass ihr Mann das neue Kind für sein eigenes hält. Niemand soll je erfahren, dass Frank der Vater ist. Es soll als Kuckuckskind großwerden.

»Ich halte ihn einfach für einen Narzissten, der sich nicht selbst reflektieren kann«, sagt Andrea über Frank. Sie hat es immer wieder erlebt: Einmal, zusammen mit ihr im Auto: »Die Straße ist gesperrt!« – »Mir doch egal, da fahre ich durch.« – »Wieso? Andere fahren doch da auch nicht durch?« – »Ja, aber ich bin Arzt, ich kann ja immer noch sagen, ich muss zum Patienten.« Oder ein anderes Mal: »Du bist zu schnell gefahren!« – »Ja, dann sage ich, ich musste zu einem dringenden Hausbesuch.« Sind sie beide zusammen bei einem Konzert und sie muss in ihrem Job als Journalistin noch Zuschauer befragen, lässt er sie vorher die Bierflaschen entsorgen – so, als sei ihr Beruf das zweitrangige Hobby nach der Müllentsorgung. Bei ihm dagegen geht es immer um Erste Hilfe, um Leben und Tod.

Frank ist plötzlich mit einer Frau konfrontiert, die selbstbestimmt agiert und bereit ist, die Selbstbestimmung einer ganzen Reihe von Menschen gewaltig einzuschränken: Ihr Mann hat keine Möglichkeit, zu wählen, ob er ein Kuckuckskind großziehen möchte. Auch Frank lässt sie keine Wahl. In ihrem eigenen Narzissmus erinnert Nana an einen der bedrohlichsten bösen Frauentypen, mindestens aus Männersicht – die Femme fatale. Sie ist intelligent und gefühlskalt, manipulativ, sexuell selbstbestimmt und strebt nach Macht. Kurz: Ihr Reiz und ihre Gefahr bestehen darin, dass sie die Spielregeln der Männer außer Kraft setzt. Früher hieß sie Circe, Judith, Anna Karenina, heute ist sie bekannt aus Filmen und Serien: Sharon Stone in *Basic Instinct*, Robin Wright als Claire Underwood in *House of Cards* oder Angelina Jolie als Lara Croft. Oder aus dem echten Leben: Alma Mahler-Werfel, die mit dem Komponisten Gustav Mahler, dem Architekten Walter Gropius und schließlich dem Autor Franz Werfel verheiratet war und vielfältige Affären hatte, unter anderem mit dem Maler Oskar Kokoschka.

Dieser Frauentyp verkörpert »eine Weiblichkeit, die siegt, ohne selbst der Leidenschaft zu verfallen, da sie ihre Bestätigung in sich selbst hat«.[6] Das exakt scheint Nanas Vorgehen zu sein: Sie hat Frank, den sehnsüchtig Suchenden, nach allen Regeln verführt, aber sie verfällt ihm nicht. Im Moment der existenziellen Entscheidung handelt sie kühl-berechnend zu ihrem eigenen Vorteil. Das ist egoistisch und narzisstisch und damit die größte Bedrohung des Mannes. Marlene Dietrich, ein modernes Modell der Femme fatale, singt in dem Film *Der blaue Engel*: »Männer umschwirren mich wie Motten das Licht. Und wenn sie verbrennen, ja, dafür kann ich nicht.«

Obwohl er es sich anders wünscht, unterstützt Frank Nanas Vorhaben. Er fälscht mithilfe eines befreundeten Arztes Ultraschallbilder und Mutterpass, damit die Zeugung durch Nanas Ehemann realistisch erscheint. Zunächst dachte ich noch, er habe sich unterworfen, altruistisch gehandelt – das Gute getan, um ihre Familie für sie zu retten. Er zwingt sie nicht, ihrem Mann zu sagen, wer der Vater ist, besteht auch nicht auf seinen Rechten als leiblicher Vater. Er spielt das Spiel der Lüge mit. Auf den zweiten Blick entspringt aber auch das seinem Narzissmus: So ist er der Held, der Retter, der seine Bedürfnisse hintanstellt. Und: Er hat ihr einen Kredit gewährt, sie steht jetzt in seiner Schuld.

Narzisst. Wenn sie dieses Wort hört, wird Ursula Nuber vorsichtig:»Gerade die Diagnose ›narzisstische Störung‹ ist inzwischen in Mode. Ich erlebe das bei jeder zweiten Klientin, die in die Praxis kommt und sagt, dass sie bei ihrem Mann oder Partner irgendwelche narzisstischen Züge feststellt.« Jede Zeit hat ihre Krankheit. Um die vorvergangene Jahrhundertwende waren es die Hysterikerinnen, in den 1980er-Jahren kam die bipolare Störung in Mode und jede noch so minimale Stimmungsschwankung wurde zur manischen Depression verklärt. In den Nullerjahren hatten alle Burn-out, anschließend war die Welt voller Borderliner, und jetzt ist, spätestens seit Donald Trump, Hochsaison für Narzissten. Solche Pathologien sind wie homöopathische Kügelchen. Man muss nur dran glauben, schon fühlt man sich besser. Zu diesem Mode-Narzissmus gehört auch die verlässliche Klage darüber, dass dank Instagram und TikTok eine vollständig narzisstische Jugend heranwächst, die selbstsüchtig nur noch ihr eigenes selbstoptimiertes Gesicht sehen will. Gerade die Millennials, die zwischen 1982 und 2002 Geborenen, bekamen das Label»Generation Me«. Beyoncé lieferte dafür den Soundtrack mit ihrem Hit *Me, Myself and I*. Dass wir auf dem Weg in eine narzisstische Gesellschaft sind, lässt sich aber nur schwer erhärten. Vieles spricht dafür, dass narzisstisches Verhalten nicht häufiger, sondern nur sichtbarer geworden ist.[7] Vielleicht sagt die Schnelldiagnose also mehr über die aus, die sie stellen, als über die, denen sie gestellt wird.

Unabhängig von Moden gibt es ein starkes Band zwischen dem Narzissmus und dem Bösen. Er gehört neben dem Machiavellismus (»Der Zweck heiligt die Mittel«) und der Psychopathie (»Der andere ist mein Objekt«) zur sogenannten Dunklen Triade der kanadischen Psychologen Delroy L. Paulhus und Kevin M. Williams. Der Narzisst sagt: »Die anderen sind dazu da, mich zu bewundern.« In seiner alltäglichen Form ist Narzissmus menschlich und sogar produktiv. Vor allem aber ist er weder gut noch böse. Pathologischer Narzissmus dagegen sprengt den Alltag, er kann Großes leisten und großes Leid verursachen. Narzissten haben eine komplexe Persönlichkeit, sie sind oft durchsetzungsstark, entscheidungsfreudig, charismatisch, faszinierend, aber auch überzeugt von der eigenen Großartigkeit, sie gründen Unternehmen und sind große Künstler. Die dunkle, die böse Seite des Narzissmus sind Neid und Missgunst, Eitelkeit und Dominanz. Der Narzisst fühlt sich schon von der kleinsten Kritik gekränkt, sie erschüttert sein schwaches Selbstbewusstsein. Er ist gefangen in der Überzeugung, dass die Welt um ihn herum böse ist und geradezu besessen vom Gedanken, dass andere ihm schaden wollen. Er teilt aus, weil er nicht einstecken kann. Er ist ein Seiltänzer, permanent vom Absturz bedroht. Der Grat zwischen Durchsetzungsstärke und Gewissenlosigkeit ist schmal, die Vorstellung von der eigenen Unverletzbarkeit und Größe ist wie eine Mauer, ein Schutzwall vor der instabilen, verletzlichen und verletzten Seite in ihm. Hinzu kommt, es gibt sehr unterschiedliche Abstufungen des Narzissmus: Neben der pathologischen Persönlichkeitsstörung gibt es auch den narzisstischen Persönlichkeitsstil, eine sanftere Abwandlung des Störungsbildes – für Mitmenschen leider oft ähnlich brutal. Weil diese Menschen mit Kritik schwer umgehen können, können Kränkungen schnell blinde Wut auslösen, während Verständnis für andere kaum vorhanden ist.

»Man weiß auch, dass Narzissten oft eine Kindheit hatten, in der sie entweder stark vernachlässigt wurden und um jede Zuwendung kämpfen mussten – oder sie sind verwöhnt worden, was natürlich auch nicht gerade die Selbstständigkeit und das Wissen, ›ich bin ich und ich kann mich auf meine Kompetenz verlassen‹, stärkt«, erklärt Ursula Nuber. »Beides verlangt immer nach einer enormen Bestätigung. Bin ich richtig? Bin ich gut genug? Bin ich schön genug? Und solange sie das kriegen, ist alles gut.« Wenn aber der Moment gekommen ist, in dem es kippt, wenn die Bewunderung des Anfangs übergeht in die Forderungen des Alltags, von den Höhenflügen der Begeisterung in die routinierten Niederungen des Zusammenlebens, wird aus dem charismatischen Narzissten oft das haltlose, überforderte Wesen, das zurück auf die Sänfte will, auf der es doch so komfortabel durchs Leben getragen worden ist.

Ich weiß, wovon ich spreche. Mein Vater war massiv narzisstisch – mutmaßlich konnte er nur so seine kriminelle Karriere einschlagen. Er hielt sich stets für größer, intelligenter und bedeutender, als er war. Er log, manipulierte, drohte und war sofort beleidigt, wenn Widerspruch kam. Ich habe diese Haltung über viele Jahre übernommen und mir dabei immer wieder geschadet. Es waren vertraute Muster – sie waren destruktiv, aber vertraut –, und sie funktionierten, das war das Toxische an ihnen. Ich war dabei, all das mit der linken Hand einzureißen, was die rechte gerade aufgebaut hatte. So kann man sich sein Leben auch zerstören – mit den besten Vorsätzen und Absichten. Das Bekannte hat immer eine Übermacht – einfach nur, weil es vertraut ist. Erst Jahre später, als ich anfing, Hegel zu lesen, stieß ich auf einen entscheidenden Satz: »Das Bekannte überhaupt ist darum, weil es bekannt ist, nicht erkannt.«[8] Dem Bekannten können wir blind folgen, wir können uns von ihm leiten lassen oder uns ihm ausliefern – seine Mechanismen haben wir damit noch nicht verstanden. Das kann erst gelingen, wenn wir anfangen zu erkennen. Erst in meiner eigenen Psychotherapie, in der ich vor den Scherben meiner Illusionen stand, habe ich den nächsten Schritt verstanden, nämlich, dass das Erkannte noch nicht das Anerkannte sei. Anerkennen können heißt gelten lassen können, weil es seine Berechtigung hat, egal, ob mir das gefällt oder nicht. Anerkennen kann auch bedeuten, das, was war, einzuordnen, einzusortieren dort, wo es seinen Platz hat – dieser Platz muss kein schöner sein, aber ein angemessener. Ich durfte lernen, auch das Destruktive gelten zu lassen. Dadurch, dass es zugelassen ist, muss es sich nicht mehr kämpfend bemerkbar machen – und ich muss es nicht mehr bekämpfen und es dadurch größer machen, als es ist. In den ersten Jahren brachte ich viele Menschen, die es gut mit mir meinten, gegen mich auf, weil sie meine besserwisserische Arroganz kaum ertrugen und ich in fast jedem Menschen das Böse, den Feind zu erkennen glaubte – auch dort, wo es ihn gar nicht gab. Es brauchte eine lange Auseinandersetzung mit diesen Anteilen, um ihnen ihre Kraft zu nehmen und zu sehen, wer und wie ich war, und wie ich gewirkt haben musste. So stand ich für eine Weile vor den Splittern meines Größenwahns, den ich für Selbstbewusstsein gehalten hatte. Aber es war umgekehrt: Wäre ich so selbstbewusst gewesen, wie ich dachte, hätte ich meine chronische Selbstaufwertung durch Fremdabwertung gar nicht nötig gehabt. Das Paradoxe ist: Der pathologische Narzisst schadet in erster Linie sich selbst, merkt es aber nicht – bis es vielleicht zu spät ist. Fiel auch ich in diese Kategorie? Ich glaube es nicht. Aus zwei Gründen: Zum einen war mein Größenwahn eher ein Abwehrmechanismus, der leichter zu durchbrechen war als eine manifeste Persönlichkeitsstörung. Zum zweiten wäre es problematisch, wenn ich über meine eigene Geschichte die ernsthafte Störung herunterspielte und verharmloste. Damit wäre weder Betroffenen noch deren Opfern gedient.

Die Wochen von Nanas Schwangerschaft verändern Frank. Andrea bemerkt, dass er mehr trinkt, viel mehr. Er ist anders, spricht von immer neuen Problemen in der Praxis, bleibt unkonkret. Nachts ist er oft weg, sie ist in Sorge. In diesen Wochen starten sie auf die Kreuzfahrt durchs Mittelmeer. In Marseille wird er von Bord gehen. Der fatale Abrechnungsfehler war keiner, es war der Tag, an dem Nana beschlossen hatte, dass sie sein Kind bekommen und keinesfalls abtreiben werde. Er hat das nie gefordert, sagt er. Es war ihre Überlegung – wieder ohne ihn. Die Femme fatale macht, was sie will – ohne Rücksicht auf die Gefühle anderer.

Ist ihnen zu helfen, den Narzissten? Ein Cartoon aus den USA fasst das narzisstische Dilemma schön zusammen. In einem Halbkreis sitzt eine Gruppe beisammen. Einer der Männer ist aufgestanden und sagt:»Willkommen bei den Anonymen Narzissten. Doch bevor wir anfangen, lasst uns eine Weile über mich reden.«[9] Ursula Nuber hat einen Patienten, der seit zwei Jahren zu ihr kommt. Anfangs erzählte er nur davon, wie großartig er sei, was er wieder geleistet habe, erst langsam brach er auf und verfiel dann immer wieder in tiefe depressive Phasen. Narzissmus und Depression gehen häufig zusammen.»Narzissten sind meist nicht erreichbar, auch nicht in der Therapie. Sie sind sehr abgeschottet und lassen nichts zu. Da ist kein Raum für Reflexion, denn dann würde vielleicht etwas zusammenbrechen. Und Narzissten ahnen das oft.«

Wenige Monate später bringt Nana ein gesundes Kind zur Welt, einen Sohn. Der Sohn, den er sich zusammen mit Andrea so sehnlich gewünscht hat. Drei Tage nach der Geburt schleicht sich Frank auf die Neugeborenenstation, um den Jungen kurz im Arm zu halten. Dann muss er schnell wieder los, die Kinder der Geliebten sind schon im Anmarsch.

DER PREIS DER LÜGEN

Stefan Eiben sitzt in seinem Haus an der spanischen Mittelmeerküste, in der Nähe von Alicante. Er ist Inhaber einer Alibi-Agentur. Er ist ein Mann, der von sich selbst sagt, dass er nicht lügen kann, und es deshalb zu seinem Beruf gemacht hat. Mittlerweile sind es über eintausend Mitarbeiter, die für ihn lügen. Die meisten davon Schauspieler, sie wissen, was sie tun. Damals, als es losging, war er 34 Jahre alt und wollte an einem Samstag mit Freunden raus. Beide sagten ab, die Freundinnen hatten es ihnen verboten. »Das kann doch nicht sein!«, dachte Eiben, setzte sich an seinen Computer, registrierte eine Domain, schrieb ein paar Texte, und schon war die erste Alibi-Agentur Europas geboren: Ausreden – Lügen – für jeden Mann und jede Frau und das jederzeit. Eine Agentur für Leute, die ein Doppelleben führen wollen. Eiben nennt sich »Freiraummanager«. Das klingt eher wie ein Inneneinrichter mit Zusatzqualifikation in Feng-Shui, der blind den Schreibtisch im richtigen Winkel zum Fenster positionieren kann. Er ist der Mann der Stunde für Leute, die leben wollen wie Frank, denen aber sein Organisationstalent fehlt. Für seine Kunden tut er alles, was legal ist: Ein Renner ist die Postkarte mit der eigenen Handschrift des Kunden, die den Lieben zu Hause vorgaukelt, dass er in Bali unter Palmen liegt, während er mit der Geliebten an der Mecklenburgischen Seenplatte urlaubt. Der Freiräumer lässt die Karte in Bali mit einer Briefmarke und einem Stempel versehen und ab geht die Post. Kostenpunkt: 25 Euro.

Ein weiterer wichtiger Geschäftszweig ist das Schlussmachen. Wenn ein Mann sich einredet, die Tränen seiner Freundin nicht ertragen zu können, oder sich einfach so aus der Affäre ziehen will: Dann muss er Eibens Schlussmachern nur ein paar Informationen über die Beziehung liefern, und schon greifen sie zum Telefon und erledigen das – in genau dem Ton, der dem Kunden angebracht scheint. Wie beim Mineralwasser: leise, medium, laut.

Eibens Agentur wirkt wie ein Sittengemälde der Gegenwart. Er ermöglicht den Traum unserer Zeit: Freiheit ohne die Last der Verantwortung, Lust ohne den Preis des Schmerzes, Verschweigen, ohne (selbst) zu lügen. All das sind Strategien des Selbstbetrugs, halbgare Versuche, sich moralisch reinzuwaschen. In einer Welt, die Verantwortung gerne outsourct, in der immer jemand anderes schuld ist, in dieser Welt ist eine Doppelleben-Agentur eine Art Schlaraffenland des moralischen Greenwashings, ein Ablasshandel. In einer Zeit, in der uns vorgegaukelt wird, dass sich alle Probleme mit Geld lösen lassen, ist hier das Paradies. Der Kunde leistet Abbitte, indem er zahlt. Das Geld schafft Abstand – mit der Überweisung ist auch die moralische Schuld beglichen. Die böse Tat wird ausgelagert an eine Agentur – sie wird zu einer Art Auftragsmord an der Wahrhaftigkeit. Es ist leichter, jemanden am Telefon anzulügen, als ihm ins Gesicht zu lügen. Es ist leichter, einen entfernten Kollegen anzulügen als einen Freund oder gar Partner. Das Böse verliert seinen Schrecken, je weniger wir ihm ins Auge schauen müssen.

Bei Eiben melden sich Vorstände kleinerer und mittlerer Unternehmen, die eine Depression haben oder einen Zusammenbruch und das verheimlichen müssen. Denn wer in diesen Kreisen einmal in Behandlung war, gilt als Loser und kann einpacken. Oder die Escortdame, die privat einen Mann getroffen hat und ihn erst kennenlernen will, bevor sie ihm sagt, welchen

Beruf sie ausübt. Oder der Chinese, der nach Deutschland gekommen war, um hier zu arbeiten, und dessen Eltern einen Besuch angekündigt haben. Dass er bei einem Automobilzulieferer am Band steht, sollen sie nicht erfahren. »Er sagte: Ich brauche einen Computer, ich brauche einen Schreibtisch, und die Leute müssen mir dort die Hand geben«, erzählt Stefan Eiben. Der Plan ging auf: Der Chinese kam mit seinen Eltern in diese Firma und alle Mitarbeiter gaben ihm an seinem Schreibtisch die Hand. Voller Stolz über den Erfolg des Sohnes flogen die Eltern zurück nach Hause.

Ist die Lüge also böse? Auf keinen Fall. Die Lüge ist zunächst in einem Raum jenseits von Gut und Böse beheimatet. Ich kann wie Oskar Schindler mit einer Lüge Leben retten, vielleicht sogar viele Leben. Ich kann mit einer Lüge mich und mein Privatleben schützen, was mir jederzeit zusteht. Ich muss niemandem erzählen, ob ich eine Krankheit habe und welche. Wenn ich an einer Seuche erkrankt bin – etwa in einer Pandemie –, wäre es problematisch zu lügen, weil damit die Selbstbestimmung meiner Mitmenschen eingeschränkt wäre: die Freiheit, sich vor dieser Krankheit bestmöglich zu schützen. In Bewerbungsgesprächen war es lange opportun zu lügen, wenn Personalchefs Bewerberinnen fragten, wie ihre Familienplanung aussehe. Heute ist schon die Frage verboten, um die Bewerberinnen vor der Notwendigkeit einer Lüge zu schützen. Diesen Blick hat schon Arthur Schopenhauer im 19. Jahrhundert als legitim bewertet: »Das Recht zur Lüge [...] tritt ein bei jeder völlig unbefugten Frage, welche meine persönlichen oder meine Geschäftsangelegenheiten betrifft, mithin vorwitzig ist. [...] Hier ist die Lüge die Notwehr gegen unbefugte Neugier, deren Motiv meistens kein wohlwollendes ist.«[10] Lügen zum Selbstschutz sind eine Art Selbstverteidigung, so, wie ich mich auch wehren darf, wenn ich körperlich angegriffen werde.

Gibt es auch Fälle, bei denen er die Feigheit und Unwahrhaftigkeit seiner Kunden fördert, statt sie sich selbst zu überlassen? Stefan Eiben zögert lange und gibt dann eine überraschende Antwort:»Es geht ja vielmehr um den, der belogen wird, weil er mit der Wahrheit nicht umgehen kann. Wenn der Ehepartner des Kunden damit nicht umgehen kann, dass der sich gerne windeln lässt oder peitschen, wenn er, der Partner, selbst asexuell ist. Oder weil sich der Körper so extrem verändert hat: Und wenn der Kunde es nicht übers Herz bringt zu sagen, ja, Mensch, bitte geh mal absaugen und treibe Sport, und in einem Jahr siehst du wieder so aus, wie du mal warst.‹ Das liegt ja oft an der Person, die belogen wird, dass unser Kunde sich an uns wenden muss.«

Das ist eine spannende Verkehrung des Täter-Opfer-Verhältnisses, die mutmaßlich symptomatisch für die Gegenwart ist. Schuld an der Lüge hat der Belogene, weil er die Wahrheit nicht ertragen kann. Damit erhebt sich der Lügner über den Belogenen, da er paternalistisch zu wissen glaubt, was gut für ihn ist – und gut für ihn ist im Zweifel die Unwahrheit. In dieser Logik wäre ein Fußgänger, der von einem Auto überfahren wird, auch schuld, wenn er bei Grün über die Fußgängerampel gegangen ist – einfach, weil er mit den Autos auf der Straße nicht umgehen kann.

DIE WAHRHEIT

Kurz bevor er seinen Lügen ein Ende setzt, richtet Frank wenige Gehminuten vom Familienhaus entfernt wieder mal einen Schaden an. Als Andrea im Bademantel bei der Unfallstelle ankommt, sitzt er im Auto mit einer Wasserflasche. Um ihn herum Polizei. »Die wollen mich hier mitnehmen. Ruf doch mal Jens an.« Sie geht nach Hause und ruft den Anwalt an, der verspricht, sich zu kümmern. Die zwei Streifenwagen nehmen den Betrunkenen mit ins Unfallkrankenhaus, Blutabnahme. 1,2 oder 1,4 Promille, auf jeden Fall zu viel. Um halb drei Uhr nachts ruft der Anwalt zurück: »Wir haben jetzt eine Idee: Wir sagen einfach, er hätte nicht vorher getrunken, sondern während er auf den zweiten Streifenwagen gewartet hat. Bitte mach doch mal aus der Wasserflasche das Wasser raus und füll Gin rein. Damit man sagen kann, dass er den Gin getrunken hat, während er gewartet hat.« So geht Andrea mit OP-Handschuhen vor die Tür, gießt das Wasser aus, füllt den Gin ein und legt die Flasche wieder ins Auto. Sie sind jetzt vereint in dem, was die Philosophin Simone Dietz eine kollaborative Lüge nennt: Eine besondere Form der wohlwollenden Lüge, deren Ziel nicht der egoistische Vorteil des Lügners ist, mindestens nicht in erster Linie. Eine Lüge, »deren wesentliches Motiv der Zusammenhalt der Gruppe ist«.[11]

Kurz nach der Unfallnacht begibt sich Frank in eine psychiatrische Einrichtung, wo man ihn zu seinem Erstaunen nicht in die Abteilung für Burn-outs, sondern zu den Alkoholikern packt. Drei Tage später kommt er nach Hause und setzt sich mit einer Flasche Wein aufs Sofa. Andrea findet ihn dort später, ziemlich angetrunken. Aus ihm platzt es heraus:

»Hattest du mal einen anderen Mann in der Zeit, als wir zusammen waren?«

»Nein. Hattest du mal eine andere Frau?«

»Ja.«

»Ach, echt? Und warum hat's nicht funktioniert?«

»Na, weil sie bei ihrer Familie bleiben möchte.«

»Was denn für eine Familie?«

»Sie hat zwei Kinder. Das heißt, jetzt drei.«

»Wie jetzt?«

»Ich bin seit einem Jahr Vater.«

Sie fährt am nächsten Morgen in ihre Redaktion, tut so, als sei alles wie immer – bis es nach ein paar Stunden nicht mehr geht. Sie bekommt eine Panikattacke, bricht die Arbeit ab. Sie spürt, dass sie professionelle Hilfe braucht.

»Sie ist ausgezogen«, bestätigt Frank im Restaurant. »Wollte eine Abfindung haben. Ruhig etwas großzügiger. Was ihr ja auch zusteht. Ist okay.« Die Tom-Kha-Gai-Suppe ist abgeräumt, das zweite Bier neigt sich dem Ende zu, eine weitere Zigarette zwischen den Fingern. Ist das nicht seltsam, jetzt in einem Haus zu leben, in dem er viele Jahre mit der Familie verbracht hat? »Nö. Ich hab einfach umgeräumt. Das, was ich immer wollte. Ich habe mir eine neue Couch geholt, alles neu gestrichen. War okay.«

Die Wahrheit kann unmenschlich sein, sie kann auch tödlich wirken. Eine Lüge kann eine Liebe retten, so irritierend und unaufrichtig das klingen mag. Es widerspricht dem, was wir gelernt haben: »Du sollst nicht lügen«, »Lügen haben kurze Beine« und all die moralisch korrekten Floskeln, mit denen wir erzogen wurden und mit denen die Lüge per se ins Reich des Bösen verwiesen wird. Kant ging hier am Weitesten: Er dekretierte ein Lügenverbot. Wenn es ein moralisches Gesetz gibt, das besagt, Lügen sei erlaubt, würde sich dieses Gesetz selbst ad absurdum führen, weil keiner mehr dem anderen vertrauen würde. Kant geht dann in der Folge sogar so weit zu behaupten, dass ein Mörder, der an der Tür klopft, um zu fragen, ob sein Opfer zu Hause sei, die Wahrheit erfahren müsse. Damit wäre Oskar Schindler ein Krimineller. Kants Position wirft ein Schlaglicht auf das Problem aller Moralisten: Irgendwann enden sie in einem ausweglosen Rigorismus, der ihr gutes, auf Menschenwürde ausgelegtes Ansinnen in sein Gegenteil umschlagen und unmenschlich werden lässt. Denn wo ist in dem Mörderbeispiel das Recht des Opfers weiterzuleben? Wo sind die Rechte des Türöffners, der vielleicht nicht Beihilfe zum Mord leisten möchte?

Vielleicht ist das Mindeste, was wir erreichen können, schon das Größte: die Lüge nicht zu dämonisieren, ihr den Stachel des Bösen zu nehmen, die Lüge vor der Moral zu schützen. Der Bischof von Konstantinopel, Johannes Chrysostomus, schreibt Simone Dietz, »vertrat die sehr liberale Auffassung, wonach Lügen eine besondere Kunst sei, über deren moralischen Wert erst die jeweilige Absicht des Lügners entscheidet«. So kehrt er die Beweislast um: »Nicht der Lügner muss sich rechtfertigen, weil er sich eines listigen Kunstgriffes bedient habe, sondern derjenige, der ihm deswegen Vorwürfe machen will, muss nachweisen, dass die Lüge einem schlechten Zweck gedient hat.«[12] Nicht die Lüge, sondern ihre Absicht ist ethisch zu bewerten. Ich kann laufen, weil ich auf der Flucht bin, auf der Flucht vor meiner Verantwortung, weil ich einen Unfall verursacht habe und mich vor der Polizei in die Büsche schlagen will. Ich kann aber auch laufen, weil ich Hilfe holen will. Geht es bei der Lüge darum, einem Menschen zu schaden oder ihn zu schützen? Das sind Fragen, die jenseits der Moral fruchtbar werden. Hier wird nachvollziehbar, warum Wahrheit schlimmer sein kann als Lüge.

Ein Klient von Ursula Nuber, der sehr lange zu ihr kam, hatte über 14 Jahre eine »Außenbeziehung«. Seine Affäre hatte er bei einer Tagung kennengelernt. Sie trafen sich bei Kongressen und verlängerten diese bald zu Urlauben. Sie war verrückter, fröhlicher, freier als das, was er von zu Hause kannte, wo er das andere Leben hatte, das mit seiner Frau, den Kindern. Irgendwann ist er aber an den Punkt gekommen, an dem er die Beziehung beendet und sich für seine Familie entschieden hat. Die Schuldgefühle waren zu groß geworden, der Druck zu heftig, das Gefühl, der Böse zu sein.

Lange dachte er darüber nach, ob er seiner Frau nun alles offenlegen müsse, all die Details, das Doppelleben, die beiden Ichs. Ursula Nuber hat immer wieder mit ihm darüber gesprochen, wie wichtig die Wahrheit nun sei. »Das wäre ein egoistischer Akt gewesen, er hätte alles auf den Schultern seiner Frau abgeladen.« Schließlich war Nuber froh, dass er sich entscheiden konnte, dieses Geheimnis für sich zu behalten. Mit der Wahrheit wäre vermutlich auch die Ehe am Ende gewesen. 14 Jahre in einer Lüge gelebt zu haben, das hält auch die größte Liebe nicht aus. Reißt man einen Menschen, den man liebt, ins Unglück, indem man die Wahrheit erzählt? Oder ist es nicht vielmehr ein egoistischer Akt, nichts zu erzählen, weiterzuleben, zu verschweigen, nur damit die eigenen Bedürfnisse nach Sicherheit befriedigt werden? »Es wäre anders, wenn diese Ehe ohnehin schon zerrüttet gewesen wäre«, sagt Ursula Nuber. Aber so hätte er seine Frau mit dem Geständnis in ein Trauma gestürzt, die Frau, die er immer geliebt hat und die er, so paradox es klingen mag, auch immer so behandelt hat.

Frank hat sich anders entschieden. Es ist jetzt fast zwei Jahre her, dass er sein Doppelleben beendet hat. Seinem großen Sohn hat er noch in der Nacht seiner Trennung von Andrea ein Foto des Kleinen gezeigt. Für diesen Sohn, der jetzt drei Jahre alt ist, heißt er Petra. So hat ihn Nana genannt. Wahrscheinlich, weil er mal angerufen hat, als ihr Mann in der Nähe war, da wird sie auf die Frage, wer dran gewesen sei, »Petra« gesagt haben. Petra kommt jedenfalls verlässlich zweimal pro Woche auf den Spielplatz. Petra hätte gern mehr Zeit mit ihm, aber sie darf nicht. Frank schiebt das von sich weg. Nur so ist es ihm wohl gelungen, sein eigenes Kind einem anderen Mann als Kuckuckskind unterzuschieben, den Jungen mit einer Lüge ins Leben zu schicken. Und das ist weder fürsorglich noch beschützend, sondern im Kern narzisstisch. Sollte die Lüge Bestand haben, wird das Kind nie um seine Herkunft wissen. Damit beschneiden Frank und Nana die Selbstbestimmung und Selbstentfaltung eines Menschen. Es ist der traurige Kollateralschaden, wenn man zwei Menschen als Eltern hat, die nur an sich selbst denken.

So sitzt er dort in dem großen Haus außerhalb der Stadt und wartet. Wartet, dass Nana kommt, aber sie kommt nicht. Wenn Nana die Affäre mit ihm wieder einmal beendet oder aussetzt, droht er, alles auffliegen zu lassen. Vielleicht, denke ich irgendwann, sind Frank und Nana wie Passagiere auf einem Schiff. Mal schwankt das Schiff Richtung Backbord, mal Richtung Steuerbord. Hauptsache, es schwankt. Denn Schwanken ist Leben. Und Hoffnung. Vielleicht auch nur die Illusion von beidem. Vielleicht nähren sie sich auch an einem Phantomschmerz, wie das Schwanken der hohen See, das noch in den Gliedern steckt, wenn man längst an Land ist. Es gelingt ihr offensichtlich gut, im Ungefähren zu bleiben, ein bisschen ja, ein bisschen nein, sodass er nie ganz von der Angel geht. Das Schiff darf schwanken, untergehen darf es nicht.

Ist Moral eine Kategorie für Frank? »Schon wegen des Jobs! Na klar!«, sagt er sehr entschieden. »Ein anständiges Leben führen.

Keinen bescheißen, keinen bewusst betrügen. Keinem schaden«, das sei Moral. Und wie bewertet er dann seine letzten Jahre? »Das, was ich gemacht habe, war ja eine Hilfe für mich und am Ende ja auch für alle anderen. Ich habe ja gar nicht bewusst betrogen. Also nicht vordergründig bewusst betrogen. Es war eher ein Nebeneffekt.« Und überhaupt: Wäre die Kindszeugung nicht dazwischengekommen, wäre alles noch immer wie damals, mit teurer Einzimmerwohnung, zweimal die Woche von 10 bis 17 Uhr. »Es war schließlich für alle das Beste.«

Als das Gespräch beendet ist, wirkt Frank so, als fiele eine Last von ihm ab. Das Licht ist aus, die Bühne leer, die Show vorbei. Er hat performt. Bei mir bleibt der Eindruck, dass er die Mauern, die er gebaut hat, um jeden Preis aufrechterhalten muss. Seine Lügen, seine Unwahrheiten, die er managt wie ein Geschäftsführer seine Firma, sind die tragenden Säulen seines Kartenhauses. Sie bewahren ihn vor dem Sturz ins Nichts. Wahrscheinlich ist er Täter und Opfer in einer Person, Lügner und Belogener seiner selbst.

Morgen geht es wieder früh los, um neun Uhr muss er in der Praxis sein, viele Patienten werden auf ihn warten. Er wird jetzt nach Hause fahren. Die *Tagesschau* wird er noch schaffen – mutmaßlich auf der neuen Couch – und dann wird er wahrscheinlich auch bald einschlafen. Im Gehen legt er zehn Euro auf den Tisch, die Suppe, zwei Bier, das kommt hin. Für seinen Teil der Geschichte hat er bezahlt. Jetzt kann er gehen. Es ist wichtig, dieses Gefühl, dass er am Ende nichts schuldig bleibt.

DIE LETZTE GENERATION – DER FEIND AUF DER STRASSE

DIE AKTION

Wer sich mit der Letzten Generation beschäftigt, muss zwangs-läufig mit der Apokalypse beginnen. Wer mit der Apokalypse, dem Ende der Zeit, beginnt, muss zurück an ihren Anfang, da-hin, wo das Ende beschrieben ist: im Johannes-Evangelium des Neuen Testaments. Dort heißt es: »Weh denen, die auf Erden wohnen und auf dem Meer! Denn der Teufel kommt zu euch hinab und hat einen großen Zorn und weiß, dass er wenig Zeit hat.«[1] Zorn und Zeitnot, das sind die Kennzeichen der Letzten Generation. Es ist ihnen gelungen, in kurzer Zeit für eine große Mehrheit der Menschen zum Teufel zu werden. Und dass in knapper Zeit alles schwieriger werden kann, das wissen nicht nur die, die sich auf Straßen und Flughäfen festkleben, sondern alle, die schon mal eine Fahrt mit dem öffentlichen Personenver-kehr auf Schienen gemacht haben.

Wie es sich für eine Klimaaktivistin gehört, ist Anja Windl mit dem Zug von Graz nach Wien gekommen. Am 10. Juli 2023 treffe ich sie an einem schwülen Sommerabend im Wiener Neubau-Bezirk. Morgen sollen es 36 Grad werden. Einer dieser Tage, an denen der Klimawandel zeigt, was in ihm steckt. Ein Tag, wie ge-macht für eine Aktion der Letzten Generation. Anja Windl trinkt einen Aperol Spritz und ist ziemlich entspannt, dafür, dass in gut zwölf Stunden diese *high vis*-Aktion starten wird. Kurz für *high visability*, hohe Sichtbarkeit. Eine bildmächtige Aktion wird es sein, gut für Insta und TikTok. In der Wiener Innenstadt werden sie Fassaden verschönern, wie sie es nennen. Das Geschäft von Louis Vuitton und das Park Hyatt Hotel werden orangenfarben erstrahlen, so ist es geplant. Das, was sie hier in Wien vorhaben, haben sie nie zuvor in Österreich getan. Es ist die Premiere einer ganz neuen Inszenierung.

Anja Windl ist 26 Jahre alt, kommt aus Niederbayern, studiert Psychologie in Graz und zählt zu den prominentesten Gesichtern der deutschsprachigen Klimabewegung. Weil sie sich auf österreichischen Straßen festklebt, möchte das Land sie ausweisen – nach Deutschland. Aus österreichischer Sicht eine Art Höchststrafe – und ein Präzedenzfall. Es wäre die ultimative Warnung an die Klimakinder: So schlimm kann es kommen. Für viele Menschen ist Windl ein Hassobjekt: Frau, jung, blond, und dabei klimabewegt, eine Rebellin. Schlimmer als sie wäre nur ein generelles Fahrverbot am Sonntag.

Sie wird abgelenkt, während wir uns unterhalten, es klappt nicht alles so, wie es soll. Ein paar Kilometer entfernt, in der Wohngemeinschaft eines anderen Aktivisten, funktionieren nur vier der zwanzig Feuerlöscher, die am nächsten Tag zum Einsatz kommen sollen. Einige sind Wasserfeuerlöscher, sie brauchen aber Pulverfeuerlöscher, um darin Maismehl und Lebensmittelfarbe vermischen zu können. Anja Windl ist jetzt doch nervös. Sie weiß noch nicht einmal, ob sie »Wildbiene« oder nur »Biene« sein wird. Bienen halten Banner, Wildbienen besprühen Fassaden mit Feuerlöschern. Wildbienen gehen ins Risiko, Bienen nicht. Festgenommen werden sie durchaus beide. Am nächsten Morgen um neun Uhr wird das Kollektiv in der WG festlegen, wer wofür zuständig sein wird. Sie will sich da nicht in den Vordergrund drängen, die Bewegung sei divers und das solle man auch sehen. Dann muss sie los, die anderen brauchen ihre Hilfe. Irgendwann, es ist nach ein Uhr, schickt sie mir die Adresse der Wohnung. Um zehn Uhr dort. Im Übrigen wird sie Banner halten. So viel steht fest.

Umfragen zeigen: Auf die Letzte Generation als den bösen Feind unserer Gegenwart und Lebensweise kann sich der Großteil der deutschen Bevölkerung einigen. 85 Prozent geben an, sie hätten kein Verständnis für deren Aktionen, sie gingen zu weit mit ihrem Protest; nicht einmal jeder Zehnte unterstützt sie. Jeden Tag werden die Folgen des Klimawandels deutlicher, doch sie haben es geschafft, immer unbeliebter zu werden.[2] Die Letzte Generation ist Teil eines Netzwerks, das international organisiert ist. Es heißt A22 und vereint laut Selbstbeschreibung »zivile Widerstandsprojekte, die sich in einem brutalen Wettlauf gegen die Zeit für das Überleben der Menschheit einsetzen«.[3] Am Wichtigsten ist ihnen, dass sie gewaltfrei agieren. Daran gibt es oft Zweifel, denn ihr Gründer und Spiritus Rector ist der umstrittene Brite Roger Hallam, der Extinction Rebellion mitgegründet hat.

Hallam schwurbelte schon 2019 in schönster Alexander-Gauland-Manier davon, dass der Holocaust »nur ein weiterer Scheiß in der Geschichte« sei. Den Klimawandel vergleicht er mit einem »Rohr, durch das Gas in die Gaskammern fließt«. Demokratie sei »irrelevant« im Vergleich mit dem Kampf ums Klima.[4] Er ist genau der Wahnsinnige, den sie brauchten, mit dem sie aber heute nichts mehr zu tun haben wollen. Großteile der Klimabewegung haben sich mittlerweile von ihm distanziert, auch Anja Windl. Die Frage ist: Wie viel Hallam-DNA steckt noch in der Letzten Generation?

Seine Umsturzvision geht so: Um den nötigen Druck auf Politiker aufzubauen, braucht eine Bewegung 300 Menschen, die in Vollzeit fürs Projekt arbeiten. Jeder von ihnen mobilisiert wöchentlich mindestens zwei weitere Personen – bei einem Wochengehalt von 500 Dollar. So kommen innerhalb von zehn Wochen 6000 gefängnisbereite Personen zusammen: So viele Klimaaktivisten in Gefängnissen lösen dann eine Welle der Empörung aus und zwingen die Politik zum Umdenken.[5] Die

Idee ist naiv, hat aber einen realistischen Kern – und zwar im Hinblick auf die Macht der Empörung: Nach den fünfzehn bundesweiten Hausdurchsuchungen bei der Letzten Generation im Mai 2023 gab es eine ungeahnte Solidaritätswelle mit den bösen Kindern von der Straße. In den Wochen danach konnten sie 1,4 Millionen Euro an Spenden einsammeln – im gesamten Jahr zuvor waren es 900 000 Euro.[6] Wenn die Menschen spüren, dass im Kampf des Stärkeren gegen den Schwächeren der Starke seine Macht ausnutzt, wendet sich das Blatt sehr schnell zugunsten des Schwächeren. Es ist eine Art David-gegen-Goliath-Syndrom.

Noch etwas ist geblieben von Roger Hallam: die Kommandostruktur. Sie besteht aus einer Kerngruppe von drei bis sechs Leuten, die alle Entscheidungen trifft und die Kontrolle hat. Anja Windl ist nicht Teil dieser Gruppe, »das ist unheimlich zeitaufwendig und da wird schon ziemlich hierarchisch entschieden«.

Die Haltung, mit der ich hierhin gefahren bin, ist eine ambivalente. Wie fast alle sage ich: Ich unterstütze die Anliegen der Letzten Generation. Es ist fast schon eine Floskel, ich weiß. Hinter dem »aber«, das hinter ihr steht, folgt oft genug eine Herablassung gegenüber denen, die da aktiv mitmachen. Meine Frage ist weniger, ob die Aktionen der Letzten Generation gut sind oder nicht, ob sie die Richtigen treffen oder die Falschen – das ist Geschmackssache. Ich werde auch nicht diskutieren, welche Voraussagen zur Klimakrise zutreffend sind oder nicht. Das überlasse ich denen, die wissen, wovon sie sprechen. Mir ist es gelungen, weder einer von 82 Millionen Fußball-Experten zu werden noch einer von 82 Millionen Corona-Experten noch einer von 82 Millionen Waffen-Experten. Ich bin zuversichtlich, auch keiner von 82 Millionen Klima-Experten zu werden. Mich interessiert die Frage: Wer sind die Menschen hinter den Nachrichtenbildern? Wie radikal oder extremistisch sind sie? Und vor allem: Was haben sie richtiggemacht, um von so vielen Menschen verteufelt zu werden?

Am nächsten Morgen, um 9.45 Uhr, stehe ich vor dem Haus im 3. Wiener Bezirk, in diesem Moment findet das Briefing dieses Tages statt. Anja Windl hatte schon mitgeteilt, dass es länger dauern werde. An der Tür keine Namen, wie überall in Wien, nur Wohnungsnummern. Die konspirative Sitzung findet hinter Tür 30 statt, eine WG ganz oben unterm Dach. Vor der grünen Tür Mülltüten mit Barista-Hafermilchtüten, aber auch Dosenbier und Plastik-Colaflaschen. Man hört die üblichen Verdächtigen schon aufheulen: »Welch eine Doppelmoral!« Durch die Tür ist nichts zu vernehmen. So muss das sein, wenn man als gefürchtete Klima-Kampftruppe durchgehen will.

Gegen 10.20 Uhr kommt Anja Windl herunter, nach und nach folgt der Rest der Gruppe. Sie raucht eine Zigarette. Alle Feuerlöscher funktionieren. Abgesprochen ist die heutige Aktion so: Zwei Leute verschönern die Fassade des Hotels Park Hyatt Vienna mit oranger Farbe, zwei Leute gleichzeitig den Luxusdesigner Louis Vuitton. Die Kommunikation läuft über den Messengerdienst *Signal*, eine Art WhatsApp für Leute, die Datenschutzrichtlinien zu Ende lesen – und daraus die richtigen Konsequenzen ziehen. Klar ist, dass die Bienen mit den Bannern zuerst vor den Häusern sitzen und die Wildbienen erst danach sprühen, das ist wichtig für die Bilder und die Inszenierung. Anja bildet ein Bannerpaar mit Leolita, einer pensionierten Krankenpflegerin aus der Geriatrie. Früher, sagt sie, habe sie die Alten beschützt und heute werde sie das Gleiche mit den Kindern tun. Leolita hat ihre Nordic-Walking-Stöcke dabei und plappert ohne Punkt und Komma. Sie fällt durch ihre knarrende Stimme auf und den Eifer, aus allem einen Witz zu machen. Mit der U-Bahn geht es zum Tatort, die Unruhe wird größer, außer bei Leolita, die, von allen äußeren Erscheinungen unbeeindruckt, ihr Leben erzählt. »Speiübel« sei ihr immer, sagt Anja Windl. Auch heute, obwohl sie nur zum Bannerhalten eingeteilt ist.

Um 11.08 Uhr wird es plötzlich hektisch. Es ist passiert, was fast immer passiert, wenn die Zeit knapp ist. Ohne es über *Signal* angekündigt zu haben, greift eine der Wildbienen im Alleingang mit oranger Farbe Prada statt Louis Vuitton an. Simon heißt die einsame Wildbiene, Heinz, ihr Partner, steht verloren vor der Boutique von Chanel, sein Feuerlöscher ist leer, bevor er überhaupt sprühen konnte. Prada ist zwar orange, aber nicht so orange, wie es hätte sein können, wenn Heinz mitgesprüht hätte. Aber Heinz irrte mit seinem Pannen-Feuerlöscher zwischen Chanel, Louis Vuitton und Prada hin und her.

Anja Windl ist mit Leolita schnell zu Prada gerannt, hat beim Laufen ihre Warnweste angezogen und das Banner aus dem Rucksack gezogen – es erinnert an einen Einsatz von David Hasselhoff und seiner Rettungsboje in *Baywatch*. Kurz danach sitzen die beiden trotzig auf dem heißen Wiener Steinboden vor Prada. Auf ihrem Banner steht: »Eure Prunksucht. Unser Wetterchaos.« Auch Simon und Heinz haben sich wiedergefunden. Sie halten in großen Lettern hoch: »Wir können uns die Reichsten nicht mehr leisten.« Sie beziehen sich auf eine Oxfam-Studie aus dem Jahr 2020, die zeigte, dass das reichste eine Prozent der Weltbevölkerung für 15 Prozent des CO_2-Verbrauchs verantwortlich ist, die ärmere Hälfte der Weltbevölkerung dagegen nur für sieben Prozent.[7] Wer den Reichen also ihre Täschchen, Mäntelchen und Hütchen verkauft, macht sich mitschuldig an der Klimakatastrophe. So simpel ist die Welt, wenn Aktivisten sie interpretieren.

Auf dem Boden, auf die Polizei wartend, spricht Anja Windl geduldig mit Passanten, die nicht so recht verstehen wollen, warum hier ein Hotel und ein Modegeschäft besprüht wurden. Sie erklärt es immer wieder, das mit dem einen Prozent der

Reichsten und so. Das Orange ihrer Warnwesten verträgt sich farblich auffallend gut mit dem Orange aus dem Feuerlöscher. Es sieht aus, als habe ein Modeberater von Prada sie beraten. Ein Mann, der zufällig vorbeiläuft, ruft:»Wir waren nicht reich – wir haben gearbeitet!« Anja Windl entschuldigt sich schnell, es sei ja nur Lebensmittelfarbe, die sei innerhalb von ein paar Minuten wieder weg. Bloß keinen verschrecken und die Verschreckten schnell wieder zurückholen. Leolita, die aufgebrachte Rentnerin aus der vorvorletzten Generation, schreit dem Rest der irritierten Passanten kreischend entgegen, was sie sowieso sehen:»Da drüben ist das Schwarze Kameel, da speist die Hautevolée!« Die Gäste dieses ewigen Wiener Touristentempels lächeln herüber, sie scheinen vor allem froh zu sein, bei 30 Grad am Vormittag Markisen über dem Kopf zu haben und das Spektakel aus sicherer Entfernung beobachten zu können.

Nebenan bei Saint Laurent stehen zwei Verkäufer in der Tür, froh, dass es nicht sie getroffen hat. Einer sagt:»Es ist schon wichtig, was die Letzte Generation macht, damit die Leute das mal mitkriegen, was sie so anrichten.« Ich zögere kurz, wen er meint – die Aktivisten oder die Verbraucher? Offenbar meint er die Verbraucher, uns alle. Dass es sie und ihre Kunden trifft, findet er das gut? Er meint, das sei wohl schlechte Recherche der Letzten Generation.»Die sind jetzt nicht so bekannt dafür, sich die besten Ziele auszusuchen«, sagt der Verkäufer. Was wären bessere Ziele? Da habe er so seine Ideen, aber die wolle er jetzt lieber nicht aussprechen.

Acht Minuten nach dem Anschlag trifft die Polizei mit vier Mannschaftswagen ein. Anja Windl, Leolita, Simon und Heinz sind umringt von zwölf Polizisten. Sie halten Abstand zu den Protestierern, sie stehen nur da und schauen. Für Anja sind es unerträgliche Minuten. Normalerweise läuft es immer gleich ab: Sie werden zum Polizeianhaltezentrum gebracht, nach unten in eine sogenannte Elefantenzelle, da sind dann sechs bis zehn Leute in einem Raum. Sobald die Personalien überprüft sind, kommen sie wieder nach oben und am späten Nachmittag dürfen sie gehen. Windl hat sich schon so oft auf Straßen und Autobahnen festgeklebt, dass sie polizeibekannt ist, es liegen rechtskräftige Strafen gegen sie vor. Es kann also auch sein, dass die Beamten die Gelegenheit nutzen und sie von hier wegtragen, um sie dann für zehn Tage festzuhalten. Das wäre ungünstig, denn nächste Woche hat sie weitere Aktionen, und dann müsste die Letzte Generation sie da rausholen – mit Geld. Dafür gibt es ein Konto, das jederzeit gedeckt ist, damit Bienen schnell wieder losfliegen können.

Die Zurückhaltung der Polizei irritiert. Wann werden sie zugreifen? Die vier Provokateure sitzen da wie bestellt und nicht abgeholt. Schließlich nähern sich ein paar Polizisten, sprechen mit den Aktivisten, kontrollieren ihre Personalien. Sie lassen sich weiter Zeit. Der Einsatzleiter gibt ein Zeichen, die Polizei zieht sich zurück. Ich frage ihn, ob es denn nun gar keine Festnahmen geben werde. Der Einsatzleiter sieht dazu keinen Anlass. Er sagt mit breitem Wiener Akzent: »Das ist eine unangemeldete Versammlung, das ist nett, aber nicht richtig. Das ist ein oranges Pulver, kein Strafrechtsdelikt. Kein Grund für Polizeifestspiele mit Festnahmen und allem Drum und Dran. Einsatztaktisch sind wir am Ende.« Was er persönlich von der Letzten Generation hält? »Das ist Kindergarten. Macht nur Arbeit. Oder glauben Sie, das ist lustig?«

WENN PROTEST ZU KUNST WIRD

Die Nachbesprechung verlegen die Klimasprüher eilig ins Welt-café, in dem der Bioduft der Nachhaltigkeit in der Luft liegt. Kaum haben alle Platz genommen, ergreift Leolita das Wort und kündigt an, ihren BH auszuziehen. Danach findet ein Debriefing statt, also eine Nachbesprechung, die vor allem darin besteht, dass sich alle zufrieden gegenseitig auf die Schulter klopfen. Insgesamt sei alles recht gut gelaufen, wenngleich ein wenig chaotisch, macht aber nichts, man habe schließlich gute Bilder, das kann einer der Kameramänner bestätigen. Gute Bilder sind wichtig, sie sind die halbe Miete, wenn nicht die ganze. Sechs Mann stark ist das Videoteam. Die Letzte Generation ist vielleicht die erste Protestgruppe mit mehr Medienleuten als Aktivisten. Vom iPhone bis zur Profikamera ist alles dabei. Manchmal erinnern die Aktivisten an ihre eigenen Kritiker aus den Medien, denen sie gerne vorwerfen, sich nur für Protestformen zu interessieren, aber nicht für Fragen der Klimakatastrophe. Ihre Leute basteln an diesem Eindruck eifrig mit, indem sie vor allem Filme und Bilder produzieren, die so professionell gemacht sind, dass sie schon zu einer Meta-Erzählung über modernen Protest werden: der Protest, der sich selbst dabei beobachtet, wie er protestiert – auf Autobahnen, in Museen, vor Boutiquen –, fast ohne Verbindung zu seinem Anlass oder Thema.

Besonders gut war das zu beobachten, als die Letzte Generation im März 2023 das Denkmal »Grundgesetz 49« im Berliner

Regierungsviertel mit Erdöl beschmierte. Viele Kommentatoren und Politiker warfen den Aktivisten daraufhin vor, das Grundgesetz anzugreifen oder mindestens keinen Respekt vor dieser Institution zu haben.[8] Dabei müssten Leute, die von Symbolpolitik leben, eigentlich einen Sinn für symbolische Kunst haben. Gleichwohl, auch ohne jeden Kunstverstand war klar, dass mit der Aktion das Gegenteil gemeint war: Mit der Förderung fossiler Energien halten sich Regierungen nicht an Vereinbarungen und unterlaufen mit dem Verbrauch von Erdöl – symbolisch – die Verfassung.

Die bisher beste und überzeugendste Aktion der Letzten Generation war nach meiner Wahrnehmung ihr Angriff auf Gemälde mit Lebensmitteln: Kartoffelbrei auf Monet in Potsdam, Tomatensuppe auf van Gogh in London, eine Torte auf die *Mona Lisa* im Louvre. Das Bürgertum reagierte vorhersehbar verschnupft: »Kein Respekt vor der Kunst!« Selbst Leute, die nicht im Verdacht stehen, je ein Museum von innen gesehen zu haben, avancierten zu Kunstexperten und wussten ganz genau, was Picasso dazu gesagt hätte. Mutmaßlich hätten sich viele Künstler für diese Aktionen begeistern können. Kreative Zerstörung ist wesentliche Triebfeder allen künstlerischen Schaffens. Zumal die Idee nicht einmal neu war. »Attacken auf Museen haben eine große Tradition in der Avantgarde-Kunst zu Beginn des 20. Jahrhunderts«, sagt der Philosoph Boris Groys. »Schon Marinetti ruft 1909 im ›Futuristischen Manifest‹ zur völligen Zerstörung der Museen auf.«[9] Wenn also Klimaaktivisten den Fokus auf das Leben richten wollen, auf das Jetzt, auf die wenige Zeit, die noch bleibt, dieses Leben zu retten – dann sind die Kunst und das Museum der natürliche Feind. Wer beansprucht, über den Tag hinaus zu leben, den Tod des eigenen Schöpfers zu überleben, beansprucht Ewigkeit. Das ist für die Letzte Generation eine Provokation. Das kommt in einem Denken, das Fortschritt und Zukunft ausschließlich als düster, zerstörerisch und dem Untergang geweiht wahrnehmen kann, schlicht nicht vor. Wenn das Leben auf der Erde nicht mehr lebenswert ist, ist all das hinfällig und Kunst ein Anachronismus.

Kunstwerke sind tote Gegenstände von toten Menschen, ausgestellt in einem toten Raum, in dem ihnen gehuldigt werden soll. Bildende Kunst ist ein elitärer Markt. Kunst gehört Menschen, die viel Geld übrig haben – also Reichen, die ihren Frauen auch Louis-Vuitton-Taschen kaufen und eine CO_2-Bilanz haben, die zum Himmel stinkt. Diese Reichen wollen nichts weniger als Unsterblichkeit, darum finanzieren Leute wie Jeff Bezos Startups, die den Alterungsprozess umkehren sollen.[10] Sich wie ein Schwein benehmen, die Erde zumüllen und zerstören, aber sie ewig bevölkern wollen – am besten in einer Gated Community, abgeschirmt von allen anderen: So in etwa stellt sich das vollendete Böse aus Sicht der Letzten Generation dar.

Eines der attackierten Gemälde, Monets *Getreideschober*, hat SAP-Gründer Hasso Plattner für 111 Millionen Euro für sein Museum gekauft. Die Botschaft der Letzten Generation war: Ihr zahlt Millionen für die Vergangenheit und merkt gar nicht, wie teuer euch die Zukunft zu stehen kommt, wenn ihr so weitermacht wie bisher. Die Ironie dabei: Das Werk ist durch die Aktivisten noch bekannter geworden – sollte es in Zukunft den Besitzer wechseln, wird es einen noch höheren Preis erzielen. Vielleicht war das auch ein Grund, warum die Letzte Generation nur die Scheiben vor den Gemälden mit Lebensmitteln beworfen hat: Es bleibt in der Bewegung offenbar ein Respekt sowohl vor dem Werk als auch vor dem Kapitalismus, seinen Mechanismen und dem überzeugenden Fakt, dass ihre Generation all seine Erzeugnisse einmal erben wird.

So produziert die Letzte Generation hier in erster Linie nicht Protest, sondern Kunst, möglicherweise epochale Medienkunst.

Sie sind moderne Bilderstürmer, die irgendwann als Installationen oder auf Fotografien in Museen verewigt werden, die laut der Letzten Generation dann aber nicht mehr existieren werden, weil die Politiker, die ihre Aktionen absichtlich falsch verstehen, zu langsam waren für die Weltrettung, indem sie sich an dieses verdammte Grundgesetz gehalten haben, das die Letzte Generation wiederum stärken wollte, als sie es mit Öl bewarf. Das sind Paradoxien aus der Hölle. Die wenigstens einen Vorteil haben: Es gibt hier unerträgliche, unauflösliche Aporien, aber kein Gut und Böse.

Heinz, die Wildbiene mit dem defekten Feuerlöscher, erzählt beim wohlverdienten Mittagessen im Weltcafé, dass er seit drei Monaten bei der Letzten Generation ist. Heinz ist Mitte 60, trägt ein rot kariertes Hemd und erinnert mit seiner warmen, einfühlsamen Stimme an einen gut gealterten Literaturlehrer – einen, wie ihn Robin Williams im *Club der toten Dichter* so meisterhaft gespielt hat. Doch in Wahrheit ist Heinz einer der Bösen, der lange direkt dazu beigetragen hat, die Letzte Generation zur möglicherweise allerletzten zu machen: Bis vor Kurzem war er Pilot bei Austrian Airlines, auf seinen Schultern lasten 50 000 Flugstunden, erst Kurzstrecke, dann viel Langstrecke. Wie viel CO_2 er in die Atmosphäre geblasen hat, hat er nicht ausgerechnet, aber so lange kann er sich in diesem Leben gar nicht mehr festkleben, um das jemals wiedergutmachen zu können. Er sei immer naturverbunden gewesen, am grünen Stadtrand Wiens ist er aufgewachsen, am Nationalpark Donau-Auen, für den er sich schon in seiner Jugend zusammen mit anderen Umweltschützern eingesetzt hat. Danach die Anti-Atomkraft-Bewegung, Greenpeace-Mitglied, an die er viel Geld gespendet hat. Warum er dann ausgerechnet Pilot geworden ist, kann er so richtig auch nicht erklären. Aber sie haben ihn hier mit viel Wärme aufgenommen, trotz seiner Flugverbrechen. Warum ist er, umgekehrt, ausgerechnet bei der Letzten Generation gelandet? Läuterung?

Karmapunkte sammeln? Ein falsches Leben im richtigen führen? Jetzt hier, bei der Letzten Generation, das Richtige tun im Wissen, dass das falsche Leben nicht mehr auszuradieren ist, sondern nur zu bereuen? Gut möglich, dass er bald auf einer Landebahn klebt und einen seiner früheren Co-Piloten vom Start abhält.

Es sind Widersprüche, die viele andere auch in sich tragen: Naturbursche sein und Pilot werden; Pilot sein und Greenpeace unterstützen; im Rentenalter sein, aber sich mit dreißig Jahre Jüngeren festkleben. Heinz ist der personifizierte Widerspruch unserer Gegenwart. Er hält ihn aus, trägt ihn mit würdevollem Selbstverständnis.

Vielleicht ist das der Grund, warum ich mich diesem Piloten verbunden fühle. Ich bin Teil einer Sandwich-Generation. Zu jung, um Boomer zu sein, zu alt für die Letzte Generation. Als ich im Alter von Anja Windl war, habe ich mich um meine Karriere gekümmert. Politische Probleme waren für mich satirisches Material, mehr nicht. Von jeder Form des politischen oder gar aktivistischen Engagements war ich weit entfernt. Einmal haben wir an der Uni demonstriert, als Bachelor und Studiengebühren eingeführt wurden. Wir standen auf, als es schon zu spät war, und beschwerten uns dann, dass uns niemand rechtzeitig aufgeweckt hatte. Unsere Zeit war in dem Moment nicht knapp, sie war vorüber. Für uns war das kurz ein Weltuntergang, schon bald danach war es ein Furz der Geschichte. Mein Vorteil aufgrund dieser Sozialisation: Meine Sympathie und Offenheit gegenüber allem Ambivalenten, Unsicheren, Unentschiedenen, allem Amorphen. Mein – hoffentlich – offener, freier Blick auf die Welt. Die radikale Ablehnung jeder Form des Dogmas, jeder Unterwerfung unter eine Ideologie. Meine Ablehnung von Kategorien wie Gut und Böse, Freund und Feind. Vielleicht hätte ich auch sonst dieses Buch gar nicht schreiben können. Weil ich gegenüber Ideologien und Dogmen eine gewisse Grundimmunität verspüre, fehlt mir auch die sonst branchenübliche Angst vor Ansteckung und Instrumentalisierung durch die üblichen Verdächtigen. Diese eigenartige Angst vor falsch verstandener Nähe, vor Applaus von der falschen Seite. All das ist mir fremd, da ich weiß, dass ich die Manipulationen dieser Leute frühzeitig erkenne. Aus diesem Freiraum ist im Lauf der Zeit eine Art neugieriges Interesse für abseitige Austauschsphären entstanden. Ein Abstand, der distanzierte Betrachtung und Beschreibung niemals zur Disposition stellt, sondern sie zur Voraussetzung hat.

Der Nachteil: Ich bin kein Teil, erst recht kein Sprecher einer Gruppe, ich kann es auch nicht sein. Einigkeit und Überzeugungen sind mir suspekt. Daraus folgt eine lebenslange politische Obdachlosigkeit, eine Fremdheit gegenüber allem Sicheren. So entstand eine Lebenshaltung, die egoistisch und individualistisch wirken mag, vielleicht auch feige in ihrer Bekenntnislosigkeit. Natürlich fliege ich rund um die Welt und habe auch nur bedingt ein schlechtes Gewissen. Mobilität war schließlich mal das Versprechen, ja die Erwartung an uns, wenn wir es zu etwas bringen wollten. Nun hat sich der Kontext geändert und deshalb wollen wir zugleich das Klima schützen und eine lebenswerte Welt für uns und unsere Nachkommen schaffen. Wir wollen keine Arschloch-Boomer sein, aber auch keine moralistischen Aktivisten. Wir wollen alles und nichts. Damit verbindet sich die existenzielle Angst, in einem Dazwischen zu enden, einem ewig unentschiedenen »Na ja«.

Was Heinz, den jungen Teil der Letzten Generation, mich und sehr viele andere verbindet: Wir alle leben in einem Dilemma. Das ewig unentschiedene »Ja, aber«, das über so viele Jahre als mobil-flexible Ultima Ratio gefeiert wurde, fällt uns jetzt auf die Füße. »Sowohl als auch« ist heute mit moralischer Todesstrafe belegt. Ins ethische Extrem gewendet bedeutet die Klimakrise: Wir können uns nur schuldig machen, wir werden niemals mehr entsühnt werden. Der moralische Schuldenberg wächst ins Unendliche genau wie die Temperatur der Welt; die Schuldenuhr tickt grausam laut. Wenn jeder Schritt nur noch ein Fußabdruck ist, der auf eine ohnehin schon negative Bilanz noch negativer einzahlt – dann zahlen wir andauernd den Zinseszins der Negativzinsen unserer eigenen Existenz. Dann ist der Mensch in seinem bloßen Dasein schon böse. Jeder gute Wille wird zur bösen Tat, unabhängig von seinen Umständen oder Absichten. Das führt in einen brutalen ethischen Totalitarismus. An dessen Ende stünde Mephistos Sentenz in Goethes *Faust*:»Denn alles, was entsteht, ist wert, daß es zugrunde geht; drum besser wär's, daß nichts entstünde.«[11]

Die Feinde der Letzten Generation werfen dann feierlichbockig das Handtuch und setzen an zur ultimativen Party der letzten Tage. Motto:»Wenn sowieso schon alles wurscht ist, dann wenigstens jetzt und mit Karacho!« Die schwierigere Antwort könnte lauten, dass es eben kein absolut Gutes gibt, sondern nur ein zu verhandelndes relatives Gutes; dass es auch eine behäbiggemeine Finte der Politik und der herrschenden Moral ist, dem Einzelnen die Verantwortung für globale Krisen zu übertragen, statt den Staaten und Regierungen die Leitplanken zu überlassen, in denen das relativ Gute oder Schlechte (nicht Böse!) wirksam werden kann.

Heinz hat vier Kinder zwischen 23 und 41 Jahren. Was sagen sie zu seinem Engagement? »Sie finden es lustig.« Nur die drittälteste Tochter, die gerade studiert, sei auf seiner Linie. An der Uni hat sie es viel mit Leuten wie ihm zu tun, die endlich was tun wollen – nur eben 40 Jahre jünger sind als er. Und seine Frau? Die komme aus der Sozialdemokratie. Ob das ein Kompliment oder das Gegenteil ist? Das weiß er auch nicht. Wahrscheinlich wieder ein »Na ja«.

Als ehemaliger Pilot fällt sein Debriefing anders aus. Dort oben waren Vorbereitungen und Struktur alles. Wo sind Unwägbarkeiten? Welche fast unmöglichen Möglichkeiten müssen auf dem Radar sein, selbst dann, wenn sie nie eingetreten sind? Hier unten sind »motivierte Leute, die ein anderes Lebensverständnis haben, da kann man jetzt nicht sagen: Das muss man so oder so machen. Sonst ist man ganz schnell raus.« Dadurch sei bei der Letzten Generation vieles sehr unkonzentriert, ineffizient und schlecht organisiert. Dass das heutige Ziel, die Filiale von Louis Vuitton, unzugänglich hinter einer Baustellenverkleidung war, habe niemand gewusst, weil sich alle auf Google Maps verlassen hatten. Vor dem teuren Uhrengeschäft nebenan stand ein Sicherheitsmann, daneben war Chanel, also beschloss er spontan, Chanel zu besprühen. Chanel oder Vuitton? Egal, Hauptsache teuer. Aber dann war der Feuerlöscher schnell leer, und er ist rüber zu Prada. All das sei sehr chaotisch und müsste viel länger geplant werden.

Während ich diese Leute begleite und mich mit ihnen auseinandersetze, drängt sich die Frage auf: Wie blank müssen die Nerven einer Gesellschaft liegen, um sich von diesen sehr braven und höflichen Bürgerkindern so dermaßen den Blutdruck in die Höhe schießen zu lassen? Die ganze Zeit ist die Rede von Resilienz und Widerstandskraft. Je mehr darüber palavert wird, desto weniger scheinen sie vorhanden zu sein, wenn sie gebraucht würden. In welche Schieflage wir hier geraten sind, ließ sich bilderbuchhaft im Februar 2023 beobachten: Zwei Klimaaktivisten machten angeblich Urlaub auf Bali und hatten vermeintlich ihren Gerichtstermin in Stuttgart geschwänzt. Boulevardmedien und ihre politischen Anhängsel standen kopf. Der Generalsekretär der CSU empörte sich über die »Doppelmoral«[12]. Und auch Markus Söder, der ja einen schwarzen Gürtel in Doppelmoral hat, fand die Bali-Reise der Klimakleber »wirklich unglaublich«.[13] Was Söder wohl sagen würde, wenn er von Maskenaffären, Mautdesaster, Berateraffären und der Kaviardiplomatie mit Aserbaidschan hört?

In Wahrheit waren es nicht zwei, sondern ein Klimakleber und eine Zeugin. In Wahrheit waren sie nicht nach Bali geflogen, sondern nach Thailand, und das für viele Monate, nicht für einen Strandurlaub. In Wahrheit haben sie den Prozess nicht »geschwänzt«, sondern waren entschuldigt. Natürlich ist die Frage erlaubt: War es ethisch in Ordnung zu fliegen oder nicht? Die Antwort lautet: Ja, das war es. Wer fordert, dass wir alle weniger fliegen sollen, darf trotzdem selbst fliegen – auch ganz weit weg. Er muss gerade nicht mit gutem Beispiel vorangehen und irgendwohin fahren, wo er mit dem Fahrrad oder höchstens dem Zug hinkommt. Kritik ist eine Kompetenz, die für sich steht. Wir kritisieren jeden Tag vieles, was wir gar nicht ändern können: dass der Bus nicht fährt, die Sanifair-Bons zu teuer oder Talkshows zu langweilig sind. Wenn die Söders dieser Welt plötzlich fordern, dass alle Menschen moralisch einwandfrei sein müssen, ist das genauso totalitär und absolutistisch wie die Haltung, die sie den Klimaaktivisten immer vorwerfen.

Als Komiker weiß ich, wovon ich spreche. Wenn ich nur noch meckern dürfte, wenn ich wüsste, wie es besser geht, müsste ich aufhören zu arbeiten – oder mich umschulen lassen zum Missionar, im schlimmeren Fall zum Messias. Gott bewahre! Nur wenn ich sage »Niemand darf jemals wieder fliegen, auch ich nicht« und dann trotzdem fliege, betreibe ich Doppelmoral. Diesen Absolutheitsanspruch haben die Aktivisten aber gar nicht. Jemanden für etwas zu kritisieren, was er gar nicht gefordert hat, ist noch dümmer, als Bali nicht von Thailand unterscheiden zu können. Leider haben die beiden Aktivisten diese Dialektik und das sie entlastende Moment darin nicht verstanden, sondern gaben ihren Kritikern völlig unnötig recht. Der Flug zurück werde »der letzte unseres Lebens« sein.[14] Ein solcher Kotau vor populistischen Kritikern ist fast schlimmer als jeder Fernflug.

Jeder Mensch darf meckern und kritisieren – und zwar ohne etwas leisten zu müssen. Das ist eine Art moralisches bedingungsloses Grundeinkommen. Kritik ist gratis – und manchmal auch umsonst! Ich kann auch ins Kino gehen und einen Schauspieler in einem Film als grauenhaft schlecht kritisieren – und niemand kann von mir verlangen, die Rolle doch erst mal selber besser zu spielen.

Zudem gibt es einen Unterschied zwischen Aktivisten und Politikern: Politiker müssen einlösen, was sie versprechen, weil sie ihre Wähler (oder, an der Macht) das ganze Volk vertreten. Aktivisten haben vielleicht die Zustimmung von mehr oder weniger vielen Leuten, aber sie vertreten niemanden, außer sich selbst. Und darum können sie fliegen, so viel sie wollen.

SIE MUSS VERHEXT SEIN –
WARUM ES SO LEICHT IST, FRAUEN ZU HASSEN

Die Boulevardmedien haben Anja Windl als »Klima-Shakira« bezeichnet, weil sie eine gewisse Ähnlichkeit mit der Popsängerin aus Kolumbien aufweist. Das ist ein beliebter Schachzug, um Frauen durch scheinbare Aufwertung kleinzuhalten: Man bringt sie in Verbindung mit der Welt der Stars, um sie so auf ihr Aussehen zu reduzieren. Windl kennt das, auch von Polizisten, die sich darüber freuen, dass sie »die Blonde von der Straße tragen dürfen«. Das österreichische Bundesamt für Fremdenwesen und Asyl hatte nicht ganz so viel Spaß mit ihr und befragte sie drei Stunden, um zu überprüfen, ob ein Grund für eine Ausweisung nach Deutschland und ein damit verbundenes Aufenthaltsverbot für mehrere Jahre vorliegen könnte. Die Wahrscheinlichkeit dafür ist gering, dennoch reagierte Anja Windl – und teilte auf Instagram mit, dass sie heiraten wolle. Folgende Voraussetzungen müsse ER mitbringen:

»1. Österreichische Staatsbürgerschaft, 2. Sehr bindungswillig: Ich will möglichst bald heiraten, 3. Mensch sein.«[15]

Fast 400 Männer meldeten sich, der Boulevard nahm den Post ernst – dabei war er reine Ironie. Warum hat sie nicht funktioniert? Humor ist Distanz und das widerspricht dem Boulevard, dem Zentralorgan zur Identifizierung des Bösen in der Welt. Anja Windl hat den Post anschließend gelöscht und meint inzwischen, er sei nicht ihre beste Idee gewesen.

Wie geht sie um mit all dem, was ihr als öffentliche Person so entgegenkommt? »Wenn es beispielsweise darum geht, dass ich Vergewaltigungsandrohungen im Netz sehe, oder auch in Kommentarspalten, wo dann steht, ach, an den Brüsten von der Blonden, da würde ich mich aber gerne mal festkleben – oder: ach, die kann ja eh nicht weglaufen, weil sie auf der Straße sitzt und dann ist sie auch noch genau in der richtigen Höhe, das möchte man ja einfach nicht lesen.« Aber sie liest es trotzdem, wie so viele, die von Hass im Netz betroffen sind.

Ich habe es als Gast in Talkshows häufig erlebt, wenn ich neben Frauen aus grünen oder linken Parteien saß: Der Hass ist ein anderer. Er ist persönlicher, vernichtender und vor allem: körperlicher. Zwar wollten auch mich schon viele Leute »an den Eiern aufhängen«, aber darin steckt aus männlicher Sicht ein verqueres Moment der Ehre. Sicher sollen auch viele Frauen »einfach nur verrecken«, zumeist aber geht es darum, dass die vor allem männlichen Verfasser solcher Posts sie erst einmal brutal vergewaltigen wollen. Gewalt und Demütigung als Strafe für die böse Tat – nämlich die, den Platz des Mannes eingenommen zu haben und seine Lebensweise infrage gestellt zu haben.

Diese Form des Frauenhasses ist sehr alt und hat mit dem Internet nur ein prominenteres Forum gefunden. Vergessen wir nicht: Die erste und ursprünglich Schuldige in der abendländischen Kultur ist eine Frau. Eva, das Urbild der Sünde. Die Mutter des Menschen hat uns allen den Aufenthalt im Paradies gekostet. Sie erliegt den Einflüsterungen der Schlange und ist schuld daran, dass der Mensch bis heute mit der Erbsünde belastet ist. Die besondere Pointe dabei: Die böse Frau ist zwar dem Manne unterlegen – denken wir nur an die Geschichte mit der Rippe –, aber ihren Auftritt in der Bibel hat sie chronologisch vor dem Teufel, dem männlichen Inbegriff des Bösen.

Die beiden Dominikanerpatres Jakob Sprenger und Heinrich Institoris legen in der zweiten Hälfte des 15. Jahrhunderts in ihrem *Hexenhammer* die Grundschrift der Hexenverfolgung und damit die zentrale Schrift des modernen Frauenhasses vor. Wenn man das Buch heute liest, könnte man meinen, inmitten eines hasserfüllten Incel-Forums gelandet zu sein. Und noch eine Parallele ist interessant: Genau wie der heute im Internet verbreitete Frauenhass ist der *Hexenhammer* das Ergebnis einer Medienrevolution – Gutenberg hatte den Buchdruck gerade einmal vierzig Jahre zuvor erfunden. Nur so konnte er sich so massiv verbreiten. Revolutionen sind immer Gefahren für die Gruppe, die sich als die herrschende begreift und die nun um ihre Privilegien fürchten muss – und zu der gehörten damals wie heute vor allem Männer.

Als zentrale Eigenschaften der Hexen – also der Frauen – führen die beiden Geistlichen auf: »Ungläubigkeit, Ehrgeiz und Üppigkeit besonders in schlechten Weibern«, weil sie »den Liebesakt und die Empfängnis im Mutterleibe mit verschiedenen Behexungen infizieren«, indem sie »die Zeugungskraft hemmen« und »die zu diesem Akte gehörigen Glieder entfernen«.[16] Hexen hemmen den Mann in seiner Potenz. Das erklärt auch, warum die mittelalterliche Hexenverfolgung zunächst ein Angriff auf Hebammen war, »welche alle andern an Bosheit übertreffen«[17], wie es heißt. Hebammen galten damals als »weise Frauen«, da sie schwangerschaftsverhütende oder -unterbrechende Mittel zur Hand hatten. Wenn also Frauen andere Frauen in die Lage versetzten, über die Geburt eines Kindes zu entscheiden, mithin also die Entscheidung über Leben und Tod allein zu treffen, so war dies eine erneute Entmannung – faktisch Kastration – des Mannes. Eine Beschneidung seiner Autonomie als Alleinherrscher. Und all das, obwohl sich Klerus und Adel so erfolgreich bemüht hatten, die dumme Frau an allem schuld sein zu lassen. Schließlich sind sie »in größerer Zahl als die Männer abergläubisch«, sie sind zudem »leichter zu beeinflussen«, und weil »ihre Zunge schlüpfrig ist«, sind sie nicht kontrollierbar und »fleischlicher gesinnt [...] als der Mann«.[18] Insgesamt scheitert die Frau daran, dass sie »weniger Glauben hat«. Das leiten die beiden Kirchenleute nun etymologisch folgendermaßen her: »das Wort *femina* nämlich kommt von *fe* und *minus* (*fe* = *fides*, Glaube, *minus* = weniger, also *femina* = die weniger Glauben hat).«[19]

Unfähig zu glauben und zu überleben, sind Frauen nun an allem schuld, wofür die Klerikalen weder Grund noch Ursache fanden oder schlicht einen Sündenbock brauchten, »für Seuchen, Krankheit und Tod, für Impotenz und Mißernten, für sauer gewordene Milch und Blitzschlag«.[20] Das beantwortet vielleicht auch die Frage, warum die Gesellschaft – mindestens ihr männlich dominierter Teil – die Frau als das Böse braucht: Es ist Angst – dieses Gefühl, das Männer sich doch so ungern eingestehen. Frauen sind der Adressat, an den sie ihre Angst vor Status- und Machtverlust externalisieren können. Die Frau wird zum Sinnbild ihrer Kastrationsangst.

DANN KOMMT DIE KLIMA-RAF –
WIE RADIKAL IST DIE LETZTE GENERATION?

An der Letzten Generation zeigt sich: Jedes Problem sucht sich seine Protestform. Je dringlicher das Problem, desto aufdringlicher der Widerstand. Das ist zunächst nichts Außergewöhnliches. Meist sagt das Maß der Verteufelung solcher Gruppen mehr über die aus, die verteufeln, als die, die verteufelt werden. Anja Windl klebte schon auf vielen Straßen. Brandblasen an den Händen hat sie davongetragen, das Übliche. Neulich auf dem Weg zur Brennerautobahn mussten sie stundenlang laufen, einen Berg hoch und wieder runter. Und dann immer diese Unsicherheit, bei jeder Aktion. Doch das Klimathema hat sie schon immer angezogen. »Wenn es in der Schule darum ging, ein Referat über Klimawandel zu halten, war ich das. Ich war in Ohnmacht und Weltschmerz gefangen, dass ich gedacht habe, ach, was sollst jetzt du an der Stelle ausrichten?« Weltschmerz begleitet sie lange. Sie ist das fünfte von sechs Kindern. Groß geworden in einem Dorf zwischen Straubing und Landshut, vielleicht 150 Einwohner. Behütet, inmitten von vielen Tieren. Seit sie zehn Jahre alt ist, ernährt sie sich vegetarisch, seit acht Jahren vegan. Schon früh habe sie eine Essstörung entwickelt. »Vielleicht macht mir deshalb der Hass weniger aus – wenn du mal mit 18 Jahren mit 130 Kilo durch die Welt gelaufen bist, ändert sich was.« In anderen Phasen habe sie nur 800 Kalorien am Tag zu sich genommen. Ihre Mutter sei sehr angepasst gewesen, sie selbst eher rebellisch. Mit achtzehn

Jahren zog sie von zu Hause aus, ging dann nach Graz, ins Ausland, um Psychologie zu studieren. Mit ihrer Mutter ist das Verhältnis gut, mit ihrem Vater schon schwieriger. Viel Kontakt hat sie nicht. Zum Geburtstag kommt ab und zu mal eine Karte mit dem Hinweis, sie solle sich »bloß nicht einsperren lassen«. Der Vater mache was mit Aktien. »Also, er sagt Leuten, wie sie ihr Geld anlegen sollen.«

Im Studium ist sie so gut wie durch, sagt sie, doch ihre Bachelorarbeit steht noch aus. Sie habe das Studium erst einmal auf Eis gelegt. Weltrettung geht gerade vor. In drei Jahren muss sie trotzdem fertig sein, sonst kriegt sie Probleme mit ihren Eltern. Sie ist nämlich bei ihrem Vater angestellt, sie liest und bearbeitet Mails, aus dem Homeoffice. So verdient sie Geld. Und dazu kriegt sie jeden Monat noch was von ihren Eltern. Sie sagt, das sei »eine absolut glückliche Position, die ich ihnen hoch anrechne«.

Der konservative Vater, der das Engagement seiner Tochter ablehnt, finanziert genau dieses Aktivistenleben. Ein Boomer verhilft mit seiner Kaufkraft seiner eigenen Tochter zu Erfolgen, die seine Lebensweise und Werte radikal infrage stellt. Vielleicht sind die Grenzen von Gut und Böse hier noch fließender, als es in unser Weltbild passt.

Es mehren sich Stimmen, die befürchten, es könne sich eine Klima-RAF entwickeln. Wie weit würde sie gehen für ihre Ziele? »In meinem Fall wäre es schon schwierig, in den Untergrund zu gehen. Ich bin einfach zu polizeibekannt.« Dass es eine Untergrundorganisation von Klimaaktivisten geben wird, da ist sie sicher. »Wenn es so weitergeht wie bis jetzt, ist es nur noch eine Frage der Zeit.« Es ist Konsens bei der Letzten Generation, dass traditionelle Politik die Klimakrise nicht aufhalten kann. Darum seien die deutschen Mitstreiter für einen Gesellschaftsrat.

Der Gesellschaftsrat, auch Klimarat genannt, soll so aussehen: Alle können sich bewerben, das Los entscheidet, wer reinkommt.

In der Geschichte hat sich schließlich immer wieder gezeigt, wie gut Bürgerräte für die Demokratie sind: vor allem, um die verkrusteten Strukturen und politischen Seilschaften aus den Angeln zu heben. Bürgerräte können die Macht der Interessenverbände einhegen oder gesellschaftlichen Gruppen eine Stimme geben, die sonst nicht gehört werden. Es stimmt ja, dass der Bundestag viele Milieus kaum vertritt: Über 80 Prozent der gewählten Abgeordneten haben einen Hochschulabschluss – in der gesamten Bevölkerung sind es nicht einmal 20 Prozent.

Die Letzte Generation möchte, dass der Gesellschaftsrat eine Vorgabe umsetzt, die sie ihm ins Stammbuch geschrieben hat – nämlich Nullemissionen bis zum Jahr 2030. Ob dieses Ziel umsetzbar oder legitimiert ist, spielt keine Rolle. Die Regierung wäre sogar gezwungen, alle vom Gesellschaftsrat beschlossenen Maßnahmen 1:1 abzunicken.[21] Das bedeutete, die eine Wahlaristokratie – den elitär besetzten Bundestag – durch eine andere Wahlaristokratie – den Klimarat – zu ersetzen. Damit wäre der Bundestag als Raum der Debatte und Entscheidung entmachtet. Und die Letzte Generation avancierte zu dem, was sie gerade nicht sein möchte: eine antidemokratische und radikalisierte Bewegung, deren Ziele über allen anderen stehen und die nicht infrage gestellt werden dürfen.

Tadzio Müller, einer der führenden Klimaaktivisten, sagte im vergangenen Herbst dem *Spiegel*: »Es geht längst um Notwehr. Notwehr ist die straffreie Verteidigung gegen einen Angriff, bei dem einem Angreifer Schaden zugefügt wird. Wenn jemand ein Gaskraftwerk sabotiert oder Autos zerstört, ist das mittlerweile Notwehr.« Über die Zukunft der Letzten Generation sagt er: »Ein Großteil der Bewegung wird Angst bekommen und friedlich werden. Ein kleiner Teil wird in den Untergrund gehen.« Anja Windl sagt in Wien dasselbe, formuliert den Gedanken nur andersherum: Die Bewegung achte präzise darauf, nicht zu aggressiv vorzugehen – wäre man erst einmal als kriminelle Vereinigung eingestuft, und dafür könne schon die ernsthafte Beschädigung eines denkmalgeschützten Gebäudes gehören, würde die Mehrheit der Aktivisten davonlaufen.»Wer Klimaschutz verhindert, schafft die grüne RAF. Oder Klimapartisanen. Oder Sabotage for Future«, sagt Tadzio Müller.[22] Der Flirt mit der Notwehr ist letztlich die Heraufbeschwörung eines radikal anderen Zustands, eines am Ende totalitären Staates, der demokratische Verfahren hinter sich gelassen hat.

Hier berühren sich Gruppen wie die Neue Rechte, also Identitäre, und die Letzte Generation, auf gefährliche Weise. Beide haben einen absoluten Feind und bei beiden ist es derselbe Feind. Es ist die liberale Demokratie mit all ihren langsamen Legitimierungsprozessen.

Die Wucht, mit der die Letzte Generation behauptet, im Moment des Ernstfalls, also des Ausnahmezustands, zu stehen, lässt aus einem politischen Anliegen ein religiöses werden. Verantwortung wird zur Schuld (»Ihr seid es, weswegen wir die Letzte Generation sind!«) und Politik wird zur politischen Theologie und damit entpolitisiert. Damit mutiert die Letzte Generation zu dem Teufel, den ihre Gegner in ihr sehen, und zugleich – theologisch betrachtet – zum Teufel des Johannes-Evangeliums, der voller Zorn ist und keine Zeit hat. Sie glauben, das Ende der Zeit zu erleben. Das ist ihr apokalyptisches Moment. Das Problem ist: Egal, wie knapp die Zeit ist, egal, wie groß die Not ist – die apokalyptische Zeit beseitigt kein Unheil, sie schafft neues, schlimmeres Unheil. Autoritär durchgesetzte, kompromisslose Klimapolitik hätte das Potenzial, die Gesellschaft zu zerreißen – wodurch eines garantiert auf der Strecke bliebe: der Klimaschutz. Damit spielt sie ihren Gegnern in die Karten, die in ihr wahlweise eine Sekte oder eine Terrorbande sehen.

Nachdem die Generalstaatsanwaltschaft München fünfzehn

Hausdurchsuchungen bei der Letzten Generation veranlasst hatte, waren auf Instagram Filmclips von tränenüberströmten Aktivisten zu sehen, die von bewaffneten Polizisten aus dem Bett gezerrt werden und hilflos dabei zuschauen, wie die Beamten Notebooks und Smartphones konfiszieren. Vor der Folie seiner eigenen Biografie schrieb Gero von Randow in der *ZEIT*:»Diesen Gesichtsausdruck, dieses empörte Erstaunen, diese Panik habe ich in den Augen jener werdenden Linksradikalen gesehen, die vor über 50 Jahren auf friedlichen Demonstrationen erstmals Polizeigewalt erfahren mussten, Knüppel und Schmerzgriffe, und die dann ›in den Untergrund gingen‹, wie sie es nannten. Ihre späteren Gewaltaktionen wurden dadurch natürlich kein bisschen gerechtfertigt, aber sehr wohl gefördert.«[23]

Warum schlägt der Letzten Generation ein solcher Hass entgegen, was an ihnen provoziert so sehr, dass einige Lkw-Fahrer auch vor körperlicher Gewalt nur schwer zurückschrecken?

Klar, Deutschland ist eine Autofahrer- und Grillmeisternation, die im Sommer nach Mallorca fliegt und sonst ihre Ruhe haben will. Deutschland ist strukturell ein konservatives Land, das radikalen Ideen, Aufbrüchen und Forderungen – mindestens nach 1945 – eher skeptisch gegenübersteht. Im Gegensatz zu den USA sind wir keine Konkurrenz-, sondern eine Konsensdemokratie. Das bedeutet: Politische Konflikte hegen die Beteiligten schnell ein, sie versuchen, sie nicht eskalieren zu lassen, sondern zu einem Kompromiss zu führen. Daher der immer wieder formulierte Eindruck, dass hier nichts wirklich vorankommt und Politiker keinen Mut haben. Auf der anderen Seite steht Deutschland nicht jedes Jahr vor einer Haushaltskrise wie die USA, wo Demokraten und Republikaner unnachgiebig an ihren Standpunkten festhalten. Streit ist in Deutschland ein ungern gesehener Gast. Meine möglicherweise paradoxe These ist: Je mehr Konsens eine Gesellschaft braucht, desto mehr braucht sie auch das Böse. Je stärker alles im Konsens – dieser besser gekleideten Schwester der Harmonie – in einem bedeutungslos freundlichen Lächeln untergeht, desto lauter meldet sich das so zum Schweigen gebrachte andere zu Wort. Wir leisten uns das Böse. Das Böse ist uns bekannt aus Funk und Fernsehen. Wir leisten es uns in homöopathischen Dosen, aber wenn das Licht aus ist und es dunkel wird, wollen wir, dass auch wieder alle lieb zueinander sind.

Frankreich, wo so viel leidenschaftlicher und dabei unpersönlicher gestritten wird, ist zugleich das deutlich gespaltenere Land. Die Bürger wehren sich aktiver, aber auch härter, unbarmherziger. Die Schere zwischen urbanen Zentren und abgehängtem Umland geht dramatisch auseinander, und das ist auch ein Grund dafür, dass extreme Parteien in Frankreich schon länger wesentlich erfolgreicher sind.

Deutschland sucht Harmonie. Darum wählen wir Kanzlerinnen und Kanzler, die uns möglichst wenig mit Politik behelligen. Im Unterschied zu anderen Ländern, wo manchmal charismatischere, oft aber auch populistischere Haudraufs regieren, ist Deutschland eher ängstlich und neigt zur Nervosität. Es fürchtet die Rückkehr des Bösen mehr als andere Länder. Rückkehr ist ja auch nur dahin möglich, wo es schon einmal einen Anfang gab. Das macht unsere sehr besondere Position aus.

Neben diesen politischen Aspekt tritt noch ein psychologischer. Der Kampf gegen den Klimawandel ist längst auch ein Kampf der Generationen. Je grundsätzlicher das Problem, desto härter geht es zwischen den Generationen zur Sache. Und die Klimakrise hat den Generationenkonflikt zwischen Boomern und ihren Kindern eskalieren lassen. Warum dämonisiert eine mehrheitlich überalterte Gesellschaft eine junge Generation so massiv für ihre mehrheitlich harmlosen Forderungen? Tempolimit, Neun-Euro-Ticket für alle?

Fridays for Future war das schlechte Gewissen der Elterngeneration, aber aufgrund der reflektierten Friedfertigkeit fiel es vielen angegriffenen Alten schwer, trotzig oder beleidigt zu sein. Man will ja nicht kindischer sein als die eigenen Kinder. Leichter war es da schon, die eigene Schuld anzuerkennen und Buße zu tun, indem man sich den Protesten einfach im Handumdrehen anschloss und mitschwänzte. Die Revolution frisst ihre Eltern.

Die Letzte Generation dagegen ist ein Paradigmenwechsel. Sie ist schwerer greifbar in ihrer aggressiven Harmlosigkeit. Sie tut den Boomern den Gefallen, ihnen ein Feindbild zu liefern. »Wenn die für Klimaschutz sind, bin ich dagegen!«, schallt es stündlich aus dem Führerstand eines deutschen Lastkraftwagens. »Da gehen wir lieber wieder arbeiten, statt mit euch zu schwänzen«, hallt es aus bislang solidaritätsgeschwängerten Akademiker-Reihenendhäusern im ökologischen Neubaugebiet. Selbst Stadt-Land-Pendler, von ihrem regionalen Nahverkehrsverband sträflich vernachlässigt, fordern Ausgleich: »Jede halbe Stunde im Stau ein Gratisflug nach Thailand!« Weil die Letzte Generation so unangemessen radikal erscheint, hat sie entlastende Funktion. Sie befreit von der Erbsünde, dass man sich von der Schlange namens Ryanair immer wieder verführen ließ.

Ging es in der Vergangenheit um Revolten und Versuche, die herrschenden Verhältnisse abzuschaffen, dann marschierten die Demonstrierenden, oder sie spazierten, sie setzten sich gemeinsam in Bewegung. So war es bei den Ostermärschen der Friedensbewegung bis zu den Demos der Querdenker, die behaupteten, eine Corona-Diktatur überwinden zu wollen. Der Protest sieht sein Ziel in der kommenden Zeit, die das Versprechen in sich trägt, besser zu sein als die jetzige. Im Laufen liegt Aufbruch, Hoffnung. Die Letzte Generation aber tut das Gegenteil. Sie setzt auf eine Form des Protests, die eher in der Tradition der Hausbesetzungen steht: Sie zwingt zum Stillstand. Sie klebt sich fest.

Sie will nirgendwo mehr hin, sie versucht in einem Akt tiefer Verzweiflung das elektrisierte Fortkommen aufzuhalten, das mit seinen Emissionen in eine Zukunft führt, die diese Generation nicht mehr würdevoll zu erleben glaubt. Sie trifft die neuralgischen Knotenpunkte des Fließens unserer Gegenwart. Sie trifft damit symbolisch den entscheidenden Punkt unserer Zeit. Sie stoppt das ewige Fließen.[24] Datenströme fließen durch Glasfaserkabel, Warenströme fließen rund um den Globus, Ströme des Hasses fließen durchs Internet. Der Verkehr fließt – auf Straßen, über die Weltmeere, am Himmel über Kontinente hinweg.

In dieser Situation ist es die vielleicht größtmögliche Provokation, sich mit Sekundenkleber auf dem Boden der Erde festzukleben. Sekundenkleber, der die Zeit, die bis zur Apokalypse bleibt, schon im Namen trägt. Während die Teilnehmer mobiler Demonstrationsformen meist Parolen und Forderungen brüllen, schweigt die Letzte Generation. Sie sitzt andächtig am Boden, lässt ihre Transparente sprechen und sich wegtragen. Sie erhebt die Stimme nur, wenn sie angesprochen wird, und antwortet auf Fragen, Anwürfe oder Vorwürfe. Sie wird selten laut oder gar aggressiv, sie entschuldigt sich eher noch dafür, dass sie stört. Das hat, kulturpsychologisch gesehen, depressive Züge, Momente des Rückzugs im Augenblick der Ausweglosigkeit. »Es tut uns leid, dass wir hier die Partystimmung kaputt machen, aber es geht nicht anders.« Der Schmerz und die Wunden, die beim Weggetragenwerden entstehen, symbolisieren auch den Schmerz über die verschwendete und die dieser Generation vorenthaltene, zerstörte Zeit.

Im Neuen Testament verzögert sich die endzeitliche Wiederkehr des Messias. Die Letzte Generation hat diesen Umstand säkularisiert. Heute verzögert sie das Leben der Zeitgenossen, legt Knotenpunkte lahm, um das Ankommen am Ziel hinauszuzögern. Das ist proteststrategisch ein Volltreffer. Darum erregt die Bewegung auch so viel Widerstand und Wut. Diejenigen, die gemeint sind, regen sich auf. So muss es sein, das ist die Aufgabe des Protests. Provokation, Widerspruch, Ablehnung – all das gehört zu gelungenem Protest. Würde er, wie viele Politiker fordern, alle mitnehmen, umarmen und Vorschläge für den runden Tisch erarbeiten, wäre er kein Protest mehr.

Das erklärt aber nur einen Teil. Die Proteste treffen offenbar einen wunden Punkt der in den 1960er-Jahren Geborenen, auf einer symbolpsychologischen Ebene reichen die Ursachen tiefer. Ich meine, dass diejenigen, die die Letzte Generation als Böses brauchen, sich schlicht betrogen fühlen. Diese Generation ist dabei, sich in den Ruhestand zu verabschieden. Ob sie nachbesetzt wird, ist angesichts des Nachwuchsmangels unklar; was aus ihrem Erbe wird, auch unklar. Vielleicht war alles umsonst und das Erschaffene wird von windigen Heuschrecken übernommen und anschließend zerstört. Dabei haben sie doch alles gegeben, um sich den widersprüchlichen Anforderungen des Lebens bestmöglich anzupassen. Sie haben 1989 erlebt, die erste globale Revolution, und damals hat man ihnen erzählt, sie seien Sieger der Geschichte. Und dann kam die Digitalisierung. Plötzlich sagte man ihnen, sie seien jetzt vielleicht doch eher Verlierer. Jahre der Verunsicherung, des Um- und Neulernens, sie mussten die gesamte Festplatte einmal löschen und neu programmieren. Mit der Herrschaft des Digitalen kam das Diktat der Mobilität – geistig, aber auch körperlich. Landesgrenzen galten nichts mehr, ob sie wollten oder nicht – sie waren Teil einer Weltgesellschaft. Sie haben noch Faxe geschickt (und werden das auch weiterhin tun!) und mit einem Festnetztelefon telefoniert – ein Mobiltelefon, auf dem man plötzlich den sah, der anrief: Das war für sie nicht ein Update, das war ein Realitätsschock, eine Revolution! Klar, die iPhones haben sie privat gerne genommen. Aber jetzt kommen die eigenen Kinder und Enkel und kleben sich vor ihnen fest. Plötzlich ist alles böse, was jahrzehntelang als Heils-versprechen galt: schneller sein, weiter sein, größer sein. Plötz-lich gilt: kleiner statt größer, näher statt weiter, verzichten statt ausflippen. Ein Rundumdetox in allen Lebensbereichen. Aus-gerechnet, indem sie das erfüllt haben, was man von ihnen er-wartet hat, sollen sie alles falsch gemacht haben. Jetzt sind sie die Schuldigen. Dabei haben sie doch gar nichts gemacht. Und auch das wird ihnen vorgeworfen, dass sie nur verwaltet und zugeguckt haben. Und wenn es jetzt heißt, sie wollten auch noch beim Verdrängen nicht gestört werden? Dann ist das Quatsch – was sollen sie verdrängen? Sie wüssten ja nicht ein-mal, was. Klar ist: Der Teufel – der können sie nicht auch noch sein. Die Teufel, das sind diese Kinder, die das Leben noch vor sich haben, aber schon jetzt keine Zeit mehr haben – und sie darum so hektisch ausbremsen.

SEXUELLER MISSBRAUCH – DIE STRAFE NACH DER STRAFE

LEBENSZIEL KNAST

Die Karosserie des VW Käfer, Modell 1300 aus dem Jahr 1966, hängt an einer Leine in der Luft. Die Karosserie ist weiß und aus Plastik, die Leine ist Paketband, eingehängt in umgebogene Büroklammern. Die fehlenden Innenteile liegen ungeordnet auf dem Boden, sie warten darauf, verbaut zu werden. Aber es passiert nichts, schon länger nicht. »Ja, das habe ich verbrochen«, sagt Heller. Er sitzt im Kreativraum der JVA Meppen, Emsland, Abteilung Sicherungsverwahrung. Seit drei Jahren ist er jetzt hier, zuvor saß er vier Jahre in einer anderen Anstalt, ebenfalls in Sicherungsverwahrung. Da hatte er bereits siebeneinhalb Jahre in Strafhaft hinter sich. Wegen schweren sexuellen Missbrauchs von Kindern.

Weil er noch immer als gefährlich gilt, sitzt er in Haft, obwohl er seine Strafe verbüßt hat. Er gehört damit zu den gefährlichsten Verbrechern Deutschlands, wie es immer heißt, wenn die Boulevardmedien das Böse für ihre Clicks brauchen. Heller sieht verlottert aus, »wie ein Penner«, sagt er selbst. Lange silberblondgraue Haare mit einsetzender Stirnglatze. Langer Bart. Er könnte ein verlausterer Karl Marx oder Harry Rowohlt sein. Die meisten Zähne sind nur noch Zahnstümpfe. Er lispelt leicht und spricht leise, manchmal undeutlich, aber ruhig. Er hat klare blaue Augen, die hinter den Brillengläsern sehr klein wirken. Er ist 53 Jahre alt.

Diener, der Justizbeamte aus dem Allgemeinen Vollzugsdienst, hat uns allein gelassen. Wenn etwas sei, solle ich den roten Knopf neben der Tür fest drücken, das löse einen Alarm aus, es dauere dann zwanzig Sekunden und alle verfügbaren Kräfte der Anstalt seien hier. Ohnehin sei der Raum videoüberwacht, wie fast jeder Winkel in der Anstalt. Heller neige auch nicht zur Gewalt.

Anonym wolle er bleiben, sagt Heller, sonst könne ich alles schreiben. »Irgendwann in den nächsten 37 Jahren wird man mich entlassen« und dann wolle er nicht erkannt werden. Ich schenke uns Wasser mit Kohlensäure ein.

Warum ist er hier?

Damals, vor 15 Jahren, hatte er sich als Nachhilfelehrer verdingt, um Kinder sexuell zu missbrauchen. Tausende Kinderpornos fand die Polizei zudem auf seinem Rechner. Es war nur ein Bruchteil dessen, was er verschlüsselt auf irgendwelchen Servern ausgelagert hatte. Geguckt habe er sie nicht, betont er. Er möge keine Pornos.

Auf den Zetteln vor der Grundschule in Wilhelmshaven stand: »Die Grundschulhilfe WHV organisiert nach wie vor kostenlos Nachhilfeunterricht sowie Hausaufgabenbetreuung.« Auf Abreißzetteln eine Mailadresse und handschriftlich die Telefonnummer des Lehrers Reinhard Keller. So hatte sich Heller damals genannt. Die Klassenlehrerin des achtjährigen Pavel drückt dem Jungen einen dieser Abreißstreifen in die Hand, weil sich die Familie anderen Nachhilfeunterricht nicht leisten kann. Pavel braucht Hilfe, er hat Schwierigkeiten mit der deutschen Grammatik. Die Familie war erst ein Jahr zuvor nach Deutschland gekommen. Pavels Mutter kann Keller, den Lehrer, darum auch nicht anrufen, ihr Deutsch ist zu schlecht. Das macht eine Freundin für sie.

Kurz danach bringt Pavels Mutter ihren Sohn zur vereinbarten Adresse. Keller, damals zwar schon ungepflegt, aber nicht ganz so sehr wie heute, öffnet die Tür. Er nimmt das Kind in Empfang mit der Bitte, es in zwei Stunden wieder abzuholen. Die Wohnung ist nur notdürftig eingerichtet. Nachdem es auf dem Sofa kurz um Grammatik gegangen ist, bittet Keller den Jungen, sich auf seinen Schoß zu setzen. Er habe ja nur einen Stuhl. Dann zeigt er ihm Bilder nackter Frauen, zieht ihm dabei die Hose aus und nimmt den Penis des Jungen in den Mund. Pavel steht auf dem Bett, Keller kniet vor ihm. Als das Kind aufs Klo muss, behauptet Keller, seine Toilette sei kaputt. Der Junge muss in einen Becher pinkeln. Ob es ihm bei der Nachhilfe gefallen habe, fragt Pavels Mutter, als sie ihren Jungen abholt. Ja, das habe es.

Am nächsten Tag wird Keller eine Minisalami in den After des Jungen einführen und sie fotografieren.

Dass den Kindern gefällt, was er getan hat, das habe er damals schon geglaubt, sagt Heller im Kreativraum. »Ich habe es mir eingeredet.« Ein Nein der Kinder habe er immer akzeptiert, gewalttätig sei er nie gewesen. Angefangen habe es immer mit Zärtlichkeiten. »Ob ich dich mal in den Arm nehmen darf?« Wenn Widerstand kam, habe er aufgehört.

Seine Festnahme schließlich sei eine Erleichterung gewesen, weil er sonst so weitergemacht hätte. Damals war er schon Wiederholungstäter. Er hatte bereits mehrere Mädchen missbraucht. Eigentlich, sagt er, habe er nur seine eigene Kindheit einholen wollen. Als er selbst im Alter seiner Opfer war, mit etwa sieben Jahren, habe es Petra gegeben. Seine erste Schülerliebe, mit der er eine Beziehung gehabt habe, während der gesamten Grundschulzeit. Zum ersten Mal habe er das Gefühl erlebt, dass er so angenommen werde, wie er sei. Dieses Gefühl habe er ein Leben lang gesucht.

So wird er schließlich verurteilt wegen sexuellen Missbrauchs an Kindern in zwei Fällen, davon in einem Fall des Versuchs sowie in fünf Fällen, bei denen er Kindern Kinderpornos zugänglich machte. Die erste Verurteilung: Ein Jahr und zehn Monate – zur Bewährung. Pavel sei in seine Bewährungsphase gefallen. Und das sei das Problem gewesen. Schon als er zum ersten Mal verurteilt worden sei, habe er keine Bewährung gewollt. Lieber in den Knast, weg von seiner Frau und seiner Tochter, raus aus dieser Ehe, die schlimm gewesen sei. So habe er Bewährungswiderruf beantragt, den er nicht bekommen hat.

Ich frage ihn, warum er die Tat bestritten hat, wenn er doch in den Knast wollte. Die Bewährung habe er vermeiden wollen, sagt er. Ein paar Jahre Haft und dann zurück nach Meppen, seinen Heimatort, wo er nun wieder angekommen ist. Wiederholungstäter, die Taten leugnen, obwohl sie lückenlos nachgewiesen werden, sind Richtern ein Dorn im Auge. So brummte ihm das Gericht die Sicherungsverwahrung auf. Das, was er unbedingt vermeiden wollte. Wann er hier wieder rauskommt, weiß niemand. Vielleicht nie.

Es ist 15.45 Uhr, nach eineinhalb Stunden Gespräch, als Schulze, der zweite Justizbeamte, den Kreativraum betritt. »Das ist der freundliche Beamte, der mir beim Lackieren helfen will«, sagt Heller. Übernächste Woche habe er einen Ausgang beantragt, er wolle zu einer Sitzung des Heimatvereins.

Ich will gerade gehen, als er sagt: »Ihr Name kommt mir irgendwie bekannt vor. Kann es sein, dass es einen Kabarettisten gibt, der auch Florian Schroeder heißt? Oder einen Schauspieler oder irgendwie so was?«

Ich sage ihm, dass ich der sei, den er meine. Es freut ihn. Gesehen habe er mich noch nie, aber er kenne mich trotzdem.

KURZE GESCHICHTE EINES
EWIGEN MISSVERSTÄNDNISSES

Warum bin ich hier? Was hat mich bewogen, ausgerechnet einen pädophilen Sexualstraftäter zu treffen? Kaum eine andere Tätergruppe löst spontan so viel Hass bei Menschen aus. »Monster« oder »Bestien« sind das, Leute, denen man die Eier abhacken oder die man mindestens lebenslang wegsperren sollte. Die Emotionen sind nachvollziehbar: Es gibt wohl kaum etwas Grauenhafteres, als einem Kind Gewalt anzutun – egal ob psychisch oder körperlich.

Ich bin kein Ankläger oder Verteidiger, auch kein Richter. Die gab es in seinem Fall alle schon. Ich möchte vielmehr erleben, wie ein Mensch wie Heller ist. Spurensicherung ohne Urteil. Teilnehmen, ohne Teil zu werden. Natürlich ist das, was Heller gemacht hat, ekelhaft. Um zu verstehen, ist es womöglich entscheidend, einen klaren, ja manchmal klinisch-kühlen Blick zu wahren. »In der Psychologie gibt es kein Gut und Böse«, schrieb der Psychoanalytiker Hinderk M. Emrich einmal. »In der Psychologie gibt es nur Erklärbarkeiten, Verstehbarkeiten, Ableitbarkeiten.«[1]

Die Psychologie hat Cluster geschaffen, die das Unfassbare halbwegs fassbar machen sollen. Im ICD-10, der »10. Internationalen statistischen Klassifikation der Krankheiten und verwandter Gesundheitsprobleme« der WHO, hat die Pädophilie-Störung die Nummer F65.4. Um also die klinische Diagnose stellen zu können, muss ein Mensch »über einen Zeitraum von mindestens sechs Monaten wiederkehrende intensive sexuell erregende Fantasien, sexuell dranghafte Bedürfnisse oder Verhaltensweisen, die sexuelle Handlungen mit einem präpubertären Kind oder Kindern (in der Regel 13 Jahre oder jünger) beinhalten«, aufweisen. Hinzu kommen muss, dass die Person diese Bedürfnisse ausgelebt hat, »oder die sexuell dranghaften Bedürfnisse oder Fantasien verursachen deutliches Leiden oder zwischenmenschliche Schwierigkeiten«.[2]

Es gibt auch Menschen, die pädophile Wünsche und Fantasien haben, sie aber nie ausleben würden. Einige von ihnen haben sich zum Projekt »Wir sind auch Menschen« zusammengeschlossen.[3] Auf ihrer Website steht, die Gruppe lehne »jede Art von sexuellen Handlungen zwischen Kindern und Erwachsenen entschieden ab«. Gleiches gilt für Bilder oder Videos, auf denen sexuelle Handlungen mit Kindern zu sehen sind.[4] Zugleich zeigt die Statistik: Die Hälfte aller Kindesmissbrauchstaten wird von Menschen begangen, die nicht pädophil sind. Sie werden zu Tätern, weil sie Macht ausüben wollen und das bei einem Kind leichter ist als bei einem Erwachsenen. Pädophile Täter sind oft Meister darin, sich selbst zu belügen. Sie manipulieren Kinder, indem sie ihnen weismachen, dass das, was sie tun, normal sei. Aber in erster Linie belügen sie sich selbst. Sie sagen:»Aber das Kind war doch schon deutlich älter, eigentlich wirkte es nicht wie zwölf, sondern wie sechzehn.« Sie reden sich ein, das Kind habe es auch gewollt. Rationalisierungsstrategien nennen Psychologen das. Manchmal überhöhen sie ihre Missbrauchstaten auch zu einem pseudo-philosophisch-politischen Projekt: Heller etwa war lange Zeit überzeugt davon, dass er wahlweise zu früh oder zu spät geboren sei. Er meinte, hinsichtlich seiner pädophilen Neigungen seiner Zeit voraus zu sein. Irgendwann werde die Gesellschaft schon einsehen, dass er das Richtige tue. In der

»Arbeitsgemeinschaft Pädophilie Düsseldorf (AGPD)«, in der er
früher Mitglied war, wollten sie ihre Kinderpornos unverschlüs-
selt auf ihren Festplatten liegen lassen, um so einen Prozess beim
Bundesverfassungsgericht ins Rollen zu bringen. Das Ziel: Der
Besitz von Kinderpornos sollte legal werden.

Die abendländische Geschichte ist voll von dieser verzerrten
Romantisierung der Pädophilie. Schon in der griechischen Antike gab es die Knabenliebe, bei der allerdings der pädagogische
Eros im Vordergrund stand. Ohne die erzieherische Seite wäre
das gleiche Verhalten Prostitution gewesen. Der Ältere war Mentor, menschliches und staatsbürgerliches Vorbild, der Jüngere
schenkte im Gegenzug Bewunderung. Ein respektiertes päderas-
tisches Verhältnis bestand so lange, wie das Begehren nur auf-
seiten des Älteren bestand und vom Jüngeren nicht erwidert
wurde.[5] So hatte der sexuelle Kontakt »bestenfalls komplettie-
rende Wirkung«.[6] Die erotische Zurückhaltung des Älteren, auch
Liebhaber genannt, gegenüber dem jüngeren Geliebten war entscheidend. Dass es Sexualität zwischen beiden gab, ist klar belegt.[7] Allerdings war es kein Analverkehr – der war verpönt, weil
der passive Partner danach als ungeeignet für Führungsaufgaben
im Staat galt.[8] Die Antike lieferte damit vermeintlich ein Vorbild
für eine gesellschaftlich akzeptable Form der Pädophilie. Und
offenbar diente die griechische Knabenliebe auch dem langjähri-
gen Leiter der Odenwaldschule als Vorbild, um seinen eigenen
Missbrauch von 86 Jungen als edle erzieherische Maßnahme
auszulegen.[9] In den 1970er-Jahren versuchten Linksliberale, die
sich in der Humanistischen Union zusammengeschlossen hatten,
den § 174 (Sexualität mit Schutzbefohlenen) und §176 (Sexualität
mit Kindern) aus dem Strafgesetzbuch zu streichen. Den Schutz
von Kindern deuteten sie um in Kinderfeindlichkeit. Zärtlichkeit
auf freiwilliger Basis sei zu fördern, nicht zu bestrafen. »Erpres-
sungsmöglichkeiten sogenannter Täter« sollen entfallen, hieß es

auf einer Tagung.[10] Eine besondere Rolle spielte die damals junge politische Bewegung *Die Grünen*. Sie war als neue Partei das Sammelbecken fast aller liberalen Kräfte, die sich seit den 1960er-Jahren gebildet hatten. Darunter waren auch Pädophile, die sich für die Straffreiheit pädophiler Handlungen einsetzten. Die *Grünen* duldeten die Gruppe in den ersten Jahren. Autoritäre Weltbilder, verkrustete Moralvorstellungen und schwarze Pädagogik hatten ja in den Faschismus geführt. Befreiung war nun das Wort der Stunde. Befreiung von falscher Moral, von sexueller Starre und Enge, Befreiung durch Drogen, Rausch und alternative Pädagogik. Befreiung war das bedingungslos Gute. Aber die selbst ernannten Befreier trugen sie so doktrinär, ja autoritär und allumspannend vor, dass sie selbst wieder totalitär wurde. Das bot obskuren Gestalten wie Pädophilen ein Einfallstor in die Mitte der Gesellschaft. Sie konnten sich tarnen unter teils harmlosen Kämpfern für Kinderrechte und von dort aus wirkmächtig werden. Pädophilie war vermeintlich nur eine weitere Spielart wie Hetero- oder Homosexualität.

Heller hat also durchaus recht, wenn er meint, in der falschen Zeit zu leben. Im antiken Athen, und vielleicht sogar noch in den 1970er-Jahren in Deutschland, wäre der Zeitgeist mit ihm gnädiger umgegangen. Der Schutz der Kinder, auch vor sexuellem Übergriff, ist ein kulturgeschichtlich spätes Phänomen.

Jede fortschrittliche Bewegung führt ihre Übertreibungen im Windschatten ihres Sturms mit sich. Freiheitsgewinne können nur dauerhaft sein, wenn sie überschießend sein dürfen, wenn sie auch das wollen dürfen, was am Ende keinesfalls realisiert werden darf – und zum Glück auch nicht realisiert wird.

FÜR ZWEI STUNDEN AUF FREIEM FUSS

Um ihn einsteigen zu lassen, hält der JVA-Bulli so nah an der Gefängnispforte, dass Heller nur noch in ihn hineinfallen kann. So nah wie sonst nur ein VIP-Shuttle vor dem Hotel eines Spitzenpolitikers. Während der Politiker vor der Welt geschützt werden muss, soll hier die Welt vor Heller geschützt werden. Er hat heute Ausgang. Lennemann, der Justizbeamte, der ihn begleiten wird, hat dafür eine Menge Papierkram erledigt. Die Polizei hat er angerufen, um eine Fahndung anzumelden. Für den Fall, dass Heller entwischt, muss er nur noch anrufen und seinen Standort durchgeben. Sofort wird die Polizei eine Fahndung einleiten. Die Scheiben des Bullis sind verdunkelt und von innen vergittert, Fahrer und Verwahrten trennt eine Wand. In der Mitte ist ein größeres Guckloch, ebenfalls vergittert. Hinten sitzt Heller auf einer Bank. In seiner linken Hand hält er eine *Kaufland*-Plastiktüte mit der Aufschrift:»Heimat neu entdecken.«

»In dem roten Gebäude bin ich zur Schule gegangen«, sagt er plötzlich. Hier habe er das Abitur geschmissen. Latein habe er noch mitgeschrieben. Seit der achten Klasse sei ihm das klar gewesen.»Das war meine Arroganz: Ja, Leute, ihr müsst Abitur machen, ich habe das gar nicht nötig.« Auf Lehramt habe er studieren wollen. Geschichte, Deutsch, vielleicht Latein. So ging er zur Bundeswehr, machte eine Ausbildung zum Altenpfleger, dann Bus- und Taxifahrer. Taxi sei er lieber gefahren.

Es habe sich leider viel verändert hier. Die Melancholie in seiner Stimme hat etwas Enttäuschtes, so, als sei er betrogen worden. Man weiß nur nicht, von wem und um was. »Hier bin ich gezeugt worden!«, ruft er und zeigt auf ein Haus, das für meine Augen, die eines Ortsunkundigen, zu schnell vorbeigerauscht ist. »Ich war ein Unfall«, sagt er.

»Ihre Eltern wollten gar keine Kinder?«

»Nein, die wollten sich ja noch nicht mal selber. Ich bin das Ergebnis einer Wette. Meine Mutter saß angetrunken mit einer Freundin im Stadtcafé und sagte zu ihr: ›Ich krieg jetzt jeden, den ich haben will.‹ Und dann hat ihre Freundin ihr einen ausgesucht. Sie Toilette, ich Ergebnis.«

»Tja, Heller«, sagt die Anstaltspsychologin und Heller-Therapeutin Gebhardt in ihrem Büro. Ihr Raum ist schmucklos, links neben der Tür ein Tisch mit zwei Stühlen. Am Fenster ein Schreibtisch. Dreht sie den Kopf nach rechts, sieht sie vor dem Fenster ein Gitter und ein paar Meter weiter Stacheldrahtzaun. In der Ferne ein dunkelbrauner Gefangenentrakt. »Heller war sehr dominant am Anfang. Er ist ja juristisch gebildet, er hat ja auch viele Jahre Zeit gehabt, sich zu belesen.« Er habe sie wie die kleine, dumme blonde Psychologin behandelt. Sicher, unterhalten habe er sich immer gern. »Aber es ist ja ein Unterschied, ob ich einfach nur ein Gespräch führen möchte, um eine Stunde die volle Aufmerksamkeit zu bekommen. Oder ob ich mich auf ein Gespräch einlasse und mal gucke, warum ich denn so geworden bin, wie ich bin, und welche Möglichkeiten ich habe, mir ein Leben aufzubauen, das dann auch lebenswert ist.«

120 Sitzungen habe sie hinter sich mit ihm, sagt Gebhardt. 120 Sitzungen à 50 Minuten, meist jede Woche. Das macht 6000 Minuten Redezeit. Draußen ist das die Grenze, an der gesetzliche Krankenkassen nicht mehr weiterzahlen, weil das Therapieziel als erreicht gilt. Hier, hinter den Zäunen, sind sol-

che Maßgaben bedeutungslos. Die Zeitrechnung ist eine andere. Erst seit der 90. Sitzung habe sich die Arbeitsbeziehung mit Heller verändert. Jetzt könne er sie in manchen Momenten sogar anerkennen, als Kompetenz. Als eine, die ihm helfen könne und die er nicht mehr abwerten muss mit Witzeleien und Besserwissereien. Aber er falle immer wieder in alte Muster zurück. Eine Schutzfunktion sei das, früh erlernt. »Wenn ich niemanden an mich ranlasse, bin ich natürlich auch nicht verletzbar. Dann bleibe ich doch lieber bei mir, als mit jemanden in Kontakt zu gehen, der mir dann wieder verlorengeht«, so Gebhardt.

Das Gebäude, das den Heimatverein in sich birgt, wirkt trotzig-stolz und irritierend fremd als Landhaus inmitten einer Kleinstadt. Ein klassizistisches rotes Backsteingebäude mit rechteckigen Fenstern.

Kurz vor der Treppe hält Heller an. »Ich habe beim Heimatverein angegeben, dass ich inhaftiert bin. Die müssen nicht wissen, dass ich aus der Sicherungsverwahrung komme. Da haben viele Leute enorme Vorbehalte.« In Rosdorf, wo er zuvor verwahrt war, wollten zwei Verwahrte einem Angelverein beitreten. Das sei so lange gutgegangen, wie sie sich als Inhaftierte ausgaben. Als herauskam, dass sie in der Sicherungsverwahrung sind, habe der Verein einen Brief an die JVA geschrieben: Man wolle von ihnen nicht mehr belästigt werden. Dazu trage auch die Berichterstattung in den Medien bei.

Heller betritt das Gebäude, eine Wendeltreppe führt nach rechts in den ersten Stock. Im Treppenhaus hängen Ölgemälde alter Stadtgranden. Die Heimat scheint ihr Zuhause im Gestern zu haben. Was die Idylle stört, sind laute Baugeräusche weiter oben. Ein großgewachsener, freundlich wirkender Herr mittleren Alters schaut irritiert, schaltet den gelben Staubsauger Typ Hurrican TN3000 Piano aus, um Heller verstehen zu können.

»Am Dienstag ist doch die Zusammenkunft des Heimatvereins?«»Nein.« Der Reinigungsmann ist verwirrt. »Die Museums-gruppe?«, fragt Heller weiter. »Nein.« Die Gruppe habe sich immer dienstags getroffen, aber zwischenzeitlich habe sie sich aufgelöst, man treffe sich nur noch auf Zuruf.

Donnerstag kommende Woche sei er wieder in der Stadt, sagt Heller, er wisse aber noch nicht, was er an Zielen eingetragen habe. Man werde sehen, ob sich die Heimat und ihr Verein in die Route integrieren lassen.

WARUM DAS BÖSE IN UNSEREM KÖRPER WOHNT

Warum sind uns Menschen wie Heller so unheimlich? Wahrscheinlich, weil es so ungreifbar scheint, weil es uns bedroht und mächtig ist und sich doch entzieht, ungreifbar, ja, oft genug unerklärbar scheint. Wir erkennen seine Spuren – dort, wo es sich zeigte, dort, wo es Opfer gibt. Genauer besehen können wir noch nicht einmal sagen, wo das Böse seinen Sitz hat. In unserem Gehirn? In unserem Körper, weil es sich oft verbunden mit roher körperlicher Gewalt zeigt? In unserer Seele – was auch immer das sein mag? Der Ursprung des Bösen in dieser – meist kranken – Seele ist eine Errungenschaft der Psychologie des 20. Jahrhunderts. Die Seele taucht zwar schon bei Platon auf, allerdings mit einer anderen Bedeutung. Sie ist hier das schlechthin Gute, da der Mensch nur durch sie in der Lage ist, das Wahre, Schöne und Gute zu erkennen. Gestört wird die Seele dabei von ihrem Gegenspieler, dem Leib – dem Hort der Neigungen, Bedürfnisse, der Sinne und der Sinnlichkeit. Der Leib kommt in erster Linie als Störfaktor vor, weil er uns mit Gelüsten und Begierden, Furcht und mancherlei Schattenbildern erfüllt.[11]

Diese Vorstellungen konnten Christen begierig aufnehmen und weiterführen. Seit Adam und Eva ist der Körper der Hort des Bösen. Die gesamte christliche asketische Lehre hat darum körperliche Enthaltsamkeit als Ausgangspunkt. Das erklärt den menschenfeindlichen Umgang mit Sexualität und führt in direkter Linie zu den Missbrauchsfällen in der katholischen Kirche.

Dort, wo das angeblich Böse mit einer solchen überbordenden Kraft unterdrückt wird, schafft es sich seine eigenen Wege. Die katholische Kirche war und ist vielleicht noch immer das perfekte Sammelbecken für Pädophile, die hier unter dem Deckmantel der Enthaltsamkeit das ausleben können, was nirgendwo sonst möglich wäre: Missbrauch im Namen pädagogischer Zuneigung – und wie so häufig: Macht getarnt als Eros.

Erst viel später, Ende des 18. Jahrhunderts, beim Chefaufklärer Immanuel Kant, verändert sich der Hort des Bösen und wandert aus dem Leib in die Vernunft. Kant spricht vom »radikal Bösen« und meint radikal im Sinne einer »Wurzel des Bösen«, aus der heraus wir böse handeln. Bei Kant wird die böse Tat zu einer Entscheidung, zu einem »Akt der Freiheit«.[12] Der Mensch hat so in jedem Moment die Kraft, zu wählen, ob er das moralisch Richtige oder Falsche tut. Entscheidend ist dabei weniger die konkrete Tat als vielmehr, »dass sie auf böse Maximen in ihm schließen lassen«.[13] Wer also ein Verbrechen von langer Hand plant oder gar mit präziser Planung zum Wiederholungstäter wird, baut sein Leben und Handeln auf Grundsätzen auf, die böse sind. Darum fragt Kant auch immer nach dem »Vernunftursprung einer Tat«.[14] Erst wenn die Übertretung eines Menschen also in der Vernunft des Einzelnen liegt, ist er in unserem heutigen Sinne auch verantwortlich für das, was er tut, und damit erst haftbar zu machen. Der Mensch also kann sich für das Gute und gegen das Böse entscheiden.

Noch deutlicher wird dieser Gedanke bei einem Zeitgenossen Kants, der Heller und dem Bösen näherkommt als der logisch-korrekte, aber steife Kant – und zugleich viel mit ihm gemeinsam hat: bei dem Marquis de Sade. Eine Art Quentin Tarantino des 18. Jahrhunderts, gegen dessen Texte *Fifty Shades of Grey* wie ein mausgrau-biederer Fessel-Groschenroman wirkt. De Sade war ein hochintelligenter Psychopath, der gut ein Drittel seines Lebens im Knast oder in der Psychiatrie verbrachte. In dieser Zeit entstand ein Großteil seines gewaltpornografischen Werks. Er selbst hielt sich für einen bedeutenden Philosophen. Während ihn seine Fans für ein Genie halten, sind seine Gegner sicher, dass er ein amoralisches Ungeheuer, ja, ein Verbrecher ist. Er entstammte dem französischen Hochadel, der im damaligen Absolutismus an Einfluss verlor. Kurz diente er beim Militär, darüber hinaus war ihm oft langweilig, während er das Geld seines Vaters verprasste. So blieb ihm genug Zeit für sexuelle Eskapaden mit Prostituierten und Mätressen. In seinen Texten wird gevögelt, vergewaltigt und erniedrigt. Frauen mit Männern, Frauen mit Frauen, Männer mit Männern, Sodomie, Inzest, Mord, alles, was dem Rhythmus der Orgie folgt, wird bis zum Ende durchexerziert. Zwischendurch, in den Pausen, führen die radikalen Freigeister, Libertins genannt, moralphilosophische Gespräche – oder das, was de Sade dafür hielt.

De Sade ist der Anwalt des Teufels: Im Gegensatz zu all den gut gemeinten Erziehungsversuchen des Menschengeschlechts hin zum Guten von Platon bis Kant zeigt de Sade, dass es keinen Grund für Optimismus gibt – außer für den Libertin. Er zeigt, dass sich der wahre Freigeist immer dem Bösen zuwenden werde – und dass er das Recht dazu hat, sämtliche Grenzen zu übertreten und das Leben im Exzess zu feiern. Alle Regeln sind außer Kraft gesetzt, außer jenen, welche die eigenen libertären Bestrebungen begrenzen.

War der Leib bei Paulus noch der Ort des Sündhaften und darum gefährlich, dreht de Sade auch dieses Prinzip ins Gegenteil. Religiöse Begriffe deuten de Sades Libertins munter um. Immer wieder muss der arme Gott ausgerechnet für orgiastische Momente den Kopf oder eher den Mund hinhalten. Auch andere Begriffe wie das Paradies oder das Glaubensbekenntnis werden schnell und lustvoll verkehrt für die eigenen Zwecke – und das in voller blasphemischer Absicht.

Zudem sollen die erotischen Exzesse bis an die Grenze ausgeschöpft werden: »Wenn man Libertin ist«, sagt Dolmancé in de Sades *Die Philosophie im Boudoir*, »bereitet jede Art von Exzess Lust, und das Beste, was eine Frau tun kann, ist, die Exzesse über den Rahmen des Möglichen hinaus auszudehnen.«[15] Damit unterliegt die Orgie einer Art Steigerungslogik, die auch der Aufklärung innewohnt. Wer einmal angefangen hat, die Welt mit den Mitteln der Aufklärung – Technik und Wissenschaft – zu entzaubern und aufzuhellen, wird davon kaum mehr ablassen, bis auch die letzten Mythen durchdrungen sind und die letzten Illusionen in sich zusammenfallen. Das Programm Aufklärung ist prinzipiell unendlich: Es gibt immer noch einen Winkel, der im Dunkeln liegt und weiter auszuleuchten wäre. Im Namen des Guten, der Erkenntnis und des Fortschritts führt die Aufklärung das Böse stets mit sich. Während die Orgie den Missbrauch einschließt, schließt aufklärerisches Denken die Möglichkeit ihres eigenen Missbrauchs ein. Die vollständige digitale Überwachung und Ausleuchtung des Menschen, seiner Wünsche, von denen er selbst noch nichts wusste, sind entgrenzte, missbrauchte Aufklärung. Der Mensch ist Mittel zum Zweck der gottgleichen Macht.

Der Exzess ist nur zu haben um den Preis seiner Abhängigkeit vom Trivialen – der fast schon neurotischen Ordnung und Ordnungserzeugung, kurz: der Vernunft. Kant und de Sade verbindet bei allen Unterschieden eines: Das Böse ist Teil der Vernunft. Seine Kennzeichen sind Planung, Organisation und Entscheidung – und darin bleibt es gefesselt an sein anderes: das Gute, die Norm, die Pflicht. Jede Überschreitung kann nur gelingen, weil es eine Grenze gibt, eine Wegmarke, welche die Zone des Verbotenen anzeigt.

Heller hat diese Grenze des Verbots immer wieder übertreten – planvoll und auf pervertierte Weise. Manchmal kommt er mir vor wie ein de Sade der Gegenwart. Beide sind Provokateure, die sich an ihrer eigenen Abgründigkeit und dem Schrecken, den sie auslösen, ergötzen können. Bei Heller beginnt das schon mit der Art, wie er sich und sein Äußeres glorifiziert – als Penner. Er genießt seine abstoßende Wirkung, sein Anderssein. Da niemand weiß, wie gefährlich er wirklich ist, vielleicht nicht einmal er selbst, ist es ein Spiel mit gezinkten Karten. Klar ist nur: Mit den Maßstäben da draußen ist einer wie er nicht zu erfassen. Provokation aber, die mit den Mitteln des Bösen all den Guten nur den Spiegel vorhält, bleibt infantil, vorhersehbar und langweilig wie die ermüdenden Wiederholungen der Orgien bei de Sade. Seine wie Hellers schwebende Antiethik bleiben mit den Normen verbunden, die sie hinter sich lassen wollen. Darin bleibt Heller gerade in seiner Abgründigkeit ein Kind der Aufklärung.

GEFANGEN FÜR EINE TAT,
DIE ERST NOCH BEGANGEN WERDEN MUSS

Sexualstraftäter sind so etwas wie die Ausgestoßenen unserer Zeit. Der rechtliche Umgang mit ihnen ist entsprechend: Als Verwahrter kann Heller einmal im Jahr bei der Strafvollstreckungskammer beim Amtsgericht Lingen an der Ems eine Anhörung beantragen, um prüfen zu lassen, ob die Sicherungsverwahrung ausgesetzt werden kann. Dazu befragte ihn beim letzten Mal eine psychiatrische Sachverständige, die anschließend ein Gutachten anfertigte. Diese 150 Seiten sind entscheidend für die Entscheidung des Gerichts. Nach dem, was diese Sachverständige geschrieben hat, müsse er Angst vor sich selbst haben, meint Heller. Eine narzisstische Persönlichkeitsstörung habe ihm die Psychiaterin angedichtet. Hinzu kommen dissoziale und psychopathische Züge. Eine Sachverständige, von der sein Anwalt, wie er sagt, noch kein Gutachten gelesen habe, das auch nur ansatzweise positiv gewesen sei.

Jörg Kinzig ist Kriminologe an der Uni Tübingen und Experte für Sicherungsverwahrung. Fürs Gespräch hat er sich in ein schmuckloses Büro seiner Uni gesetzt. 2008, als die Sicherungsverwahrung noch automatisch nach zehn Jahren endete, hat er Straftäter untersucht, die entlassen werden mussten, obwohl sie als hochgefährlich und rückfallgefährdet galten. Im Zuge seiner Studie habe sich ergeben, dass »nur ein ganz kleiner Teil schwer rückfällig wurde«. Auch in späteren Studien bestätigte sich dies.

Entgegen allgemeiner Hysterisierungen interessierter Kreise werden gerade Sexualstraftäter besonders selten rückfällig – der Grund ist, dass sie auf ausgeklügelte Therapieverfahren besser anspringen als etwa Räuber oder Diebe. Einmal mussten 70 als hochgefährlich geltende Täter entlassen werden – drei von ihnen wurden rückfällig.[16] In anderen Studien war es im Schnitt jeder zehnte.[17] Das sind Zahlen, die vor dem Hintergrund medialer Hexenjagden auf Sexualstraftäter beruhigend wirken könnten. Natürlich ist es richtig, dass Opferschutz entscheidend ist. Klar ist auch, dass jedes missbrauchte Kind eines zu viel ist. Aber steht Opferschutz über allem?

Diese Frage rührt an ein Grundproblem der Sicherungsverwahrung. Sie ist eine Strafe, die nicht so heißen darf. Sie ist eine Maßregel zur Besserung und Sicherung. Zugespitzt formuliert ist sie eine Strafe für Taten, die der Verwahrte möglicherweise begehen könnte – oder, den Statistiken folgend, sehr wahrscheinlich nie begehen wird. Psychiater sollen vorhersehen, was kaum vorherzusehen ist: Wer wird wann wieder rückfällig, wer wird wo wieder zum Bösen – und vor allem wie genau? Der Jurist und Psychologe Michael Alex hat im Rahmen einer umfangreichen Studie auch die Rolle der Sachverständigen untersucht. 42 Haftentlassene mit dissozialer Persönlichkeit galten als hochgefährlich und hatten eine miserable Prognose, nur sieben von ihnen wurden rückfällig. Das bedeutet: Über 80 Prozent waren unauffällig. »Vor diesem Hintergrund verwundert es umso mehr, welch großes Vertrauen in die Zuverlässigkeit der Aussagen von psychiatrisch/psychologischen Sachverständigen bei Gerichten bis hoch zum Bundesverfassungsgericht, der Politik und Öffentlichkeit besteht«, folgert Strafrechtler Alex. Er empfiehlt Psychiatern, genauer auf die hohe Zahl der »falsch Positiven« zu schauen – Täter, die grundlos jahrelang in Gefängnissen ausharren. Nur indem sie diesen blinden Fleck ihrer Arbeit wahrnähmen, könnten Gutachter verhindern, Komplizen einer vom Boulevard gesteuerten Placebo-Sicherheitspolitik zu werden, die »Sicherheit vor Kinderschändern« verspricht – ein Versprechen, das sich auch mit ausgefeilten Prognoseinstrumenten nie halten lassen wird.[18]

Die Sicherungsverwahrung als Haft nach der Haft ist eine Erfindung der Nazis. 16 000 Verdächtige haben sie bis 1945 so inhaftiert. Bis weit in die 1960er-Jahre trieben die Behörden Schindluder mit dem Paragrafen. In erster Linie traf es weniger Schwerverbrecher, sondern Seriendiebe und Betrüger.[19] Lange Zeit drehte man nach der Strafhaft einfach das Schild an der Zellentür um – jetzt stand eben statt Strafhaft Sicherungsverwahrung drauf. Der Europäische Gerichtshof für Menschenrechte entschied 2009, dass die deutsche Regelung in zweierlei Hinsicht den Menschenrechten widerspreche. Zum einen darf sie nicht länger nachträglich angeordnet werden. Zuvor war es so: Sollte sich der Gefangene in der Haftzeit danebenbenehmen, wurde ihm zusätzlich Sicherungsverwahrung aufgebürdet. Sollte es auch dort nicht besser werden mit ihm, konnten ihm die Behörden recht spontan mitteilen, dass seine Zeit hier noch einmal verlängert wird. Nachträgliche Strafen aus einer Laune heraus verletzen die Menschenwürde. Zum andern muss sich die Sicherungsverwahrung räumlich klar von der Strafhaft abgrenzen. In der Folge des EuGH-Urteils kippte das Bundesverfassungsgericht alle Regeln zur Sicherungsverwahrung. In anderen Ländern wie Großbritannien ist auch die präventive Strafe schon seit den 1960er-Jahren abgeschafft. Dafür, sagt Jörg Kinzig, »haben sie dort eben teilweise drakonisch lange Strafen, so wie in den USA, wo Täter schon beim zweiten Rückfall nach dem Prinzip des ›three strikes and you're out‹ lebenslang bekommen können.«

Als die Sicherungsverwahrung verschärft wurde, habe schwere Kriminalität nicht zugenommen, sagt Kinzig. »Unsere Gefängnisse leeren sich seit Jahren fast kontinuierlich.« Mehr Gefangene gibt es einzig bei der Sicherungsverwahrung. Waren es noch 1995 gerade einmal 183 Verwahrte, gab es 2020 schon 583. Knapp die Hälfte von ihnen sind Sexualstraftäter.[20] Je weniger schwere Kriminalität es gibt, desto größer ist unser Bedürfnis nach Sicherheit, desto hemmungsloser die Rufe nach »Wegsperren für immer!« (Gerhard Schröder) und desto größer die Lust, Täter zu dämonisieren. Woran liegt das? Jörg Kinzig guckt nachdenklich in seine Kamera. »Wir haben, glaube ich, stärker als früher so ein Bedürfnis nach absoluter Sicherheit. Ich bin mal sehr gescholten worden, als ich gesagt habe: Im Straßenverkehr ist das Risiko ja deutlich höher, Opfer eines Unfalls zu werden als Opfer einer schweren Straftat.«

Für einen Vortrag suchte Kinzig einmal nach dem Bösen im Strafrecht. Gefunden hat er wenig: »Das ›Böse‹ taucht im Strafgesetzbuch weder als Substantiv noch als Adjektiv auf.«[21] Nur an drei Stellen findet sich das Wort »böswillig« – einmal bei der »Verächtlichmachung des Staats und seiner Symbole«, einmal bei der Volksverhetzung und einmal, wenn Erwachsene die Fürsorgepflicht gegenüber ihren Kindern »böswillig« vernachlässigen und sie so »an ihrer Gesundheit« schädigen. Das Wort »böswillig« legt zugrunde, dass der Täter nicht fahrlässig, gleichgültig oder aus Schwäche handelt. Er muss das, was er tut, vorsätzlich tun. Das bedeutet, er muss den Schaden, den er anderen zufügt, absichtlich zufügen, und er muss wissen, was er tut. Hellers Missbrauchstaten – von langer Hand geplant – sind gute Beispiele für vorsätzliche Taten.

Offenbar erleben wir eine Art Sicherheitsparadox. Eben weil wir in einer überaus sicheren Weltgegend leben, die in den vergangenen Jahrzehnten immer sicherer geworden ist, fallen uns die Momente der Verunsicherung, des Unkontrollierbaren und des Bösen als von einigen Medien noch einmal verstärkte, schrille Störgeräusche auf. Trifft diese Diagnose auf einen Zeitgeist, der Selbstverwirklichung, Selbstwirksamkeit und Selbstoptimierung als oberste Ziele ausgegeben hat, werden Momente des Kontrollverlusts schnell zu einer Bedrohung des gesamten Ichs und seiner Welt, in der das Ich, der einzelne Mensch, notwendig das eigene Zentrum bildet.

Die kognitiven Verzerrungen der Täter bei ihren Verbrechen entsprechen denen einer sicherheitsvernarrten Gesellschaft. Würden wir uns von der Sicherheitsverwahrung verabschieden, würde das auch das Ende teurer Gutachtenschlachten und Vollstreckungspapierkriegen zwischen Anstalten, Gerichten und Tätern bedeuten. Schon jetzt ist die Sicherungsverwahrung mit einem Betreuungsschlüssel von nahezu 1:1 zwischen Bediensteten und Verwahrten eine der teuersten Vollstreckungsveranstaltungen, die sich der Staat leistet. Wenn das ganze Geld stattdessen in Prävention und Opferfürsorge investiert würde, wäre womöglich allen Seiten gedient.

Heller meinte, wolle der Staat Menschen wie ihn angemessen behandeln, müsse er ihn überwachen. Führungsaufsicht heißt das im Juristendeutsch – das wäre dann beispielsweise die elektronische Fußfessel. So wäre der Verwahrte in Freiheit und zugleich unter Kontrolle. Es wäre die Chance für den Täter, sich ein Leben aufzubauen mit allem, was dazugehört, und kein würdeloses Dahinvegetieren in einem Zustand des lebendig Begrabenseins – wahlweise dem eigenen Tod oder der nächsten Anhörung entgegenzuwarten. Es wäre die Chance für eine Gesellschaft, mit ihren irrationalen Ängsten und den daraus folgenden Dämonisierungen und Demütigungen der angeblich Bösen umgehen zu lernen – und sowohl die Bösen als auch die eigenen Ängste an der Realität zu überprüfen.

Hier im Knast und in der Verwahrung habe er seine Sexualität fast komplett verloren, sagt Heller. »Die Reizarmut lässt das alles einschlafen.« Das Wichtigste sei, dass er wisse, was er tue, wenn Fantasien mit Kindern kämen. Sie ersetze er dann sofort durch etwas anderes. Anfangs sei es ihm schwergefallen, aber durch jahrelanges Training gehe es mittlerweile sehr gut. Meist lenkt er sich mit Isabella ab. Sie ist ein Mittelklassewagen, den die Carl F. W. Borgward GmbH zwischen 1954 und 1961 baute. Isabella ist jetzt Hellers Leidenschaft. Sie ist immer da, wenn er sie braucht. Fast jeder freie Millimeter seiner Bude ist voll mit Fotos von ihr. Diener vom Allgemeinen Vollzugsdienst sagt, so gut wie alle Gefangenen tapezierten die Wände mit halb nackten Frauen, nur Heller nicht. Bei Heller hängt Isabella.

Ihr Telefon klingelt, es ist wichtig, Gebhardt muss rangehen. Drüben in der Strafhaft hat ein Gefangener einem Bediensteten gedroht, er werde dessen Kinder vergewaltigen. Sie habe noch einmal mit dem Mann gesprochen, und nun müsse die JVA überlegen, ob sie ihn verlege. Ich frage auch sie, ob sie das Gefühl der Angst kenne inmitten von Sexualstraftätern, insbesondere als Frau. »Wichtig ist, Angst zu spüren und aufs Bauchgefühl zu hören. Wenn mir jemand gegenübersitzt, der aggressiv oder impulsiv ist, dann ist das schon unangenehm. Dann weiß ich, wie gut, dass ich jetzt hier mein PNG habe.« PNG steht für Personen-Notruf-Gerät. Alle, die hier arbeiten, tragen es am Körper. Immer. Lösen sie einen Alarm aus, kommen alle verfügbaren Kräfte an den Ort des Alarms.

Und das Böse? Ist das eine Kategorie für sie? »Ich finde nicht, dass man Menschen als ›böse‹ bezeichnen kann, Taten jedoch schon. Ich habe Gefangene kennengelernt, die schlimme Taten begangen haben, aber im Kontakt sehr menschlich waren. Betrachtet man die Biografie dieser Personen, unter welchen desolaten Verhältnissen sie aufgewachsen sind, wie schwierig mitunter ihre Kindheit war, entwickelt man mitunter, ich möchte nicht sagen Verständnis für ihr Verhalten, aber so etwas wie eine Erklärung oder eine Perspektive für das Geschehene«, sagt Gebhardt.

KASTRIERT. SIE. ALLE.

Je länger ich Heller beobachte, desto unsicherer werde ich, desto unschlüssiger und ambivalenter. Es ist eine ruhige Unsicherheit, die mir vorsichtiger und dabei zugleich klarer vorkommt als all die schnellmeinenden Urteile, die bei einem wie ihm angemessen scheinen. Vielleicht muss das Böse und alles, was wir damit verbinden und was wir dafür halten, unter unseren Augen unscharf werden, sich in unserem Nachdenken verflüssigen und sich entziehen, damit wir versuchen können, es zu verstehen, ohne es zu dämonisieren und zu klassifizieren. Sicher einzig in der Gewissheit, dass im besten Falle mehr Fragen als Antworten bleiben mögen. Ist Heller am Ende so harmlos und ungefährlich, wie er tut? Ist er einer von den 67 Verwahrten, die niemals rückfällig werden und hier ausharren müssen, damit drei Straftaten verhindert werden können? Darf das überhaupt eine Rechnung sein? Oder ist das zynisch? Oder ist Heller doch nur ein Hochstapler, einer, der sie alle zum Narren hält, weil er sich für schlauer hält und sich darin ständig bestätigt fühlen will? Damit wäre er unberechenbar, und sie müssten ihn hier weiter festhalten, einfach, weil niemand weiß, was er wirklich im Schilde führt. Schon zuvor, als ich mit ihm zum Heimatverein fuhr, dachte ich: Seine Traurigkeit ist eine infantil-enttäuschte, die sich eigentümlich vermischt mit dem alten, gebrechlichen Mann, der er körperlich ist. Andere in seinem Alter haben vielleicht eine Midlife Crisis oder biegen ein in die entscheidende Karrierespur ihres Lebens, lassen sich scheiden oder verlieben sich neu, ziehen aufs Land oder zurück in die Stadt. Aber sie sind, wenn auch mit Abstrichen, irgendwo in der Nähe ihres biologischen Alters. Heller aber ist alles, nur nicht das. Er ist 8 und 88 – Kind und Opa zugleich. Nur eines ist er nicht. 53 Jahre alt.

Heller ist das Produkt einer paradoxen Idee, nämlich »einen Menschen aus der Gesellschaft auszuschließen, um ihm beizubringen, wie er sich innerhalb der Gesellschaft zu verhalten hat«.[22] So beschreibt es die Historikerin Annelie Ramsbrock in ihrem Buch *Geschlossene Gesellschaft. Das Gefängnis als Sozialversuch – eine bundesdeutsche Geschichte.* Ihre Frage war: Inwieweit setzen Gefängnisse wirklich auf Resozialisierung? Diese Idee stammt aus der sozialliberalen Ära der 1970er-Jahre. So steht es im Strafvollstreckungsgesetz, das der Bundestag 1977 verabschiedete. Es war ein Meilenstein der Rechtsgeschichte. Der Gefangene sollte »künftig in sozialer Verantwortung ein Leben ohne Straftaten führen«. Das war das neue Vollzugsziel. Erst danach folgte der Zusatz, dass die Haft auch »dem Schutz der Allgemeinheit vor weiteren Straftaten« diene.[23] Das bedeutete: Der Täter sollte sich vorbereiten auf ein Leben in Freiheit, auf die Möglichkeiten eines guten Lebens in der Mitte der Gesellschaft. Hat der Plan funktioniert? Werden die Bösen effizienter und nachhaltiger gut, wenn Therapie die Strafe ergänzt, vielleicht sogar entscheidender ist als die Strafe selbst? Ramsbrock kommt am Ende zu einem ernüchternden Ergebnis: »Resozialisierung, so legt zumindest die historische Sicht es nahe, wurde nie ernsthaft versucht und möglicherweise auch nie ernsthaft gewollt.«[24]

In ihrem Buch zeigt sie beispielhaft die politische und wissenschaftliche Ohnmacht gegenüber Sexualstraftätern – am Beispiel der medizinischen Kastration. Eingeführt hatten sie die Nazis zusammen mit dem Gewohnheitsverbrechergesetz, dem Vorläufer der Sicherungsverwahrung 1933. Möglich war damals neben der freiwilligen auch die Zwangskastration. Es ging um die »Entmannung gefährlicher Sittlichkeitsverbrecher«. England hob das eigene Gesetz nach dem Zweiten Weltkrieg auf – und zwar mit einer spannenden Begründung: Freiwilligkeit sei unter den Bedingungen des Freiheitsentzugs nicht gegeben. In Deutschland hingegen hieß es: Die Entscheidung werde zwar in einer Zwangslage getroffen, aber das Leben sei nun einmal voller Zwangslagen. Der Grund für die Haft sei die Tatsache, dass ein Mensch seine Tat verbüße. Unfreiwillig wäre die Entscheidung zur Kastration also nur, wenn der Staat die Zwangslage Haft herbeigeführt hätte, um den Täter zu kastrieren. Dies sei nicht der Fall.[25] Problematisch blieb in den Jahren danach, dass viele Gefangene sich nicht kastrieren ließen, um geheilt zu sein, sondern schlicht, um schneller entlassen zu werden. Das sollte im Schnitt sechs Monate nach dem Eingriff möglich sein.[26] Dass allen Gefangenen zwar die Freiheit versprochen, in dieser aber viele grundsätzliche Lebensentscheidungen ausgeschlossen waren – etwa eigene Kinder und eine männliche Identität: geschenkt. Von den psychologischen Folgen, die unabsehbar und sehr individuell sein konnten, einmal ganz abgesehen. In den Jahren zwischen 1970 und 1980 kam es in deutschen Gefängnissen zu 406 Kastrationen.[27] Trotz mehrerer Anfragen durch den »Europäischen Ausschuss zur Verhütung von Folter und unmenschlicher Behandlung oder erniedrigender Strafe« (CPT) verteidigte die Bundesregierung die bestehende Regelung.[28]

Anders als 1977 im Gesetz verabschiedet, steht damit die angebliche Sicherheit der Gesellschaft faktisch über der Resozialisierung. Während andere Gewalttäter als therapierbar gelten, scheitern Sexualstraftäter daran, weil sie angeblich biologisch determiniert sind – oder mindestens so behandelt werden. Rein logisch könnte man sich dann auch sämtliche Therapieangebote sparen und am Ende die oft geforderte Todesstrafe wiedereinführen – oder sie lebenslang in Sicherheitsverwahrung belassen.

Kastration? Sicherheitsverwahrung? Der juristische Umgang mit Sexualstraftätern wie Heller wirkt so hilflos, als ginge es dabei vor allem um ein Signal an den Rest der Gesellschaft: Seht, das ist das Böse, und es wird nie wiederkommen. Als würde durch diese Abspaltung der Täter aus der Gesellschaft auch das Thema verschwinden; als würden wir uns durch Härte der Strafe von etwas abgrenzen können, was zum Menschen, glücklicherweise nur selten, dazugehört.

Was also tun? Heller freilassen? Würde ich, wenn ich dafür plädierte, Täterschutz über Opferschutz stellen? Es ist ein quälender Konflikt, auf den es keine wirklich befriedigende Antwort zu geben scheint. Der Satz, »jedes Opfer ist eines zu viel«, ist zweifellos richtig. Zugleich ist es ein Totschlagargument. Es legitimiert am Ende fast jede Strafe, auch die drakonische, egal, ob sie angemessen ist oder nicht. Wenn wir so aufgeklärt und vernünftig sein wollen, wie wir das gerne für uns beanspruchen, müssen wir empirische Studien hier ernstnehmen und Heller eigentlich freilassen – selbst wenn kein Mensch mit Sicherheit sagen kann, wie gefährlich er wirklich ist. Aber erstens können die Behörden ihn mit den Mitteln des Rechtsstaats problemlos geradezu lückenlos überwachen. Zweitens sind seine Erfolgsaussichten als Täter mehr als begrenzt. Wo und wie soll ein Mann seiner Erscheinung, seines Alters und seines Auftretens auch nur in die Nähe seiner Opfer kommen können? Er ist aufgrund seines Gesundheitszustands glücklicherweise so gut wie all seiner Mittel beraubt. Und drittens: Solange es freie Menschen gibt, wird es unter diesen immer solche geben, die andere verletzen, manipulieren und sogar töten. Künftige Täter verhindern wir am allerwenigsten, indem wir die ehemaligen ewig wegsperren.

OHNE HEIMAT

Das *Jahrbuch der Erotik* mit dem programmatischen Titel *Mein heimliches Auge* erscheint verlässlich seit über dreißig Jahren. Die Fotos schwanken zwischen sinnlicher Erotik und billigen Polaroidaufnahmen von Leuten, die auch Swingerclub-Stammkunden in der Sächsischen Schweiz sein könnten. Drei Bände des *Heimlichen Auges* waren einen Tag vor meinem dritten Besuch bei Heller in der Bude gefunden worden. Bei einer Routinedurchsuchung. Ein Kollege sei stutzig geworden und habe sie einkassiert. »Klar, das ist ihm mal genehmigt worden – von mir«, sagt Gebhardt in ihrem Büro. Wann er die Bände bekommen hat? Ist nicht dokumentiert. Eigentlich hätte es einen Aktenvermerk geben müssen, aber der ist gerade nicht auffindbar. Das ist ein Problem in einer Welt, in der es nur das wirklich gibt, worüber auch ein Aktenvermerk existiert.

»Eigentlich kann man ja froh sein, wenn jemand, der pädophil ist, sich mit Erwachsenenpornografie beschäftigt«, sagt Gebhardt. »Auf der anderen Seite: Wir haben hier ja auch Sexualstraftäter, die wegen Vergewaltigung einsitzen. Und es ist nun mal eine Wohngruppe – und dann ist es ja auch möglich, Material von A nach B zu schaffen.«

Gebhardt ist ratlos. Es ist eine Situation, in der es keine richtige Entscheidung zu geben scheint. Man habe gestern im Team drüber gesprochen und habe sich daraufhin entschlossen, bei den Kollegen der SV Rosdorf, der größten Sicherungsverwahrung in Niedersachsen, nachzufragen. Von dort kam prompt informelle Amtshilfe. Gebhardt läuft zu ihrem PC und öffnet ein Excel-Sheet, in dem die Porno- und Sexregeln klar formuliert sind: »Was nicht sichtbar sein darf: eine männliche Erektion ab 45 Grad, weibliche Schamlippen, rasierte Geschlechtsteile auch bei geschlossenen Beinen; jegliche Andeutungen von Geschlechtsverkehr, Oral-, Analverkehr.« Sie blättert in einer der drei Ausgaben des *Heimlichen Auges* und schlägt eine Seite auf. Ein Mann penetriert eine Frau – mit Schamhaaren zwar, aber der Winkel des eingesetzten Penis dürfte die 45 Grad touchieren. »Das ist hier ja nicht angedeutet«, sagt sie. »Und das ist natürlich eine Diskrepanz.«

Dieser Moment zeigt sehr anschaulich das Dilemma des Strafvollzugs. Es klafft immer wieder diese Lücke zwischen meist motivierten Bediensteten, die sich mit aller Kraft bemühen, einen Ausgleich zu finden zwischen den Wünschen und Ansprüchen der Verwahrten und den Notwendigkeiten und Bedingtheiten des Alltags. Diese Annäherung muss fast notwendig widersprüchlich und inkonsequent bleiben. Und es hat dabei noch nicht einmal jemand Schuld daran.

»Heller gefährdet immer wieder das Vollzugsziel«, sagt Gebhardt. Bei einem Ausgang hatte er sich in einem unbeobachteten Moment an den Computer der Stadtbücherei gesetzt, war ins Internet gegangen und hatte sich Kinderpornos angeguckt. So hat es der Bedienstete berichtet, der ihn erwischt hatte. Heller sagt, es seien Aktfotos von Erwachsenen gewesen. Wie so oft steht Aussage gegen Aussage. Einmal bestellte er *Sabine Kleist, 7 Jahre*. FSK6, einen DDR-Kinderfilm aus dem Jahr 1982. Gebhardt hatte ihn sich angesehen. Einen ganzen Nachmittag hatte sie damit verbracht, Timecodes herausgeschrieben und Screenshots der Szenen erstellt, in denen Sabine Kleist nackt ist. Unter der Dusche, in der Wohnung, in der Natur. Sie kam auf fast zehn Stellen expliziter kindlicher Nacktheit. Der Film wanderte in den Giftschrank, aus ihren Aufzeichnungen wurde ein Aktenvermerk. Heller sei erzürnt gewesen, dass ihm nun auch Kinderfilme verboten würden, die er aus historischem Interesse schauen wolle.

Er möchte noch den Deich entlanglaufen. Es ist kurz nach 14 Uhr an diesem Donnerstagnachmittag. Um 15.30 Uhr öffnet der Heimatverein und heute ist der große Tag. Wann er seine Tochter zuletzt gesehen habe? 2007 war das. Sie wolle keinen Kontakt, er habe das akzeptiert. Architektur studiere sie, etwas, worauf er nie gekommen wäre.

Kontakt zu seinem Vater? Ja, den gebe es wieder, nach langer Zeit. Der Vater habe ihm vor Jahren in die JVA geschrieben, damals noch in die Strafhaft. Ab und zu schicke er Modellautos.

Kurz vor der »Bastelecke« ist der Marktplatz. Termann, die Sozialarbeiterin der Sicherungsverwaltung, hatte gewarnt: Es sei Stadtfest, viele Kinder seien in der Stadt. Heller beachtet sie nicht. Er sagt:»Da, wo jetzt die Sparkasse ist, war bis Anfang der 1970er noch das Amtsgericht. Das Amtsgericht war ein wirklich schönes Gebäude.« Wie viel Uhr es sei? 15.04 Uhr. Dann sei noch Zeit für die Blisterfolie. Den Schrank wolle er abdecken, um all die Modellautos auszupacken und sie hineinzustellen. Im Bastelgeschäft erläutert die zuständige Folienfachverkäuferin, eine Tafel Blisterfolie koste fast fünf Euro, »für Knacki-Taschengeld ist das zu viel«, sagt Heller.

Er läuft unverrichteter Dinge aus der »Bastelecke«. Wenn er links abbiegt, geht es zu den Kindern auf dem Markt, rechts zum Heimatverein. Er geht schnurstracks nach rechts. Und zündet sich eine Zigarette an. Will er noch einmal eine Frau kennenlernen? Ja, es gebe eine Internetseite, *Jailmail*, eine Art Kontaktbörse für Inhaftierte. Dort können Leute inserieren und Brieffreundschaften nach draußen knüpfen. In seiner Anzeige habe er geschrieben: »In der Bibel steht, es werde eine lange Dürre kommen. Wenn sie da ist, kann sie sich gerne melden.« Da sei nun eine Frau übrig geblieben, mit der es sich lohne, den Kontakt aufrechtzuerhalten.

»Was macht sie besonders?«

»Der Schreibstil.«

»Wie hat sie geschrieben?«

»In einem ähnlichen, etwas uncharmanten Ton wie ich. Leicht schräger Humor.« Drei, vier Briefe seien es schon gewesen. Dass er ein Verwahrter sei, wisse sie noch nicht. »Mal sehen, ob sie sich dann noch meldet. Ist gar nicht so wahrscheinlich.«

Es sind noch acht Minuten, bis der Heimatverein öffnet. Ein Bus kommt um die Kurve. Während wir an der Straße stehen, denke ich an die Karosserie des VW Käfer im Kreativraum. Auch Heller zerfällt in seine Einzelteile. Er ist das Kind, das sich nach bedingungsloser Liebe sehnt und doch nicht in der Lage war, sie zu leben. Er ist sein eigener Vater, der sich alle paar Meter hinsetzen muss, weil er eine Raucherlunge hat. Er ist der Narzisst, der hochintelligente Täuscher und Trickser, der seine Absichten verbirgt und seine Motive verschleiert; der unterwürfige Bewunderer und herablassende Blender; er ist der, der rauswill und sich doch freut, wieder nach Hause in die JVA zu kommen. All diese Einzelteile liegen da, aber er ist nicht in der Lage, sie zusammenzusetzen. Stattdessen möchte er lackieren. Die Teile, die nicht zusammenpassen, sollen wenigstens schön sein, strahlen und beeindrucken. Aber auch das funktioniert nicht mehr. Dafür braucht er Hilfe, die er nicht bekommt. Das muss er alleine schaffen. Und dafür müsste er die Teile angucken, an und mit ihnen arbeiten – er müsste sie als seinen Spiegel annehmen. Sie sind wie er: an einer Schnur hängend und am Boden liegend, unlackiert und unfertig.

Punkt 15.30 Uhr setzt sich Heller in Bewegung und überquert

entschieden die Straße. Er steigt die weiße Treppe zum roten Backsteingebäude hinauf. Beim Blick auf das Schild neben der Tür wird er mürrisch:»Die Bezeichnung Stadtmuseum stimmt nicht mehr«, korrigiert er die Aufschrift, als habe er denen das schon tausend Mal gesagt. Er drückt die Türklinke nach unten, sie lässt sich nicht öffnen. Er probiert es noch einmal und dann noch einmal. Es ändert sich nichts. Der Verein hat zu, Heller muss draußen bleiben und zurückfahren nach Hause, in die Verwahrung. Für einen kurzen Moment scheint er ernsthaft enttäuscht. Kein Wort ist erreichbar, kein Witz erzählbar, der die Situation ins Absurde ziehen und beherrschbar machen könnte. Es ist 15.34 Uhr.

RECHTSEXTREME – FÜNF JAHRE MIT MARTIN SELLNER UND HORST MAHLER

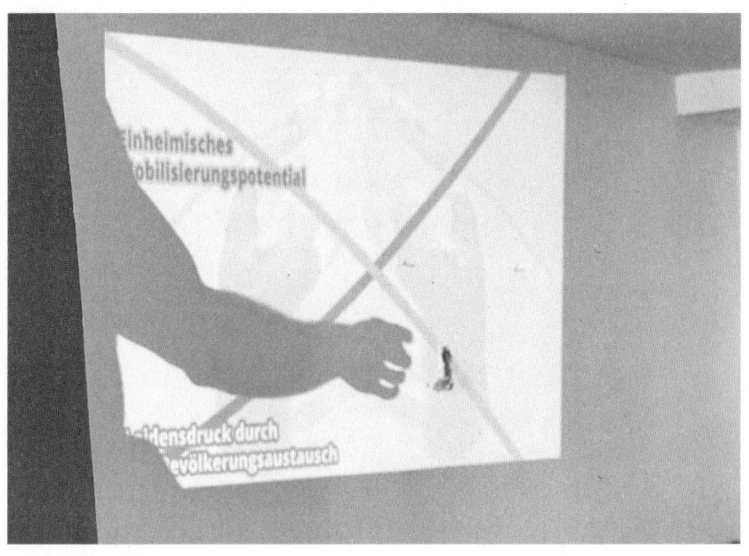

UNTER RECHTEN

Martin Sellner hat das Restaurant »Grüne Lampe« in Charlotten-
burg gemietet. Gut 40 Leute sind gekommen, um dem Chef der
Identitären Bewegung Österreich zuzuhören. Der Ort war ge-
heim gehalten worden, selbst in der geschlossenen Telegram-
Gruppe, über die Sellner dieses Treffen im Juni 2023 organisiert
hatte, war nur von einer Straßenkreuzung als Treffpunkt die
Rede. Von dort ging es rüber zur »Grünen Lampe«, ein russi-
sches Restaurant. »Hier dürfen wir noch sein«, sagt Sellner.
Gekommen sind Burschenschaftler, Anfang 20, die aussehen wie
frisch aus der Hitler-Jugend; Leute, die sich auf dem Weg zur
Batik-Gruppe in der Tür geirrt haben könnten; Gestalten, die ihr
Lebensziel, eine unbefristete Festanstellung in behördenähn-
lichem Umfeld, offenbar längst erreicht haben. Ich nehme Platz
an einem Tisch ganz außen, am Rand der rechten Gesellschaft.
 Zum ersten Mal hatte ich Sellner im Herbst 2017 kontaktiert.
Ich schrieb ihm, dass ich mit ihm über das Böse sprechen wolle.
Nach Wochen antwortete er, man könne sich sehen, solange »die
Rechten nicht von vornherein der böse Popanz« seien. Daraus ist
eine Art Langzeitbeobachtung rechtsextremistischen Denkens
geworden, für die ich Sellner immer wieder traf. Sellner reprä-
sentiert die sogenannte Neue Rechte, die sich scharf von der
Alten Rechten abgrenzen möchte. Zu der gehört Horst Mahler,
den ich in derselben Zeit im Gericht und auch im Gefängnis
getroffen habe. Es ging mir darum, das rechte Denken, das in den

vergangenen Jahren einen globalen Siegeszug angetreten hat, genauer zu verstehen. Was ist ihr Ziel? Geht es ihnen wirklich nur um weniger, gezieltere Migration? Gerade in linksliberalen Kreisen neigt man dazu, dieses Thema totzuschweigen und zu denken: Wenn man den Rechten keine Bühne gibt, wird sich das Problem irgendwann erledigen. Ich halte das für einen großen Fehler. Antikörper bildet der Körper durch gezielte Infizierung mit toten Viren. Genau das versuche ich hier. Ich spreche mit diesen beiden wahnsinnigen Extremisten, versuche, einzuordnen und sie in Bezug zueinander zu bringen – und in Bezug zu uns. Das Bestreben, sie auszuschließen, spielt ihnen nur in die Karten. Sie können sich als Märtyrer eines linksliberalen Zeitgeists darstellen und sich für potenzielle Anhänger, die sich sowieso oft in einer Art Widerstand sehen, noch interessanter machen. Am Ende dämonisieren wir sie so, wie wir es ihnen immer vorwerfen.

Sellner steht zwischen einem lieblos angerichteten Büfett russischer Köstlichkeiten. Bevor er Grafiken zum bevorstehenden Untergang des Abendlandes an die Wand wirft, stellt er mich kurz vor: »Heute ist ein Vertreter der Lügenpresse da.« Man könne mir Fragen stellen oder sich mit mir zu meinem Thema austauschen – oder es bleiben lassen. Von hinten ruft jemand: »Das Böse? Geht es da auch um die Öffentlich-Rechtlichen?«

Die Identitären sind Aktivisten und für rechtsextreme Parteien wie die AfD sehr wichtig. Sie sollen ihnen den Boden bereiten, indem sie das Denken der Menschen beeinflussen, sie indoktrinieren und damit rechte Ideologie salonfähig machen. Metapolitik nennen sie das. Die Idee folgt einem linken Konzept, auf rechts gedreht: Es geht um kulturelle Hegemonie, ein Begriff des marxistischen Philosophen Antonio Gramsci. Wer die Themen setzt und die Begriffe besetzt, hat das Sagen. Entstanden ist die Identitäre Bewegung in Frankreich 2012, als rechte Aktivisten eine Moschee in Poitiers besetzten. Sie geben sich gern als gewaltfreie, der Tradition verpflichtete Patrioten. Mit den alten Rechten, den Hitler-Fans und Judenhassern, wollen sie nichts zu tun haben. Doch als sich vor ein paar Jahren ein Reporter von Al Jazeera mit versteckter Kamera bei den französischen Identitären in Lille einschlich, entstand ein anderes Bild: junge Männer voller Hass auf alles, was nicht französisch ist. Sie begrüßten sich gern mit »Sieg Heil!« und philosophierten darüber, dass sie sich irgendwann eine Waffe beschaffen und ein Blutbad anrichten würden. »Sterben muss ich sowieso, dann kann ich mich auch von den Cops abknallen lassen«, sagt einer von ihnen.[1]

Nach außen soll das anders wirken: Ethnopluralismus ist die harmlos klingende rassistische Schönfärberei. Gemeint ist das Nebeneinander verschiedener Kulturen und Völker, wobei Nebeneinander bedeutet: Jeder bleibt, wo er ist, in seiner angestammten Region. Unter dem Slogan »Defend Europe« kletterten sie darum im Jahr 2017 auf Alpenpässe an der französisch-italienischen Grenze und in Boote auf dem Mittelmeer, um Migranten davon abzuhalten, nach Europa zu kommen. Sie sahen sich als eine Art Frontex 4.0.

In Deutschland und Österreich, wo die Gruppe vom Verfassungsschutz beobachtet wird, gibt es offiziell einen Unvereinbarkeitsbeschluss vonseiten der AfD und der FPÖ, der jede Zusammenarbeit ausschließt. Sellner sieht die Identitäre Bewegung, die IB, jedoch als verlängerten Arm der Parteien. Und so ist es auch: In Sachsen-Anhalt unterstützte sie die AfD im Wahlkampf. Bei Demonstrationen in Köthen oder Chemnitz nahmen IB-Aktivisten und AfD-Funktionäre gemeinsam teil.[2] Mario Müller, vorbestrafter Neonazi und führender Identitärer aus Halle, arbeitet für einen Bundestagsabgeordneten der AfD. Sellner hat als 17-Jähriger Hakenkreuz-Aufkleber an der Synagoge seiner Heimatstadt Baden bei Wien angebracht. Sein Mentor war damals der Kopf der österreichischen NS-Szene, der Holocaustleugner

Gottfried Küssel. »Jugendsünden« nennt er das heute und gibt sich geläutert.

Sellner, 33 Jahre alt, schwarze Haare mit Seitenscheitel und Undercut, Kampfsportfigur, trägt ein schwarzes T-Shirt und eine beige Hose. Dazu eine Hipster-Hornbrille. Der Kampf der Patrioten habe begonnen, sagt er zu Beginn seines Vortrags. Sellner wirft Kurven, Diagramme und Statistiken an die Wand, veranstaltet im Sprechstakkato eine wilde Tour von Kalkutta nach Europa und wieder zurück, von Massenmigration zu Remigration, und es fällt mir schwer, genau zu verstehen, wer schon da ist, aber schnell wieder wegmuss, wer noch nicht da ist und auch besser gar nicht erst kommen soll. Was nach knapp einer halben Stunde übrig bleibt: Egal, aus welcher Weltgegend wir Menschen zu uns kommen lassen, wir holen uns Armut, Dummheit und Terror ins Haus und am Ende unser Aus. »Es geht darum, dass wir als Deutsche und Österreicher stolz neben anderen Völkern bestehen können und unsere Identität behalten können«, sagt Sellner am Schluss. Langer Applaus. Spenden wären schön, da drüben stehe ein Behälter.

Das Paar mittleren Alters mir gegenüber ist auffällig nur in seiner Unscheinbarkeit. Er sagt, er sei Unternehmensberater, es gehe ihm gut, er habe viele Kunden. Wenn die wüssten, dass er heute hier ist, wäre die Hälfte weg. Was sei das für ein Land, in dem man die eigene politische Überzeugung derart geheim halten müsse. Ein anderer, er ist Lehrer, hat es schon hinter sich: Seine christliche Schule hatte spitzgekriegt, dass er bei PEGIDA mitgelaufen ist, und ihn gefeuert. Ein Nationalstaat müsse seine nationalen Interessen vertreten, das sei das Normalste. Darum wähle er seit Jahren die AfD. Ob die es wirklich besser machen, wenn sie regieren sollten, er wisse das nicht, das glaube er nicht einmal, aber darum gehe es auch gar nicht.

Einer der wenigen, der seinen Namen hier lesen will, ist

Matthäus Westfal aus Hüllhorst in Westfalen. Westfal nennt sich auf *Telegram* und YouTube »Aktivist Mann« und hat im Sommer 2020 den Sturm auf den Reichstag live gestreamt. Seine Bilder gingen um die Welt. Außerdem ist er Aktivist der Sekte Organische Christus Generation, und er ist vorbestraft wegen Volksverhetzung. Der Verfassungsschutz beobachtet ihn. Westfal ist eng befreundet mit dem ebenfalls vorbestraften Holocaustleugner Nicolai Nerling, genannt »Volkslehrer«. »Aktivist Mann« hat auch schon Xavier Naidoo und Alice Weidel exklusiv interviewt. Sellner wiederum hat ihn interviewt.

Westfal sagt, wir lebten hier in einer Diktatur, schlimmer als in Weißrussland. Wir hätten eine Regierung, die nicht regierungsfähig sei, weil die einzelnen Parteien zu wenige Stimmen haben. Im Auftrag dieser (Nicht-)Regierung knüppele die Polizei gewaltsam Demonstrationen nieder – wie bei Corona. Das Problem heute ist nun: Es gibt einfach zu viele Parteien, die das Volk spalten. Das merke man schon sprachlich, in Partei stecke *part*, englisch für teilen, also spalten. Deswegen müsse es einen sogenannten Minimalstaat geben, in welchem es auch nur noch eine Partei gibt, alle anderen würden verboten, sagt er. Später wird er behaupten, dass das nur ein Spaß gewesen sei, ein Gedankenspiel. Niemals würde er Parteien verbieten. Ob diese eine Partei, die dann übrig bleibe, die AfD sein solle? Ja, sofern sie nicht unterwandert sei vom Verfassungsschutz. Alice Weidel zum Beispiel könne auch ein Maulwurf sein, sie habe schließlich nach dem Studium bei Goldman Sachs gearbeitet. Der Einzige, dem er derzeit vertraue, sei Björn Höcke. »Er ist ein authentischer Typ.« In seinem Minimalstaat wird auch die Polizei aufgelöst, an ihre Stelle treten private Sicherheitsfirmen, die für Ordnung sorgen. Das ist rechtsextremes Denken in libertärem Gewand. Es gibt sich den Anschein von Freiheit, bleibt aber hinter der Fassade autoritärer Willkür verhaftet. Kurz: Es ist Faschismus.

Vier Wochen nach dem Berliner Auftritt sitzt Martin Sellner im Café Weimar in Wien. Er kommt vom Sommerfest des *Instituts für Staatspolitik* in Schnellroda, das sein heutiger Mentor und Verleger Götz Kubitschek leitet – eine Art Think Tank der Neuen Rechten, Ideenschmiede des völkischen AfD-Flügels um Björn Höcke. Es sei ein Familientreffen gewesen, sagt Sellner. Das Motto war: Maskenball. Sie haben sich Masken von Thomas Haldenwang, dem Chef des Verfassungsschutzes, aufgesetzt und viel darüber gelacht. Sellner ist gut drauf, die Pandemie ist vorbei und international stimmt die Richtung:»Es gibt ja mit Polen, Ungarn, mittlerweile auch Italien, Saudi-Arabien, aber auch Amerika Länder, die patriotischer sind als Deutschland, auch Österreich ist hier ein Entwicklungsland«, so seine Analyse. Eine überzeugende linkspopulistische Bewegung, die Konkurrenz machen könnte, sei weit und breit auch nicht zu sehen. Alles, was nun schiefläuft, zahlt auf rechte Konten ein.

Der Rechtsruck in Deutschland zu Beginn des Sommers 2023 macht viele nervös. Er scheint beunruhigender als bisher. In Höckes Hoheitsgebiet Thüringen – dort, wo die AfD als gesichert rechtsextrem gilt – wird erstmals ein AfD-Mann Landrat. Bei den nächsten Landtagswahlen könnte die AfD dort stärkste Kraft werden. Das ist eine neue Qualität – und doch zugleich nicht. Deutschland wird offenbar europäischer: Schon vor Jahren katapultierte sich der Rechtspopulist Geert Wilders bei der niederländischen Parlamentswahl an die zweite Stelle, ebenso Marine Le Pen in Frankreich, dem Populisten Nigel Farage verdankt Großbritannien letztlich den Brexit, auch in Skandinavien, einst Hochburg der Sozialdemokratie, geben längst Populisten den Ton an. In Italien gewann die selbst ernannte Postfaschistin Giorgia Meloni die Wahlen, und Ungarn und die Türkei sind seit Jahren auf autokratischen Pfaden.

Wir werden heute»Zeugen des Aufstiegs der neuen Autoritären Internationalen«, sagt der Populismusforscher Jan-Werner Müller. In den Jahren zwischen 2003 und 2017 stieg die Zahl der Menschen, die autokratisch regiert wurden, laut Bertelsmann Stiftung von 2,3 Milliarden auf 3,3 Milliarden weltweit. Von 128 untersuchten Staaten wurden 58 als Autokratien aufgeführt.[3]

Allen gemeinsam ist diesen politischen Figuren das Versprechen einer einfachen Welt, die sich teilen lässt in Freund und Feind, in Gut und Böse. Sie sehen alles beherrscht vom Bösen – von korrumpierten Eliten, einem Establishment, das versagt und abgewirtschaftet hat. »Populisten behaupten: ›Wir sind das Volk!‹ Sie meinen jedoch: ›Wir – und nur wir – repräsentieren das Volk‹«, schreibt Müller.[4] Daraus folgt: Wer dazugehört zum Volk, das bestimmen wir – keine Minderheiten, keine Außenseiter und vor allem keine Geflüchteten. »Jede wirkliche Demokratie«, schrieb der Staatsrechtler und »Kronjurist« der Nazis, Carl Schmitt, in den 1920er-Jahren, »beruht darauf, dass nicht nur Gleiches gleich, sondern, mit unvermeidlicher Konsequenz, das Nichtgleiche nicht gleich behandelt wird. Zur Demokratie gehört also notwendig erstens Homogenität und zweitens – nötigenfalls – die Ausscheidung oder Vernichtung des Heterogenen.«[5]

Die Guten dürfen mitmachen, die Bösen bleiben draußen. Die neuen Autokratien sind defekte Demokratien, ihre Herrscher sind defensive Nationalisten. Sie haben nicht nur äußerlich den Feind ausgetauscht – vom Juden zum Moslem –, der Prozess bildet sich auch im Inneren ab. Es geht nicht mehr darum, andere Länder zu überfallen, nicht mehr um größenwahnsinnigen Imperialismus, es geht um das Gegenteil: um die Verteidigung des Eigenen aus einer Defensive gegen eine Welt, die aggressiv und böse ist und vor der man sich und das Eigene schützen muss. »Es ist ein Nationalismus der Beleidigten, der Unglücklichen, der Bedrängten«, schreibt der russische Philosoph Boris Groys.[6] Carl Schmitt nannte es »die Unsicherheit der Zeit und ihr tiefes Gefühl, betrogen zu sein«.[7] Darum will Viktor Orbán Zäune errichten und Trump Mauern, es sind harte Markierungen, scharfe Scheidungen aus ihrer Sicht in Zivilisation und Barbarei. Dem zur Mobilität verdammten, heimatlos gewordenen Festungsbewohner der sogenannten Ersten Welt steht auf der anderen Seite der Geflüchtete auf dem Meer gegenüber, heimatlos, auf der Suche nach dem gelobten Land, das die Zäune hochgezogen hat. Je entgrenzter die Welt, desto höher die Mauern. Der emotionale Heimatverlust der Festungsinsassen in Europa oder den USA entspricht dem physischen Heimatverlust der Geflüchteten. So wird der Fremde notwendig zum Eindringling, der bekämpft werden muss, will man ihm nicht zum Opfer fallen.

Rechtes Denken lebt hauptsächlich von Verschwörungsmythen. Zwei sind derzeit besonders beliebt. Zum einen der »Große Austausch«: Es ist der entscheidende Begriff. Ein Wort, das der französische Rechtsintellektuelle Renaud Camus geprägt hat und dem er ein ganzes Buch gewidmet hat: *Revolte gegen den Großen Austausch*. Sellner hat ein Nachwort für die deutsche Ausgabe geschrieben. Der Große Austausch ist ein Verschwörungsmythos, der besagt, dass europäische Völker von Konzernen und Politikern durch eine muslimische Masseneinwanderung ausgetauscht würden, um Europa zu schwächen. Damit ist der »wahre Feind«, wie Sellner schreibt, gefunden: die sogenannten Austauscher. »Dazu gehören nationale und internationale Konzerne, die sich durch das Fehlen von Einwanderungsgrenzen eine Lohnkostenminderung und vom Abbau ethnokultureller Gemeinschaften eine Erleichterung ihres Wirtschaftstreibens erwarten.«[8] Eine These, die in den vergangenen Jahren salonfähig geworden ist. Auch AfD-Leute, die sich mit diesen Worten zurückgehalten haben, sprechen sie mittlerweile aus. Ergänzt wird der Große Austausch vom Mythos des »Great Reset«, wonach eine jüdische Elite auf Kosten der sogenannten Normalbürger eine überstaatliche Weltregierung installieren will. Zu den Verdächtigen gehören: der Philanthrop George Soros, Microsoft-Gründer Bill Gates und Klaus Schwab, Gründer des Weltwirtschaftsforums in Davos. Die apokalyptische Paranoia gehört heute zur Popkultur. Man sieht es am Erfolg von *The Walking Dead* und jeder zweiten Netflix-Serie.

Tatsächlich ist die muslimische Bevölkerung Europas schnell gewachsen, von 300 000 im Jahr 1950 auf rund 35 bis 53 Millionen inklusive Russland, also 5 bis 8 Prozent der Gesamtbevölkerung.[9] Aber selbst wenn die Zuwachsraten so blieben: Laut dem Migrationsexperten Doug Saunders wäre es schlicht unmöglich, dass Muslime im Jahr 2050 mehr als 9,5 Prozent der europäischen Bevölkerung stellen, selbst dann, wenn aus islamischen Ländern weiterhin überdurchschnittlich viele Zuwanderer kämen und die hiesigen Geburtenraten so niedrig blieben wie sie seit Jahren sind. Das gilt auch, wenn »die Integration für die Muslime weiterhin ein langsamer und schwieriger Prozess bleibt«. Ausgerechnet in Deutschland, der Heimat von mehr als zwei Millionen türkischer Einwanderer, zeigt sich das besonders deutlich: 1970 hatten die Türken in Deutschland noch 4,4 Kinder, Biodeutsche gerade einmal zwei. Heute haben sie im Schnitt 2,2 Kinder; Türken der zweiten Generation liegen nur knapp über dem niedrigen deutschen Wert von 1,4 Kindern. Saunders' Fazit: Die Einwanderer passen sich an: Binnen einer Generation entsprechen ihre Geburtenraten denen der Einheimischen.[10]

Indem sich die Identitären und mit ihnen große Teile der Neuen Rechten zu einer letzten Generation emporschwingen, die den Großen Austausch noch verhindern kann, muss buchstäblich alles getan werden, um den Untergang Europas zu verhindern.[11] Der bevorstehende Austausch gibt Rassisten die Fiktion, sich zu Selbstverteidigungs-Kämpfern der letzten Tage stilisieren zu können.

DER EWIGE ANTISEMIT –
BEGEGNUNGEN MIT HORST MAHLER

Im Sitzungssaal 5 des Landgerichts Potsdam haben Staatsanwalt und Verteidiger gerade ihre Plädoyers gehalten. Der Staatsanwalt fordert vier Jahre und acht Monate Haft wegen Volksverhetzung und Leugnung des Holocausts. Die Verteidigung plädiert auf Freispruch. Der Angeklagte hat das letzte Wort. Dafür hat Horst Mahler insgesamt fünf Sitzungen à drei Stunden anberaumt. 15 Stunden in eigener Sache. Bei seiner letzten Verurteilung 2009, auch wegen Volksverhetzung, dauerte sein Schlussplädoyer 44 Stunden.[12] Aus dem Gerichtssaal verschickte er damals Flugschriften und CDs mit antisemitischem Inhalt und zeigte sich danach selbst an. Noch während des Prozesses erhob die Staatsanwaltschaft neue Anklagen wegen Volksverhetzung.

So aggressiv wirkt Mahler heute, im März 2023, nicht mehr. Er ist jetzt 87 Jahre alt und hat gerade wieder einmal zehn Jahre Haft hinter sich, in der Zeit mussten Ärzte seinen Unterschenkel wegen einer Sepsis amputieren. Im Zuge dieses Eingriffs war er nach Ungarn geflohen. Von dort aus hatte er mit seiner Frau telefoniert, so konnten die Behörden ihn orten und zurückholen.

Als die Richterin ihm jetzt in Potsdam das Wort zum Schlussplädoyer erteilt und er zu sprechen beginnt – mit pointiertem Sinn für Dramaturgie, Pausen und Zuspitzung –, ist sein Sendungsbewusstsein, sein Ehrgeiz, besser zu sein als alle anderen, noch immer spürbar. Dieses Feuer, den Gerichtssaal zu seiner

Bühne zu machen, ist erkennbar. Inhaltlich geht es wild durcheinander: von Jahwe, dem Gott des Alten Testamens, über die »Judenheit«, wie er immer wieder sagt, natürlich zu Hegel, immer wieder zu Hegel, seinem Philosophen-Gott. Der Staatsanwalt guckt teilnahmslos in die Luft in Erwartung zäher Stunden und Tage. Mahlers Verteidiger versucht zu wirken, als verstehe er den Monolog. Sein Scheitern hatte er schon zuvor im Prozess eingestanden, aber offenbar ist er gewillt, es noch einmal zu versuchen. Der Sanitäter, der den Angeklagten in den Gerichtssaal hinein- und wieder hinauszuschieben hat, tut, was er immer tut: Er knüpft Freundschaftsbändchen aus bunten Plastikfäden. Nach einer knappen Stunde Referat lassen Mahlers Kräfte nach, er beantragt eine Pause und dann noch eine. Die Richterin beendet schließlich den Prozesstag. Kommende Woche soll es weitergehen. Der Sanitäter schenkt mir ein Freundschaftsbändchen und schiebt Mahler aus dem Saal.

Draußen schaut er mich aus seinem Rollstuhl heraus an, überlegt, wo er mich hinpacken soll. Ich sage: »Wir kennen uns. Wir standen vor vier Jahren in einem Briefwechsel über das Böse und ich habe Sie anschließend in der Haft besucht.« Mahler sagt fast euphorisch, er freue sich, mich zu sehen. Am selben Abend schickt er mir eine E-Mail und ruft mich kurz danach an. Er habe gerade noch einmal unsere Briefe gelesen und darin ein Zitat des jüdischen Philosophen Martin Buber gefunden, das ihn entlasten könne: »Das Judentum lehrt nur das Nein zum Leben, vielmehr ist es dieses Nein und nichts mehr. Darum ist es den Völkern ein Grauen geworden.« Wenn ein Jude so etwas über Juden schreibe, dann sei das doch entlastend für ihn. Ob er diesen Brief im Gericht vorlesen dürfe, um zu erreichen, dass ich als sein Entlastungszeuge gehört werde? Ich solle ihm bis spätestens morgen Bescheid sagen. Ich lehne dankend ab, ich weiß nicht einmal, ob er Buber richtig zitiert. Zum nächsten Prozesstag kommt es nicht mehr. Ein gerichtsmedizinischer Gutachter bestätigt, dass Mahler für längere Zeit verhandlungsunfähig ist. In einem halben Jahr soll er erneut untersucht werden.

Horst Mahler. Rechtsanwalt, Terrorist der Roten Armee Fraktion, NPD-Verteidiger, schließlich, und immer wieder, Holocaustleugner. Eine historische Ausnahmeerscheinung, in der sich das Deutschland des 20. Jahrhunderts mit all seinen Abgründen selbst erkennen könnte. Ein Wanderer, Konvertit, Renegat, von ganz links nach ganz rechts und weit darüber hinaus. Heute ist Mahler Rechtsextremist, ein »Reichsbürger«. Er gilt als Erfinder dieses Wortes. Am ersten Tag des Prozesses antwortete er auf die Frage nach seiner Staatsangehörigkeit: Deutsches Reich.

Als ich Mahler im Frühjahr 2018 in die Justizvollzugsanstalt Brandenburg an der Havel schrieb, mein Vorhaben skizzierte und ihm einige Fragen zu ihm, seiner Biografie und dem Bösen stellte, antwortete er nur wenige Tage später. Der erste Satz seines Briefs lautete: »Sie muten mir zu, mit einem Blinden über die Schönheit der Farben zu sprechen. Dafür bin ich nicht zu haben«, um auf den folgenden vier Seiten doch auf alle meine Fragen zu antworten.

Knapp neun Monate später kommt es nach mehreren vergeblichen Anläufen zu einem Treffen in der JVA. »Entschuldigen Sie, wenn ich sitzen bleibe«, sagt der Gefangene mit der Nummer 746/09 in seinem Rollstuhl im Besucherraum. Sein Blick ist klar, konzentriert, er räuspert sich oft und laut, manchmal nuschelt er leicht, in anderen Momenten muss er nachfragen, er hält sich dann die Hand ans Ohr und kneift die Augen zusammen. Er hat hier ein Buch geschrieben, es trägt den programmatischen Titel *Das Ende der Wanderschaft* und strotzt vor Antisemitismus. Auf einem USB-Stick hat er es rausgeschmuggelt, ein Freund hat es im Selbstverlag veröffentlicht. Daraufhin nahm ihm die Anstalt seinen Computer weg. Jetzt schreibt er weiter auf

Schreibmaschine, vor allem Briefe. Mahler sieht die Wasser-flasche, die ich aus dem Besucherautomaten der JVA mitgebracht habe. »Sagen Sie, das Wasser – ich habe etwas Schwierigkeiten mit der Stimme.« Ich biete ihm die Flasche an, er öffnet sie, nimmt einen Schluck und fragt fast fürsorglich: »Und Sie? Haben Sie keinen Durst?«

Mahler wird 1936 in der schlesischen Stadt Haynau geboren. Seine Eltern sind glühende Nazis, sein Vater Willy, ein Zahnarzt, war die meiste Zeit NSDAP-Mitglied. Bis heute spricht er von dieser Zeit als einer fast schon verkitscht heilen Welt: »Hitler war in der Zeit und der Atmosphäre, in der man groß geworden ist, der Gott. Das wird man heute versuchen, unter den Tisch zu fegen. 95 Prozent der Deutschen haben die Hitler-Diktatur nie als Diktatur, nie als Gewaltherrschaft, sondern als eine Art Wohl-fühl-Diktatur erlebt.« Mahlers Vater stirbt, als der Sohn 13 Jahre alt ist, er nimmt sich das Leben, »zerbrochen an der Niederlage des Deutschen Reiches«.[13]

Mahler lässt nichts aus: In der DDR tritt er der FDJ bei, im Westen wird er Stipendiat der Studienstiftung des Deutschen Volkes. Er wird Anwalt für Wirtschaftsrecht und SPD-Mitglied, heiratet eine Kommilitonin, bekommt mit ihr zwei Kinder. Er verteidigt die Außerparlamentarische Opposition (APO) um Rudi Dutschke und Andreas Baader, auch Beate Klarsfeld und Gudrun Ensslin, und wird 1970 selbst wegen Bankraubs verur-teilt. Ob und wie Mahler an der Tat beteiligt war, konnten die Gerichte nie einwandfrei nachweisen.[14] Der spätere Innenminis-ter Otto Schily ist damals Mahlers Verteidiger, er hält ein empha-tisches Schlussplädoyer. Mahlers Rede fällt kürzer aus: »Hier ist kein Schlusswort zu halten. Mit der bürgerlichen Justiz muss end-gültig abgerechnet werden. Mit den Bütteln des Kapitals redet man nicht, auf die schießt man.«[15] Mahler muss damals für 14 Jahre ins Gefängnis.

Er sah sich stets im Krieg gegen den Staat. Der Staat war das Böse schlechthin. Ich frage ihn in der JVA, ob es etwas Übergeordnetes gebe, von dem er sagt, dagegen habe er ein Leben lang gekämpft? »Gegen Unfreiheit. Das ist das Prinzip des Lebens. Das, was ist, soll so bleiben, wie es ist. Das ist der Selbsterhaltungstrieb. Und dann heißt es aber, nichts kann so bleiben, wie es ist, das ist die Unfreiheit. Also ist es Kampf. Das ist notwendig.« Er steht damit allein. Die meisten würden andersherum argumentieren: Die Freiheit könnte auch darin bestehen, dass nichts so bleiben kann, wie es ist, während Unfreiheit bedeuten würde, dass sich nichts ändert.

Dann kommen wir auf das Böse. Der Jude ist der Feind der Deutschen, da ist Mahler sicher. Aber nicht etwa »weil er Geld hat oder mit Geld Unfug macht«. Er fängt da lieber bei Adam und Eva an, genauer im Alten Testament. »Wenn dieser Gott Jahwe als der Ursprung des Gedankens des Völkermordes in der schrecklichsten Form in der Bibel offenbart wird, was will ich mich denn dann noch schämen, wenn man dem deutschen Volk Völkermord vorwirft? Da stimmt doch was nicht. Wer wirft uns das vor? Und zwingt uns, das zu glauben?« Das bedeutet: Wenn das Böse von einem jüdischen Gott ausgeht, dann ist das Böse, die Vernichtung der Juden, ein Programm, das sich die Juden selbst zuzuschreiben haben. Mahler sagt: »Ja, sie sind arme Schweine, dass sie diese Rolle in der Weltgeschichte spielen.« Bis heute nennt er Juden die »abstrakte Negation, auf welche die Völker ihrerseits nur ebenso abstrakt mit Hass bis hin zum Pogrom antworten konnten«.

Und was brauchen wir nun heute? Auch einen neuen Führer? »Diese Frage wird die Geschichte beantworten. Die Führergestalt in einer solchen Wendesituation ist eine Notwendigkeit. Und die Gestalt dieses Führers gibt es heute schon.« Wenn die Wende und die neue Führergestalt kommen werden, muss es dann neue

Opfer geben? Mahler nimmt die Flasche, trinkt einen großen Schluck, verschließt sie und stellt sie zurück auf den Tisch: »Die Gewaltsamkeit der Revolution ist immer ein Zeichen ihrer Unreife. Im Vergleich zur Französischen Revolution war die deutsche Revolution eine reife Erscheinung. Es gab zwar ein paar Tausend Tote. Aber sie war eben nicht die Gewaltherrschaft.« Die sechs Millionen toten Juden gab es also nicht? »Das weiß ich nicht. Ich war nicht dabei. Und ich weigere mich, etwas zu glauben, von dem ich mich nicht überzeugen kann«, sagt er. Und dann: »Das ist schon wieder strafbar alles. Das ist mir völlig wurscht. Irgendwann muss Schluss sein.« Er lässt diesen Satz im Raum nachhallen und guckt still vor sich hin.

Damals, 1978, wird Juso-Chef Gerhard Schröder Mahlers Anwalt und erstreitet später vor Gericht dessen Wiederzulassung als Rechtsanwalt.[16] Mahler steht kurzzeitig der FDP nahe. 1997 nennt er in seiner Laudatio zum 70. Geburtstag des rechtskonservativen Philosophen Günter Rohrmoser Deutschland erstmals ein »besetztes Land«, zeigt sich genervt von der »Schuldknechtschaft« der Deutschen und nennt Holocaustleugner »Menschen guten Willens«. In den Jahren danach geht seine Radikalisierung zügig voran. 2003 fügt er seinem alten Weggefährten Otto Schily eine große Wunde zu: Schily will als SPD-Innenminister die NPD verbieten lassen. Mahler ist der Verteidiger der NPD, er ist selbst Mitglied geworden. Das Verbotsverfahren scheitert, da etliche V-Männer von Landesverfassungsschützern in wichtigen Positionen der NPD platziert worden waren.[17] Danach tritt Mahler wieder aus der Partei aus, weil sie ihm nicht radikal genug ist.

»Ich bin mir immer treu geblieben« ist ein Satz, der immer wieder im Besucherraum der JVA fällt. Mahler sieht sich nicht als Renegaten, Konvertiten oder was auch immer für das politische Fußvolk da unten gelten mag. »Links und rechts – das sind Totschlagswörter. Das ist Ausdruck eines geistigen Bürgerkrieges«, sagt er.»Ich sage, was ich denke, und sehe keine Möglichkeit, das zu verschweigen. Die Konsequenzen sind mir klar. Aber so lebe ich noch.«

Horst Mahler ist toxisch. Im Lauf der Zeit habe ich versucht, viele seiner älteren Weggefährten für ein Gespräch zu gewinnen. Gerhard Schröder schleudert mir am Rand einer Veranstaltung an den Kopf, er dürfe nichts sagen, das unterliege dem Anwaltsgeheimnis. Otto Schily, einst sein emphatischer Verteidiger, lässt ausrichten, er habe alles gesagt zu Mahler, der sei eine tragische Figur. Hans-Christian Ströbele, der mittlerweile verstorben ist, antwortet mit einer Ein-Satz-Mail: An anderer Stelle habe auch er alles gesagt.»Berührungsängste«, sagt Mahler.»Wer sich mit mir zeigt, muss fürchten, dass er dann ins Abseits gerät.« Er kann das auseinanderhalten:»Die haben nichts gegen mich persönlich.«

Schröder und Schily sind wie viele andere Linksradikale jener Zeit nach und nach konservativer geworden. An Schily lässt sich das besonders deutlich zeigen: Er ist selbst ein Wanderer – von den Grünen zur SPD – und konnte als Innenminister schließlich zum konservativen Hardliner werden, der sich mit Schlagstock und Polizeihelm fotografieren ließ. Darum hat er vielleicht mehr Grund, seine Vergangenheit stummzuschalten. Er möchte mit sich nicht mehr viel zu tun haben.

Vielleicht kommt man tatsächlich weiter, wenn man Mahlers Weg in seinem Sinne sieht, nicht als Bruch, sondern als Konsequenz. Wenn man Mahler für einen Augenblick folgt, seine Brille aufsetzt, ohne sie zu seiner eigenen zu machen, und sich fragt: Was wäre, wenn er recht hätte mit dem, was er selbst zu Protokoll gegeben hat:»Es ist eine Entwicklung, die sich aus sich selbst heraus bewegt und zu neuen Einsichten führt, ohne dass das eine Wandlung ist. Ein bestimmendes Erlebnis, das lange Zeit vorhält, wahrscheinlich bis zum Lebensende.«[18] Diese Optik könnte eine sehr aktuelle sein, weil sie auch die aktuellen Querfront-Bestrebungen zwischen ganz links und ganz rechts neu wahrnehmen lassen könnte: Schon in den 1960er-Jahren sprachen Mahler und andere linke Aktivisten von der Demokratie als einer gigantischen Manipulationsmaschine. Meinungen würden unterdrückt durch den Staat und die Springer-Presse. Heute sind die Mainstream-Medien und die sogenannte Wokeness schuld, aber die Sündenböcke sind austauschbar. Sowohl damals wie heute war Mahler sicher, dass der Untergang unmittelbar bevorstehe – damals wie heute war es der Kapitalismus, der angezählt sei, Rudi Dutschke sprach von seiner »Niedergangsperiode«.[19] Was damals »Imperialismus des Kapitals« hieß, heißt heute »Globalisierung«. Aus Mahlers »Geldsack« von damals wurde der »Mammon«. Die Verachtung des Kapitalismus ist auch so eine Konstante, die den linken mit dem rechten Mahler verbindet. Kapitalismus setzt er damals wie heute gleich mit den USA. Der Antiamerikanismus der 68er ist ähnlich prominent wie der Antiamerikanismus der Rechtsextremen heute. Die Vereinigten Staaten als Einwanderungsland und damit Zerstörer jeder nationalen Identität, die jeden Weg jenseits des Kapitalismus verhindern. So fühlt sich Mahler existenziell von den USA bedroht. Schon 1972 hatte er von einer »Symbiose von Zionismus und Imperialismus« zwischen Israel und den USA gesprochen. Das Judentum im Zusammenspiel mit dem verhassten Liberalismus und den USA, insbesondere ihrer Ostküste, wo Mahler das Kapital beheimatet sieht, dessen Strippenzieher die Juden sind. Zu ihrem Wesenskern gehört, »in einem zweiten Gebiet die Fäden zu ziehen und der eigentliche Herrscher hinter den Herrschern zu sein«.[20]

Geld ist der weltliche Gott der Juden und ihr einziges Machtmittel. Im Grund sind die Feindbilder von damals geblieben, sie haben eben nur einen neuen Anstrich bekommen – nämlich völkisch-nationalistisch. Geblieben ist auch die Verbitterung über ehemalige Nazis, die schnell in der Bundesrepublik aufgestiegen seien. Damals war es Ausdruck der faschistischen Kontinuität Deutschlands, heute sieht Mahler Leute wie Hanns Martin Schleyer als »Handlanger der Besatzungsmacht«.[21] Selbst das Vorgehen der RAF hält er nur noch aus taktischen Gründen für falsch, weil man gegen das Volk gearbeitet habe. Das soll heißen: Die Befreiung des deutschen Volkes durch Mord ist in Ordnung, solange man den Willen dieses sogenannten Volkes hinter sich hat.

Mahler hat sich eingerichtet. Seine Melange aus Hegel, Judenhass und kruder Exegese des Alten Testaments macht ihn unerreichbar. Im Grunde hat sich gar nicht viel geändert im Vergleich zu damals, als er Linksextremist war. Immer stand über ihm eine Ideologie, immer war er ohne jeden Zweifel überzeugt von dem, was er gerade dachte und sagte. An Hegel liebt er den Gedanken, dass nur der Widerspruch zu einer Wahrheit führe. Er wirkt wie ein Vorwand, um einfach alles behaupten zu können. Das führt in seltsame Sackgassen: Wenn es der Kampf zwischen dem Neuen und dem bewahrenden Prinzip ist, in dessen Verlauf sich das Neue immer durchsetzt, um den nächsten Widerspruch zu ermöglichen – warum lässt er diesen Widerspruch dann nie gelten? Warum sieht er in allem, was widersprüchlich und nicht identisch mit seiner Idee eines homogenen Deutschtums ist, eine Gefahr, das Böse? Darauf gibt es wohl keine Antworten. Mahlers Mauern sind zu hoch, sein inneres Gefängnis zu abgeschlossen. Am Ende gibt man ihn verloren, wie man einen Wahnsinnigen verloren gibt, dessen größtes Glück offenbar darin bestehen müsste, dass ihm nicht zu helfen ist.

FEINDE MACHEN ANGST –
ANGST MACHT FEINDE

Im Juli 2023 ist Martin Sellner im Café Weimar unentschieden beim Thema Horst Mahler. Er sieht ihn als Verbündeten und will ihn nicht vor den Bus werfen. Dennoch weiß er, dass mit dessen Judenhass kein Blumentopf mehr zu gewinnen ist. Zur NS-Zeit sagt er: »Wenn man ein ehrlicher Mensch ist, kommt man nicht drum herum, dass es eine Vernichtungswelle gab.« Dass Mahler sich bei der Leugnung des Holocausts auf Meinungsfreiheit beruft, findet Sellner in Ordnung. »Wenn es Meinungsfreiheit gibt, dann kann man deshalb nicht einen Menschen einsperren. Ich weiß, dass 90 Prozent des Mainstreams mich genauso ablehnen wie ihn.« Beide verbindet, dass sie Verschwörungsmythen anhängen und eine rein deutsche, österreichische oder – in großzügigeren Momenten – europäische Identität wollen. Koste es, was es wolle. Beide brauchen den Feind – ohne ihn wären sie nichts.

Der Erfolg der Rechtsextremisten, den wir heute in vielen Ländern Europas erleben, hat auch mit dem zu tun, was in der Zeit passiert ist, in der ich Sellner immer wieder getroffen habe. Er ist ein Spiegel der Zeitläufte – auch mein Spiegel, so fremd das erscheinen mag. Selbst wenn Sellners Stern derzeit zu sinken scheint, ist das ein Erfolg für ihn und die rechtsextreme Szene. Wenn Leute, die den metapolitischen Raum beherrschen, an den Rand rücken, zeigt dies nur, dass ihre Arbeit getan ist, weil das, was sie sagten und dachten, in den parteipolitischen Raum vorgedrungen ist – und damit ein Stück weiter in den Mainstream. Sellners Thesen aus dem Jahr 2018, als wir uns erstmals trafen, waren in rechten Parteien wie der AfD damals ein Tabu – zu extrem, nicht mehrheitsfähig. Heute ist die Partei so weit an den rechten Rand gewandert, dass das, was damals noch subversiv war, inzwischen rechter Mainstream ist.

Sellner ist ein Spiegel des Extremismus, er ist ihre Avantgarde. Am Ende unseres ersten Treffens saßen wir auf seinem Balkon und tranken Kaffee. Ich fragte ihn damals, was wäre, wenn er sein Ziel erreicht hätte? »Dann würde ich in den Wald gehen und Heidegger lesen.« Heidegger ist sein Leib- und Magenphilosoph, der vielleicht größte Philosoph des 20. Jahrhunderts mit dunklen Abgründen: lebenslang Antisemit. Der Wald ist kein Zufall, er ist das Symbol der Neuen Rechten. Seit der Romantik steht er für das Dunkle, Unzivilisierbare, das Wilde, ist der Ort des Rückzugs. Immer ging es den Rechten darum, eine idealisierte, verklärte Vergangenheit in einer beschworenen Zukunft wiederholen zu können.

Würde Sellner heute den parteipolitischen Weg wählen, könnte er Erfolg haben. Dass er den Einpeitscher geben kann, hat er immer wieder bewiesen. Auf dem Urban-Loritz-Platz in Wien 2016 zum Beispiel, bei der damaligen Großdemo der Identitären, brüllt er ins Mikrofon, so laut, dass der Sound aus den Boxen verzerrt wird. Sellner bittet Franzosen und Italiener, näher heranzukommen, damit sie mehr von Wien sehen. Dann brüllt er: »From Paris to Rome, refugees go home«, er brüllt es viermal hintereinander, bis die Meute geschlossen mitbrüllt.[22] Der österreichische Autor David Schalko schrieb wenige Tage danach: »Man hat seinen Goebbels studiert.«[23]

Damals war Brittany Pettibone seine Freundin, eine amerikanische Alt-Right-Aktivistin und Trump-Unterstützerin. Heute ist sie seine Frau, sie haben einen eineinhalbjährigen Sohn. Er zeigt jetzt gerne Fotos von ihm. Die gemeinsame Hochzeit in den USA war geplatzt, die Amerikaner ließen Sellner nicht ins Land. Der Grund: eine 1500-Euro-Spende des Australiers Brenton Tarrant, der am 15. März 2019 in eine Moschee in Christchurch, Neuseeland, eingedrungen war und fünfzig Gemeindemitglieder getötet hatte. Sellner stand ein halbes Jahr mit ihm in Kontakt, Tarrant wollte ihn in Österreich besuchen. Bei seiner Tat berief er sich auf den Großen Austausch.

Das war 2019. Seine Aktie schien zusammen mit jener der rechten Parteien an Wert zu verlieren: Banken geben ihm bis heute kein Konto mehr – und wenn, schließen sie es nach wenigen Wochen wieder. Er würde gerne umziehen, aber er kann nicht. Es ist schwer geworden für ihn, eine Wohnung zu finden. Mit seiner Frau und einem seiner Brüder lebt er in einem Haus in seinem Geburtsort bei Wien. In allen sozialen Netzwerken ist er gesperrt. Als wir uns erstmals trafen, hatte er über 100 000 Abonnenten auf YouTube, auf Twitter über 40 000. Als Elon Musk sich zum Chef von Twitter, heute X, machte, hoffte Sellner auf ein Comeback. Er stellte einen Antrag auf Reanimation seines Accounts, den X ablehnte. Das ist eine Ohrfeige, schließlich hatte Musk zahlreiche zuvor gesperrte rechte Accounts, insbesondere die von Neonazis, wiederhergestellt.[24] Die Plattform rückte spürbar nach rechts. Musk ist eine Art erfolgreiche Version des »Aktivist Mann« aus Hüllhorst, der bei Sellners Identitärentreffen in Berlin dabei war – libertär, stets für Meinungsfreiheit, aber eigentlich nur dann, wenn diese Meinung seine ist. Wenn jemand auf Instagram ein Foto von Sellner postet oder nur sein Name in den Captions erscheint, löschen die Algorithmen den Post sofort. Er kommuniziert ausschließlich über *Telegram*, der Kloake unter den sozialen Netzwerken – ein Ort, an dem nur Leute ihr Unwesen treiben, die alle anderen Plattformen zum Teufel gejagt haben, weil das, was sie sagen, jenseits des Sagbaren liegt. Es ist die Heimat der Unmöglichen und Wahnsinnigen, die nichts mehr zu verlieren und noch weniger zu gewinnen haben. Es ist die Heimat von Attila Hildmann und Michael Wendler. Dort, auf *Telegram*, folgen Sellner rund 60 000 Menschen. Insgesamt hat er etwa zwei Drittel seiner Follower verloren.

In Frankreich, dem Geburtsland der Identitären, ist die Bewegung inzwischen verboten, in Österreich nur ihr Symbol, das Lambda-Zeichen. Der elfte Buchstabe des griechischen Alphabets, er ähnelt dem Symbol der SA im Dritten Reich. Lange sah es so aus, als ginge es den Identitären auch hier an den Kragen. Sie standen im Verdacht, eine kriminelle Vereinigung zu sein. Aber dann wurden sie Anfang 2019 in zweiter Instanz freigesprochen. Der Vorsitzende Richter des Oberlandesgerichts Graz sagte im Zuge des Urteils:»Wir haben es hier mit einem Grenzfall zu tun. Agitation ist als Hetze zu verstehen, aber auch als politische Propaganda. Dazwischen ist ein fließender Übergang. Wir sehen die Grenze noch nicht überschritten.«[25] Beobachter hatten von Anfang an befürchtet, dass ein Freispruch Rechtsextreme stärken könnte. Sellner feierte das Urteil in einem YouTube-Video noch am selben Tag als Sieg der Meinungsfreiheit.[26] Tatsächlich wäre eine Verurteilung einem Gesinnungsstrafrecht gleichgekommen, auch Greenpeace wäre so im Handumdrehen als kriminelle Vereinigung einzustufen. Die Bösen verbieten, ohne den Guten zu schaden – so einfach geht das auch nicht.

Aus der Corona-Debatte war zunächst auch kaum Profit zu schlagen. Die Widersprüche waren zu groß: Lockdowns und Grenzschließungen, eigentlich ein Herzensanliegen der Rechten, durchgeführt von liberalen Regierungen. Es muss traumatisch sein, als Extremist vom durchschnittlichen Mitte-Mainstream derart frech autoritär überholt zu werden. Ein Impfregime bis hin zu Impfpflicht-Überlegungen ist doch genau das, was eine patriotisch-nationale Truppe mit ihrem Volk machen sollte, um es zu schützen. Bei einem Treffen im Mai 2022 tut sich Sellner schwer mit dem Thema – er habe die Corona-Proteste unterstützt, aber nur teilweise. Er sei sicher, dass es Corona gebe. Die verschwörungsmythologischen Angebote, die dazu auf dem Markt sind, gefallen ihm augenscheinlich nicht. Er habe Corona ja selbst gehabt, wisse, wie sich das anfühlt. Geimpft ist er nicht, sowieso sei er eigentlich gegen nichts geimpft, sein Vater, ein homöopathischer Arzt, habe das schon immer abgelehnt. Darum sei er auch jetzt eher aus einem freiheitlichen Aspekt gegen die Maßnahmen gewesen: »Internationale Technokraten bestimmen unsere Gesundheitspolitik, aber es gibt Bereiche, in denen der Staat nichts zu suchen hat. Es gibt auch ein Recht auf Selbstschädigung.« Der Mann, der einmal zu mir sagte, soziale Medien müssten wie Waffen behandelt und verboten oder für für die Mehrheit drastisch eingeschränkt werden, macht sich hier plötzlich zum Anwalt der Freiheit.

Dann kam der Ukraine-Krieg. Sellner hält sich bei dem Thema bis heute zurück, ist aber schon kurz nach Kriegsbeginn zuversichtlich, dass die Zeit für ihn und seine Leute spielen wird: »Es wird eine materielle Verschärfung geben, es wird einen Rückfall in eine Deglobalisierung geben, Getreideausfälle, einen Realitätsschock in ganz Europa.« Inflation, Heizungsangst und mehr Geflüchtete im Zuge des Kriegs haben auch der AfD seither sehr geholfen – und das, obwohl Rechte anscheinend treu an Putins Seite stehen. Das Argument dafür bleibt vorhersehbar ethnozentristisch: Wenn wir's warm und gemütlich haben wollen, sind wir auf Putin angewiesen. Darum gebt ihm, was er will, und macht dafür Frieden mit ihm. Dabei ist das rechte Lager hier durchaus gespalten: Es sind Koalitionen entstanden, die kaum denkbar waren. Die disparaten Lager pulverisieren das sicher geglaubte Gut-Böse-Gefüge.

Sellner sagt: »Putin war immer eine Art Idealfigur der Rechten – ein starker, autoritärer Führer«, zumal er enge Kontakte zu Rechten in ganz Europa hielt und sie auch mit Geld unterstützte.[27] Als er seine Invasion mit einer Entnazifizierung der Ukraine begründete, mussten also ausgerechnet Nazis die Bekämpfung von Nazis übernehmen.

So ist Sellner zerrissen zwischen den europäischen Interessen einerseits, die von Putin abhängig sind, wenn wir es kuschelig haben wollen. Auf der anderen Seite steht die befremdliche Tatsache, dass mit Russland ein multiethnischer Staat – der Albtraum der Rechten – die Souveränität eines anderen Landes angreift, das zu Recht um seine nationale Eigenständigkeit kämpft – der Traum der Rechten!

Immer wieder spricht Sellner in diesen Jahren vom wirklichen und unsichtbaren Feind der Rechten. Das sind wichtige Kategorien, um zu verstehen, was sie wirklich wollen. Damit berufen sie sich auf Carl Schmitt. Meine Erfahrung ist: Liest man Schmitt nicht reflexhaft mit spitzen Fingern, als Bösewicht schlechthin, um sich ja die liberalen Hände nicht dreckig zu machen, sondern als Impfstoff gegen den Wahnsinn der Gegenwart, so haben wir eine Landkarte, um von Trump über die AfD bis zu Putin zu navigieren. Schmitt geht davon aus, dass es Politik nur da geben kann, wo es eine Scheidung in Freund und Feind gibt. Es ist eine politische Betriebsanleitung: »Der politische Feind braucht nicht moralisch böse, er braucht nicht ästhetisch hässlich zu sein; er muss nicht als wirtschaftlicher Konkurrent auftreten, und es kann vielleicht sogar vorteilhaft erscheinen, mit ihm Geschäfte zu machen.«[28] Das bedeutet: Ich kann den Islam ablehnen, aber trotzdem mit reichen Ölscheichs in Saudi-Arabien Geschäfte machen. Solange die Bevölkerung dieser Länder dort unter sich bleibt und nicht zu uns nach Europa kommen will, ist alles gut und schön. Fliehen diese Menschen zu uns, droht eine Invasion. Damit sind sie der wirkliche Feind, der uns bedroht.

In dem Moment, in dem sich die Neuen Rechten auf eine Masseneinwanderung, einen Sturm oder auch eine Flut berufen, befinden wir uns in einer apokalyptischen Situation, in der alles erlaubt ist – darum schreibt Sellner vom Kampf und vom Krieg. Dem Feind, dem personifizierten Bösen, schutz- und hilflos ausgeliefert, gilt es, das eigene Land, die Nation, den Kontinent zu retten, koste es, was es wolle. Darum brauchen wir schon jetzt sichtbare Zeichen der Abschreckung in Form einer Remigration – eines von Sellners Lieblingswörtern. Es meint: Deportation. Björn Höcke schreibt in seinem Buch *Nie zweimal in denselben Fluss,* dies könne nur mit »wohltemperierter Grausamkeit« gelingen.[29] »Das heißt, dass sich menschliche Härten und unschöne Szenen nicht immer vermeiden lassen.« Was in der Folge bedeutet, »dass wir leider ein paar Volksteile verlieren werden, die zu schwach oder nicht willens sind, sich der fortschreitenden Afrikanisierung, Orientalisierung und Islamisierung zu widersetzen«.[30] Um es noch einmal klar zu sagen: Das bedeutet die Tötung von allen, die nicht bereit sind, Höckes faschistischen Weg zu gehen. Schon darum sind all die Bekenntnisse zur Gewaltlosigkeit nichts weiter als Heuchelei.

Carl Schmitts Feindgedanke hat aber noch eine andere Pointe, die hilfreich sein kann, um zu verstehen, warum Rechtsextreme das Zerrbild vom bösen Moslem so dringend brauchen. Schmitt sagt, »der Feind ist unsre eigene Frage als Gestalt«. Das heißt, wenn wir uns fragen, wer unser Feind ist – oder besser: wen wir uns als Feind auserkoren haben –, erzählt uns dieser Feind mehr über uns als über sich. »Feind ist nicht etwas, was aus irgendeinem Grunde beseitigt [...] werden muss. Der Feind steht auf meiner eigenen Ebene. Aus diesem Grunde muss ich mich mit ihm kämpfend auseinandersetzen, um das eigene Maß, die eigene Grenze, die eigene Gestalt zu gewinnen.«[31] Das ist eine abgekühlte Idee des Feindes als einem, der hilft, uns selbst zu bestimmen. Nur indem wir ihn anerkennen, uns mit und an ihm messen, ohne ihn zerstören oder erniedrigen zu wollen, können wir näher zu uns selbst kommen. Vor diesem Hintergrund könnten Rechtspopulisten ihre Doppelgänger erkennen – wie sehr sie das islamistische Böse brauchen und wie nah sie ihm schon gekommen sind, ganz besonders den Taliban.

Viele Rechtsextremisten in den USA bewundern die Taliban ganz offen, insbesondere in Internetforen, in denen sich weiße Rassisten treffen, die sich »White Supremacists« nennen und überzeugt sind, dass Weiße anderen Hautfarben überlegen sind. Das verbindet sie mit Sellner und Höcke. Auf dem *Telegram*-Kanal »Proud Boy to Fascist Pipeline« heißt es über die Taliban: »Diese Bauern und minimal ausgebildeten Männer haben darum gekämpft, ihre Nation vom Globohomo [der »globalist-homosexual agenda«] zurückzuerobern. Sie haben die Regierung an sich gerissen, ihre Nationalreligion als Gesetz eingesetzt und Andersdenkende hingerichtet. […] Wenn weiße Männer im Westen den gleichen Mut hätten wie die Taliban, würden wir derzeit nicht von Juden regiert werden.«[32] Was in Afghanistan passiert, ist nur die zugespitzte Version dessen, was rechtsextreme Amerikaner und Europäer sich erträumen. Auch Horst Mahler fand im Besucherraum anerkennende Worte für den Islam: »Das ist eine Religion, eine Weltanschauung, die noch gelebt wird. Und ist gerade deshalb in dieser Radikalität in Deutschland eine kulturfremde Erscheinung.« Besser eine falsche, aber radikale Religion als gar keine.

Die Feindschaft mit dem wirklichen Feind ist also konkret und austauschbar. Bei Mahler sind es die Juden und das, was er die Zinsknechtschaft nennt; bei Sellner ist es der Islam. Darum behaupten viele Rechte: In einer idealen Welt, in der es im Nahen Osten und in Afrika keine Kriege mehr gäbe und keine Fluchtbewegungen, wäre der wirkliche Feind auch passé. Sie wollten doch nur Europa vor einem Eurabien, einer Islamisierung, schützen. Hier geht es um die totale moralische Vernichtung des Gegners.

Neben dem wirklichen gibt es bei Carl Schmitt auch noch den »absoluten Feind«. Darin sehen die neuen Rechten dasselbe wie der Schöpfer des Begriffs: Vieles spricht dafür, dass der absolute Feind Universalismus und Liberalismus sind. Sellner sagt es bei unserem letzten Treffen ohne Umschweife: Der Feind sei »eine totalitäre universalistische Idee eines irdischen Paradieses, man könnte es Globalismus nennen. Also die gesamte Welt als einen rational durchorganisierten Weltstaat einzurichten, dazu die Abschaffung aller Religionen, aller Unterschiede, die Abschaffung letztlich von Mann und Frau auch, weil das alles die totale Gleichheit verhindert.« Der Gedanke geht ins Leere: Der Universalismus, in dieser utopischen Radikalität zu Ende gedacht, könnte gar nicht totalitär werden – er wäre das Gegenteil davon: Er würde eine friedliche Koexistenz aller Geschlechter, Glaubensrichtungen und Geisteshaltungen bedeuten, in der keineswegs alle Menschen gleich wären – das wäre die Hölle –, aber alle mit den gleichen Rechten ausgestattet wären. Wer diese schon hat, dem würde nichts genommen, und wer sie noch nicht hat, der bekäme sie auch. Es wäre mehr für alle und weniger für keinen. Es käme etwas hinzu, ohne dass etwas genommen werden müsste.

Das rechte Denken aber sagt: Der liberale Universalismus nimmt denen Macht, die sie jetzt haben – also weißen Europäern –, und gibt sie anderen, die sie (zu Recht) nicht haben – nichtweißen Nicht-Europäern. Darum ist es auch der Universalismus, der die sogenannte Masseneinwanderung und den

Großen Austausch erst ermöglicht. Darum muss er bekämpft werden – mit allen Mitteln.

Egal ob Islamisierung oder Afrikanisierung – Menschen anderer Herkunft oder Hautfarbe sind nur der Pappkamerad, auf den die Rechten leicht schießen können. Er ist der nützliche Idiot und beste Dämon. Und vor allem: Er ist austauschbar. Nach ihm kommen dann Grüne, Frauen, Schwule, Transgender, weil sie nicht ins klassische Familienbild von Papa, Mama, Kind passen? Oder doch geistig behinderte Menschen, weil sie unsere Sprache noch schlechter sprechen als die Zugewanderten? Oder körperlich behinderte Menschen, weil sie ohnehin nur den Betrieb aufhalten und sich zur Fortpflanzung nicht empfehlen – was sie mit den geistig behinderten Menschen verbindet!? Es geht letztlich um die vollständige Zerstörung der freien, offenen Gesellschaft. Die Panikmache vor der drohenden Masseneinwanderung ist nur der Schlüssel, um die Tür aufzuschließen.

Im Jahr 2016 saß Martin Sellner neben dem Herausgeber des rechten Magazins *Compact*, Jürgen Elsässer, ein weiterer Wanderer von ganz links nach ganz rechts. Unter dem Titel »Die Identitäre Bewegung stellt sich vor« streamten beide fast einenhalb Stunden live auf YouTube. Kurz vor Ende der Veranstaltung gestand Elsässer, als sich die spätere PEGIDA-Bewegung gründete, habe es Überlegungen gegeben, die Proteste PEGADA zu nennen: »Patriotische Europäer gegen die Amerikanisierung des Abendlandes.« Das hat aber nicht geklappt, »weil das Volk das nicht kapiert. Das Volk sieht: Die Islamisierung kann man stoppen, wenn man die Grenzen dichtmacht. Man bräuchte nur einen wie Orbán. Haben wir zwar nicht, aber können wir vielleicht kriegen.«[33] Hier werden Mahler, Sellner und ein paar querfront-treibende Linke dann auf beunruhigende Weise eins: in ihrem grenzenlosen Hass auf den Liberalismus und die USA. Oder wie es Horst Mahler in einem seiner Briefe an mich in – für seine Verhältnisse – bestechender Klarheit formulierte:»Im Kampf gegen die Judenheit sind die Moslems ›geliebte Brüder‹, als anmaßende Zivilokkupanten aber ›feindliche Brüder‹.«

Sellner hat recht behalten: Im Sommer 2023 steht die AfD so gut da wie noch nie zuvor. Die Rechten sind endgültig eine politische Größe in Deutschland. Wenn ich so etwas hätte wie Feinde, dann wären sie es. Weil sie eine Welt wollen, in der ich nicht leben möchte. Sind Rechtsextreme die Bösen? Ich meine, nein. Ich würde noch nicht einmal Hitler als böse bezeichnen. Ich halte ihn für den grauenhaftesten Verbrecher der Geschichte. Aber in dem Moment, in dem wir ihn dämonisieren, brauchen wir ihn – um ihn als das Ferne, das Einmalige ganz weit von uns zu weisen und uns zu versichern, dass wir besser sind. Die entscheidende Frage aber ist: Wie viel Führer-Begeisterung steckt in uns? Sind wir wirklich immun gegen die Verführung durch einen, der uns Rettung verspricht? Leider nicht. Hitler als böse, als kategorial anders darzustellen, entlastet uns davon, dass er einmal die Projektionsfläche deutscher Heilswünsche und -sehnsüchte gewesen ist. Und das wäre grundsätzlich heute nicht anders.

Wenn wir Extremisten wie Sellner oder Mahler zu Feinden erklären, unterwerfen wir uns ihren Regeln und Gesetzen. Wir können sie als Gegner sehen, auch als gefährliche, als Gegner, die wir bekämpfen müssen, wenn wir in einer freien Welt leben wollen. Aber wir sollten sie nicht dämonisieren. So viel Macht haben sie nicht verdient.

Horst Mahler ist wohl anders zu bewerten als Martin Sellner. Mahler denkt, schreibt und sagt ekelhafte und grauenhafte Sätze. Aber er ist nicht mehr anschlussfähig. Seine Wirkmacht ist sehr beschränkt. Die Frage, ob ein 87-jähriger Mann, der seine – wenn auch wahnsinnige – Meinung in die Welt bläst, wirklich noch einmal ins Gefängnis sollte, ist schwer zu beantworten. Vor dem Gesetz sind alle Menschen gleich – unabhängig davon, ob sie eine Millionenreichweite oder drei versprengte Jünger haben, die noch ihre Mails und Briefe empfangen. Das würde dafürsprechen, ihn wieder einzubuchten, wenn seine Gesundheit es noch einmal zuließe. Entscheidend sind das Motiv und die Absicht. Ethisch sieht die Sache anders aus. Einen über Jahrzehnte Unbelehrbaren, der mutmaßlich keinen Schaden mehr anrichten kann, noch einmal einzusperren, halte ich für sehr fragwürdig und unserem Verständnis von Strafe nicht entsprechend. Ändern oder gar bessern wird er sich nicht mehr. Das hat er nun über 50 Jahre bewiesen.

Sellner dagegen ist ein anderer Fall. Seine Reden haben eine populistische Kraft, er kann angreifen, verdrehen, Begriffe besetzen, er versteht, Reichweite zu generieren. Eine Partei, in der er eine Spitzenkandidatur übernehmen würde, hätte möglicherweise Potenzial, weil er die Klaviatur des populistischen, rassistischen Spiels beherrscht. Er ist eher ein anschauliches Beispiel dafür, dass auch bei den angeblich so verantwortungslosen, hass- und emotionsgeilen sozialen Netzwerken ab einer gewissen Stufe des Extremismus eine Grenze erreicht ist. Das haben mir die vergangenen fünf Jahre eindrucksvoll gezeigt. Aber auch Sellners Wirkmacht ist kleiner geworden, seine *Telegram*-Gemeinde stagniert seit einiger Zeit sichtbar. Laut Wikipedia ist er auch nicht mehr Chef der Identitären. Er selbst sagt, das stimme nicht. Linke hätten das reingeschrieben, seien auf einen Scherz von ihm reingefallen.

Was ist also mit Parteien wie der AfD oder dem Rassemblement National, vormals Front National? Sie als böse zu brandmarken, würde sie nur glorifizieren, den Nimbus des Opfers und des Märtyrerhaften verstärken. Ich meine, wir sollten sie entzaubern, indem wir sie widerlegen, wann und wo es geht, in Ruhe und Sachlichkeit und ohne Schaum vor dem Mund. Das Letzte, was wir tun sollten, ist, sie zu kopieren – weder im Stil noch in der politischen Programmatik. Schon die Frage, wer schuld ist an ihren Erfolgen, ist falsch gestellt. Diese Debatten bleiben meist im Vorhersehbaren stecken, dass sich nämlich Regierung und Opposition gegenseitig den Schwarzen Peter zuschieben. Die Ursachen für rechtspopulistische Erfolge liegen ohnehin tiefer. Schnell wird hier auf äußere Anlässe verwiesen: die Finanzkrise, die Flüchtlingskrise, die Pandemie, der Krieg. Eine solche Perspektive übersieht, dass diese Ereignisse nur Haltungen zum Vorschein kommen lassen, die bereits vorhanden waren. Sie sind dann wie ein Ventil. Immer wieder konnten Wissenschaftler zeigen, dass die Mehrheit der rechtsextremen Wähler Modernitätsverweigerer sind.[34] Die Globalisierung ist ihnen unheimlich, sie wirkt nicht als Chance, sondern als Bedrohung. Die Angst vor ihr ist in Frankreich und Österreich am größten – ausgerechnet in den Ländern, in denen die Identitäre Bewegung entstand oder lange die meisten Anhänger hatte. In ganz Europa gilt: je älter die Menschen, desto größer ihre Angst vor Globalisierung. Die Hälfte aller über 56-Jährigen hat Angst vor ihr, aber nur ein Drittel der unter 25-Jährigen. Das Problem ist: Die Angst vor der Globalisierung ist so wenig greifbar wie diese selbst. Sie äußert sich vor allem darin, dass Gewissheiten ins Wanken geraten. Das erklärt auch, warum Wähler rechtsextremer Parteien ökonomisch nicht abgehängt sind, die Wähler der AfD zum Beispiel kommen gleichermaßen aus allen Einkommensklassen.[35] Wo reale Bedrohungen abwesend oder wenig konkret sind, werden Sündenböcke gesucht, weil häufig ein Gefühl der Anerkennung fehlt.

Ich würde weniger von Globalisierung sprechen wollen als von einer Angst vor Verflüssigung: Ältere Menschen – hier vor allem Männer – haben die Sorge, dass ihre Werte und Normen nicht mehr gelten und sich verflüssigen. Als Feind und Dämon haben sie sich darum queere Menschen, Transgender und überhaupt das Gendern ausgesucht. Alles, was sich festen (Geschlechter-)Grenzen und Identitäten entzieht oder sie anzweifelt. Auch der Hass auf Fremde mag daher rühren: Sie sind Sinnbild der Grenzüberschreitung, der drohenden und realen Heimatlosigkeit, die in der entgrenzten Welt jeden treffen kann. Daher kommen Begriffe wie »Flüchtlingswelle« oder »Migrantenschwemme«. Es sind Bilder der Überflutung, also der Wehrlosigkeit, des Ausgeliefertseins. Insofern sind Anhänger rechtspopulistischer Bewegungen auch keine Protestwähler, viele von ihnen sagen offen, dass diese Parteien und ihre Politiker ihre Werte vertreten.

Das zeigt eine eklatante Schwäche des rechtsextremen Denkens: Es kann seiner Natur nach immer nur dagegen sein. Es ist angewiesen auf den bösen Mainstream, den bösen Liberalismus, die bösen Linken. Anschließend versucht es, dieses Denken umzukehren. Wenn alle dafür sind, bin ich dagegen. Das erlaubte es Mahler, im konservativen Nachkriegsdeutschland linksextrem zu sein, im liberalen Deutschland dann rechtsextrem. Das identitäre Moment, das Rechte so vor sich hertragen, haben sie im Grunde selbst nicht – sie sind angewiesen auf den Feind, den sie bekämpfen wollen. Das macht rechtes Denken so vorhersehbar, beleidigt und aggressiv. Als Liberaler kann ich für die größtmögliche Freiheit aller sein, als Linker kann ich für die Rechte der Armen kämpfen, als Grüner mich für Klimaschutz starkmachen und als Konservativer die Werte der Vergangenheit hochhalten. Egal, wo ich stehe, werde ich immer in erster Linie für etwas sein. Rechtsextremismus funktioniert umgekehrt: Es ist immer nur dagegen. Es agiert nicht, es reagiert nur auf einen Feind, den es braucht, um überhaupt zu sein. Rechtes Denken ohne das Böse, ohne die Apokalypse durch fremde Mächte würde in sich zusammenfallen. Götz Kubitschek habe das in der Corona-Zeit »Notfall-Libertarismus« genannt, sagt Sellner. Das trifft es ganz gut, aber anders als von seinem Schöpfer insinuiert: Im Notfall gibt man sich freiheitlich-libertär, um die eigene Opposition aufrechtzuerhalten. »Ich behaupte, dass ich in einer echten Opposition zum Bestehenden bin, ein Revolutionär«, sagt Sellner über Sellner. Sein Kampf gilt dem Bösen, und das ist »die Demokratie-Simulation, in der wir uns befinden«.

Wie also mit rechten Extremisten umgehen? Zunächst ist einzugestehen, dass auch wir, der »Mainstream«, die Liberalen (nicht im parteipolitischen Sinne), Angst vor der Macht der Populisten und ihrer Wähler haben. Auch wir übertünchen diese Angst mit Ablehnung, oft genug auch mit Arroganz ihnen gegenüber. Auch bei mir wird man diese Haltungen finden. Feinde machen Angst, aber Angst erschafft auch Feinde. Angst braucht das Böse.

Wir sollten auf Dämonisierung und Angst eine Antwort liefern. Das heißt: Gefühle ernst nehmen, ohne Menschen aus ihrer Verantwortung zu entlassen. Ängste annehmen und aufzeigen, wo sie nachvollziehbar sind, vielleicht sogar helfen können und wo sie in Hass abzudriften drohen. Dazu gehört auch, »Übergangsfeinde« haben zu dürfen. Wir sind keine reinen Wesen, die stets edel, hilfreich und gut sind. Und wir müssen das auch gar nicht sein. Manchmal können Hassobjekte brauchbar sein, um sich seiner eigenen Abgründe bewusst zu werden. Bisweilen braucht man ein ordentliches Maß an Aggression der Welt gegenüber – nur so kann ich meinen Beruf als Satiriker ausüben.

Zugleich aber ist die Wahl einer rechtsextremen Partei als Lösung auch nicht mit Ängsten der Wähler zu entschuldigen. Wer sich entscheidet, hier ein Kreuz zu machen, entscheidet sich dafür, Extremist zu sein – und muss dafür die Verantwortung übernehmen, eine Partei zu unterstützen, in der Neonazis die erste Reihe bilden. Das ist keine Beschimpfung, sondern die Anerkennung, die sich diese Menschen immer wünschen. Anerkennung der Freiheit ihrer Wahl – und der damit verbundenen Verantwortung. Entschuldigungen dieser Wahl (»Die haben doch nur Angst!«) würde sie zu Kleinkindern machen und ihnen erneut die Anerkennung verweigern.

Wie furchtbar verflüssigt die Verhältnisse selbst im rechtsidentitären Umfeld mittlerweile sind, musste auch ich bei Martin Sellners Berlin-Gastspiel erleben. Eine Frau stürmte irgendwann auf mich zu, sie dürfte etwa Anfang 50 gewesen sein, und fragte mich, wie es für mich sei, den Leuten gegenüberzusitzen, die ich bei der Corona-Demo in Stuttgart 2020 so widerlich verarscht habe? Ich sagte, dass ich diese Leute kennenlernen wolle, darum sei ich ja hier. Jahrelang sei sie in der Jugendarbeit gewesen, habe armen Kindern aus schwierigen sozialen Verhältnissen ins Leben geholfen, darunter auch vielen Migranten. Sie habe immer die Grünen gewählt, als ihr aber aufgefallen sei, dass man in diesem Land nur verarscht werde, habe sie angefangen, die AfD zu wählen. Ich wollte wissen, woran ich merke, dass ich hier verarscht werde. Dafür müsse ich doch nur »Kaufman-Plan« ins Internet eingeben oder »Kalergi-Plan«. Beide sind antisemitische und rassistische Verschwörungsmythen, in denen Deutsche untergehen sollen, mal sind die Juden schuld, mal die eigenen Eliten. Zum Ende wolle sie mir noch ein Gedicht mit auf den Weg geben, da ich ja über das Böse schreibe. Es sei von einem Schweizer Anthroposophen, Albert Steffen, und sie könne es auswendig. Es heiße: »*Von drüben tönt ein Ruf zu mir*«.[36] Die Zeilen, die ich mir merken konnte, drehen sich darum, dass man »wie ein Spiegel« werden solle, »worin der Dämon sich erkennt, das Böse in sich selbst zerbirst«. Ich nickte brav, während mich ihr sentimentaler Kirchentagsblick noch mehr befremdete als ihre Verschwörungsmythen. Sie rief mir zu, ich solle fair bleiben, das müsse sie mir ja sagen, »nach dem, was Sie sich in Stuttgart geleistet haben«.

Als ich gerade gehen wollte, kam sie noch einmal angelaufen

und sagte, die entscheidenden Fragen hätte ich nicht beantwortet: »Wer hat Sie geschickt? Wer sind Ihre Hintermänner?« Ich sagte: Da ich niemanden in meinem Umfeld kenne, der auf die wahnsinnige Idee käme, ausgerechnet bei Rechtsextremisten einen Nachmittag zu verbringen, könne ich mich nur selbst geschickt haben. Sie blickte mich enttäuscht an, ganz so, als sei ich doch der Idiot, für den sie mich von Anfang an gehalten habe.

IM WAHN –
EINE FRAU UND
IHRE SCHIZOPHRENIE

HAUPTSACHE VERRÜCKT – WIE MEDIEN
ÜBER DEN WAHNSINN BERICHTEN

Rheinau ist ein kleines Dorf an der schweizerisch-deutschen Grenze. 1200 Einwohner und die Stationäre Psychiatrische Universitätsklinik Zürich sind hier zu Hause. Je nachdem, wo man steht, schaut man in unendliche Weiten, über alle Grenzen hinweg. Der Rhein schlängelt sich durchs Tal, als wüsste er auch nicht recht, wo es langgeht – zusammen mit ihm dreht die Landesgrenze weiträumige Schleifen. Dort, wo der Blick weit wird, der Überblick am klarsten scheint, tauchen die meisten Fragen auf: Wo ist die Grenze, wo verläuft sie, und warum täusche ich mich jedes Mal erneut, wenn ich glaube zu wissen, wo sie ist? Helen kennt den Ort und seine Umgebung besser. Sie korrigiert mich lachend. Erst ganz am Schluss eines langen Weges, als die Zeit knapp zu werden droht, kommen wir an den entscheidenden Punkt. Warum sie hier ist, in der Psychiatrie.

Nachdem alle Geschenke für Heiligabend eingepackt waren und ihr Freund schon schlief, ging es ihr plötzlich schlechter. Es ist der 23. Dezember 2020, und sie hat Angst, dass Amerika mit seinen neuen Kommunikationsformen angreift. Draußen will sie eigentlich nur den Obdachlosen Gesellschaft leisten, um ihnen zu zeigen, dass sie nicht allein sind. Einmal versucht sie, vor den Bus zu laufen, und einmal vors Auto, weil sie es einfach nicht mehr aushält. Für zwei Männer, die auf einer Bank sitzen, singt sie Songs von Michael Jackson, um ihnen eine Freude zu machen.

Mit ein paar Jugendlichen redet sie, obwohl es gar nicht üblich ist, einfach so Menschen auf der Straße anzusprechen. Sie macht noch eine Runde und klingelt dann bei Kai, ihrem Ex-Freund. Aus Blättern hat sie ihm ein Mandala gemacht. Es soll an ihr gemeinsames Kind erinnern, das sie abgetrieben hat. Er hat Besuch und keine Zeit.

Am nächsten Tag, beim Weihnachtsessen mit Vater und Schwester, verhält sie sich wieder einmal wie ein Teenager. Auf der Toilette stellt sie fest, dass sie ihre Tage bekommen hat, dabei hatte sie die doch gerade erst gehabt. Für sie ein Indiz, dass Bill Gates mit ihr spricht. Sie hat großen Respekt vor ihm, aber auch Angst, weil er durch seine Erfindungen so viel Macht hat. Am Abend fährt sie noch zu ihrer Mutter, die vor dem Fernseher sitzt und die Messe schaut. Ihre Rastlosigkeit, ihr Wahn – alles Vorboten.

Am Morgen danach steht sie auf und geht vor die Tür, wie sie es immer tut. Von hinten kommt ihre Mutter und fragt: »What are you doing?« Die Mutter möchte, dass sie sich endlich wieder in eine Psychiatrie einweisen lässt, und will sie dorthin begleiten. Helen möchte allein gehen. Ihr kommt ein anderer Gedanke: Meine Mutter will sterben! Sie will sterben für mich, die Tochter, damit ich leben kann. Dann wird das Böse aus der Welt sein. Dann wird alles gut. Sie dreht sich um, stößt ihre Mutter zu Boden, wirft sich auf sie, kniet sich auf Brust und Bauch, bricht ihr zwei Rippen, würgt sie und versucht, ihr das linke Auge so lange nach innen zu drücken, bis sie endlich sterben muss. Immer wieder ruft sie: »You have to die!« Die Mutter reißt an den Locken der Tochter, kann sich befreien, die Tochter schubst sie noch gegen einen Schrank, der umfällt. Die Mutter läuft zu den Nachbarn und ruft die Polizei. In diesem Moment wird Helen schlagartig klar, dass sie sich getäuscht hat: Ihre Mutter will nicht sterben. Im Gegenteil: Sie hat sich befreit und möchte leben.

Plötzlich ist sie verunsichert. Sie war doch sicher, dass das Böse nun in ihrer Mutter sei und nicht mehr in ihr wie all die Jahre zuvor. Einen Tag später wird Helen der Polizei sagen:»Wissen Sie, ich möchte gerne Kämpferin werden, MMA-Fighterin oder Boxerin. Bei meiner Mutter hat mich der Mut, nein, Unmut gepackt, es bei ihr auszuprobieren. Und die Wut auch rauszulassen.« Zugleich habe sie ihre Mutter »auf ihrem Leidensweg erlösen« wollen,»weil sie es schwierig hatte« und weil jemand »Voodoo an ihr gemacht« habe. Die Mutter verteidigt die Tochter. Sie war selbst schon in der Psychiatrie wegen ähnlicher Probleme.

Das ist jetzt zweieinhalb Jahre her. Helen, die Tochter eines Schweizers und einer Kamerunerin, hat braune Augen und schwarze Locken. Sie ist 26 Jahre alt. Ruhig, nachdenklich, fast zerbrechlich wirkt sie, und sie spricht auch so, sehr langsam und mit Bedacht. Immer wieder bricht sie in Tränen aus, während sie diese Geschichte erzählt, von der sie noch immer nicht glauben kann, dass es ihre ist. Das ist ihr Prozess seit damals: etwas anzuerkennen und für etwas Verantwortung zu übernehmen, was sie gar nicht tun wollte. Die Krankheit war ein langsames, schleichendes Geschehen, das sie lange gar nicht bemerkte. Schritt für Schritt veränderte sie sich, wurde sich und anderen eine Fremde. So sagten es alle um sie herum. Nur sie merkte es nicht, für sie war klar, dass die anderen spinnen. Die Krankheit war ihr zweites Ich, das nach und nach Besitz von ihr ergriffen, sie eingenommen und kontrolliert hatte; ein bisschen wie im Krieg, wenn eine Besatzungsmacht im eigenen Land die Spielregeln diktiert.

Manchmal braucht sie Zeit, um sich wieder in das einzufühlen, was ihr Leben über Jahre bestimmt hatte. Sie hat diese Geschichte schon einige Male erzählt, aber leicht ist es für sie noch immer nicht.»Ich werde mir jetzt was Gutes tun«, sagt sie, bevor sie zurückgeht in ihr Apartment, vorbei an einer prachtvollen roten

Backsteinvilla. Dort war vor rund 100 Jahren der Arbeitsplatz des Psychiaters Eugen Bleuler. Er ist der Arzt, der ihre Krankheit entdeckt hat: die Schizophrenie. Heute sitzt hier Gunther Keck, Chefarzt im Zentrum für Stationäre Forensische Therapie, und kümmert sich um Menschen wie sie. »Das sind Leute, die keine Lobby haben«, sagt er. Die meisten von ihnen wären niemals straffällig geworden, wenn sie nicht diese Krankheit hätten. Rund 90 Plätze hat seine Klinik. Überlastet ist sie nie, da die Schweiz sich in einem Punkt von ihrem Nachbarland unterscheidet: Während die Kliniken in Deutschland gezwungen sind, jeden Patienten aufzunehmen, sobald ein Richter die Einweisung verfügt hat, läuft es in der Schweiz so: Alle Verurteilten kommen zunächst in Untersuchungshaft. Erst wenn ein Platz frei wird, fährt Keck in die Gefängnisse und schaut sich Patienten an, um sie einzustufen und aufzunehmen. So ist sein Krankenhaus nie überfüllt. Helen war auch ein Dreivierteljahr in U-Haft, bevor sie nach Rheinau kam. Sie leidet an einer paranoiden Schizophrenie, sie hatte das, was man landläufig Verfolgungswahn nennt: Sie hörte Stimmen, die ihr sagten, was sie zu tun hatte, Stimmen, die immer lauter und übermächtiger wurden. Wenn man sagt, sie sei wahnsinnig gewesen, ist das für sie nicht beleidigend. Es war ihre Wirklichkeit.

700 Kilometer entfernt von Helen, in Berlin, arbeitet Dorothea von Haebler, Psychiaterin und Psychoanalytikerin. Ihr Büro ist zugleich ihr Behandlungsraum. Vor uns steht eine schwarze Ledercouch, dahinter zwei Stühle. Sie lässt mir die Wahl. Mit ihren Patienten macht sie das genauso. Sie forscht zu Psychosen, hat darüber Bücher geschrieben, Psychosen sind ihr Lebensthema. Noch am Vorabend war sie mit zwei Journalisten zum Essen verabredet, Menschen, die in ihren Zeitungen täglich Tausenden von Lesern die Weltpolitik erklären. Wieder einmal war sie schockiert, wie die Öffentlichkeit mit dem Thema Psychosen

umgeht. Sobald ein Amoklauf, ein Attentat oder ein Anschlag passiert, ist nur noch davon die Rede, ob und wie irre, bekloppt oder verrückt – also schizophren – der Täter war. Die beiden Journalisten sahen das auch so: Was die Leute dann wissen wollten, sei allein, welche Nationalität und welche psychische Krankheit der oder die Täter hätten. Sie habe versucht, den beiden die Krankheit, mit der sie jeden Tag zu tun hat, nahezubringen. Am Ende stand das Gefühl, wenig ausrichten zu können. Der moralische Gerichtshof hat sein Urteil über ihre Patienten gesprochen. Wie so oft gilt das Urteil lebenslang – und wenn es nach den Richtern geht, auch darüber hinaus. »Schizophrenien an sich nehmen gar nicht zu, aber die Stigmatisierung wird wieder größer«, sagt von Haebler. »Bei Depressionen nimmt sie ab ab, weil die Menschen meist jemanden kennen, der das auch schon hatte, oder weil sie selbst vielleicht depressiv sind. Bei den Schizophrenien nimmt die Stigmatisierung zu.« Woher kommt das?

Wenn Medien über wahnhafte Täter berichten, sind es in der Tat meist Geschichten des Versagens. Tenor: Über Jahre lief ein Irrer frei da draußen rum, konnte immer wieder Verbrechen begehen und keiner hat es gemerkt! Es sind Horrorszenarien, in denen die kranken Gefährder des Gemeinwohls als Sieger hervorgehen, weil sie in dieser anarchischen Bananenrepublik natürlich auch viel zu milde bestraft werden. Dorothea von Haebler sagt, auf die einfache Frage, ob man bereit wäre, neben einem Schizophrenen einzuziehen, würden über 50 Prozent der Befragten mit Nein antworten. »Das ist schon bitter.«

Zur Wahrheit gehört auch: Es gab spektakuläre Fälle, in denen psychotische Menschen viel Leid angerichtet haben. Die 47-jährige Krankenschwester Adelheid S., die im April 1990 dem damaligen SPD-Kanzlerkandidaten Oskar Lafontaine ein Messer in den Hals stach, hatte Angst vor »Menschentötungsfabriken der Bonner Regierung«.[1] Im gleichen Jahr schoss der 38-jährige Dieter K.

zweimal auf den CDU-Politiker Wolfgang Schäuble und zwang ihn zu einem Leben im Rollstuhl. Aber reicht das, um Menschen mit Schizophrenien pauschal als gemeingefährliche Verbrecher darzustellen?

Das Robert Koch-Institut, der Vatikan der Krankheiten und Störungen, meldet pro Jahr 19 Neuerkrankungen je 100 000 Einwohner. Das ist nicht viel im Vergleich zu Angststörungen oder eben Depressionen. Weltweit erlebt eine von 100 Personen im Lauf ihres Lebens eine schizophrene Episode. Etwas weiter gefasst – bezieht man alle psychotischen Störungen ein –, sind es etwa fünf Prozent.[2] Schätzungen gehen in Deutschland von etwa 165 000 Betroffenen aus.[3] Männer und Frauen kann es gleichermaßen treffen. Meist verlaufen Psychosen in Schüben. Innerhalb der psychotischen Episoden kann es sein, dass Betroffene die Stimme eines Fernsehmoderators oder Auszüge fremder Gespräche aufschnappen und das, was sie hören, auf sich beziehen. Manche sehen Zeichen, die nur für sie gelten, und wieder andere halten sich zu Besonderem berufen oder sehen sich als Teil einer Verschwörung – oder als deren Opfer. Psychotiker fühlen sich fremdgesteuert, erleben Angstzustände, manche verlassen wochenlang das Haus nicht mehr.

Die Patienten werden nur geringfügig häufiger gewalttätig als der Durchschnitt einer Bevölkerung.[4] Und doch, sagt von Haebler, seien Menschen mit Schizophrenien so etwas wie das ideale Böse. Darin sei die Schizophrenie mit der Epilepsie vergleichbar: »Diese manchmal nicht zuordenbaren Reaktionen, unerklärbar, scheinbar aus dem Nichts. Das wird als fremd erlebt und macht deswegen auch Angst, Menschen reagieren oft mit Angst, wenn sie drohen, die Kontrolle zu verlieren.« Es ist die immer gleiche Story vom netten Nachbarn, der schlagartig zum Wahnsinnigen mutiert. Der perfekte Horror, der aus Angst Angstlust werden lässt, jene schauerhafte Mischung aus Anziehung und Abstoßung, Faszination und Ekel. In einer Zeit, deren Kennzeichen eine schwer zu greifende Grundstimmung der Unsicherheit ist, gespeist aus einer eigenartigen Mixtur von Verlust- und Abstiegsängsten, aus Kriegs- und Überfremdungssorgen, braucht es gerade solche unberechenbaren Figuren als Blitzableiter gesellschaftlicher Ängste.

Von Haebler sagt, Schizophrenien seien in erster Linie Angst- und Beziehungserkrankungen. Es gebe für diese Menschen nur zwei Auswege. Der erste ist der soziale Tod durch vollständigen Rückzug in die Isolation. Betroffene montieren Steckdosen und Türklinken ab, überkleben Fenster mit Alufolie oder reißen Tapeten von der Wand, weil sie dort Abhörgeräte vermuten. Es ist die nackte Angst. Der zweite ist ein Sichauflösen im anderen Menschen, grenzenlos, ohne Gespür für das eigene Bedürfnis. Vollkommene Distanzlosigkeit als Waffe gegen die Angst. Dazwischen gibt es keine Graubereiche. Oft haben sie es nur so gelernt, die Extreme als einzig vertraute Pfeiler. Helen sagt einmal: »Wenn ich es beschreiben könnte, wie ich bei der Tat gewesen bin als Person, würde ich mich als ganz dünnhäutig beschreiben.«

Verantwortlich für den Ausbruch ist darum oft nicht der Wahnsinnige allein. Einmal, sagt von Haebler, habe sie das als Stationsoberärztin beobachten können: Ein Mann war von Polizisten in die Klinik gebracht worden und wollte erst einmal rauchen. Im Raucherraum setzte er sich an den Tisch hinten in der Ecke mit dem Blick zur Tür. Der junge Assistenzarzt ging auf ihn zu, um ihm die Hand zu geben. Der Patient warf den Tisch in Richtung des Arztes. »Den Fehler hat der Arzt gemacht. Er hat nicht wahrgenommen, dass der Mensch sich da hinter den hintersten Tisch gesetzt hat, weil er so eine Panik hatte. Hätte er die Angst gesehen, wäre er vielleicht anders vorgegangen. Vielleicht wäre er an der Tür stehen geblieben und hätte gesagt: ›Guten Tag, ich freue mich, dass Sie hier sind, und ich würde Ihnen gerne ein Gespräch

215

anbieten. Sie können in einer Viertelstunde zu mir in mein Zimmer kommen, sonst komme ich in einer halben Stunde noch einmal hier und in Ihrem Zimmer nach Ihnen schauen.‹ Dann gibt es einen Raum, in dem sich ein Mensch, der voller Angst ist, selbst entscheiden kann.« Doch oft werden die Patienten in einem solchen Moment fixiert und medikamentös beruhigt, weil sie so gefährlich wirken. Der Wahnsinn ist weniger wahnsinnig, wenn die von ihm Besessenen wie normale Menschen behandelt werden, die können, was man ihnen am wenigsten zutraut: Entscheidungen treffen. »Der Wahn ist die Lösung«, sagt von Haebler. »Die Lösung für ein Problem, das darunterliegt und noch viel größer ist, meist eine existenzielle Bedrohung. Ich glaube, das wissen die wenigsten.«

Wenn im Angesicht des Wahns, des Bösen, sich nicht mehr Täter und Opfer, sondern Kinder der Angst in die Augen schauen, ergeben sich neue Perspektiven, ganz andere Blickwinkel. Unter dieser Prämisse ist Helens Versuch, ihre Mutter zu töten, kein zerstörerischer Akt mehr, sondern möglicherweise ein erster Schritt in Richtung Heilung. In dem Moment war das Böse in der Mutter und nicht mehr in Helen wie so lange zuvor.

Das sind schwierige, paradoxe Gedanken. Es ist der Eintritt in eine Welt, in der wir das Böse weniger brauchen. In dieser Welt ist nicht alles einfacher, vieles schwieriger, aber offener, möglicherweise auch zugewandter und liebevoller.

DER LANGSAME WEG IN DEN WAHN

»Vielleicht erzähle ich erst einmal von mir.« So hatte Helen das Gespräch eröffnet. Wir sitzen im Besucherraum ihrer Station. Das war ungewohnt für mich. Bei meinen ersten Treffen weiß ich nichts, außer der Diagnose und dem Delikt. Alles ist anonym, die Entscheidung, was und wie viel Patienten dann von sich preisgeben, bleibt ihre. So ist meine erste Frage immer, warum der Mensch, der mir gegenübersitzt, hier ist. So entfaltet sich langsam ein Gespräch. Von der Gegenwart in die Vergangenheit. Bei Helen war es anders. Sie fing nicht im Hier und Jetzt an, sie fing ganz vorne an, wollte ihr Leben erzählen, von den Momenten, Stationen und Abbiegungen berichten, die sie geprägt und schließlich hierhingebracht haben.

Geboren ist sie 1996 in Zürich, als jüngstes von drei Kindern. Der Vater Elektriker, die Mutter Tänzerin in einem Nachtclub. Noch in ihrer Kindergartenzeit zogen die Eltern um nach Küsnacht am Zürichsee, eine gute Gegend, eine sehr gute sogar. Als Helen sechs Jahre alt war, ließen die Eltern sich scheiden. Der Vater war oft fremdgegangen, aber selbst eifersüchtig gewesen, weil die Mutter weiter getanzt hat. Er bekam das Sorgerecht für die drei Kinder, wohl vor allem deshalb, weil die Mutter Analphabetin ist. Der Vater arbeitete viel, hatte kaum Zeit, sich um die Kinder zu kümmern. Helen blieb sich selbst überlassen, schaute viel fern und fiel auf, weil sie zu klauen begann, zunächst innerhalb der Familie, später auch außerhalb. Ihre Mutter wohnte derweil in einer Einzimmerwohnung in einem Haus, in dem nur Migranten lebten. Helen wollte dort nicht hin, zu klein, zu eng, kein Internet. In der Schule ging sie einen guten Weg, hatte einen Freundeskreis, engagierte sich sozial.

Sie schildert diese Jahre als wenig lebendig, sie spricht von dem Gefühl, nicht so groß zu werden wie die anderen Kinder um sie herum. Dass sie eine Schwere gespürt habe, die sie bei ihren Freunden nicht beobachtet hat. Mit 15 Jahren fängt sie an, regelmäßig zu kiffen. Nach der mittleren Reife macht sie eine Ausbildung zur Erzieherin in einer bilingualen Kita, die sie mit sehr guten Noten abschließt. Mit 18 wird sie schwanger von ihrem Freund: er im Gymnasium, mit dem Plan, Basketballer in Amerika zu werden; sie kurz vor dem Abschluss der Ausbildung. Also treibt sie ab. »Ich habe mir große Vorwürfe gemacht, dass ich einen Menschen getötet habe. Und dass ich nicht Ja zu dem Kind gesagt habe, sondern zu den Umständen. Ich hatte ja jeden Tag Kinder vor mir.« Danach kifft sie umso mehr. Sie geht nach Marokko in ein Kinderdorf in Marrakesch, kommt zurück und arbeitet als Erzieherin an einer Montessori-Kita in Oerlikon, bekommt Lob und Anerkennung. Sie reist nach Indien, wird Yogalehrerin, kommt zurück, geht wieder nach Marokko ins Kinderdorf. Von dort aus weiter nach Costa Rica. Die Rastlosigkeit steigert sich immer weiter, bis zu dem Moment in Costa Rica, der sie für immer verändert hat: Sie lernt einen Surflehrer kennen, sie flirten, rauchen einen Joint zusammen. Es war der Moment, von dem sie im Nachhinein sagt, dass sie erstmals psychotisch geworden ist. Sie hört Geräusche, nimmt sie als Stimmen wahr. Mit einem anderen Paar, das zu einer Sekte gehört, fängt sie an, die Bibel zu lesen. Gleichzeitig wird sie immer unsozialer und sondert sich ab. Das Bibel-Paar meldet sich bei ihrem Vater, um ihm zu sagen, dass es ihr nicht gut geht. Der bucht einen Flug für sie zurück. An der Gepäckausgabe in Zürich wartet sie, bis das

Gepäckband leer ist, und noch länger, viel zu lange, weil sie glaubt, der Surfer aus Costa Rica sei auch an Bord, das habe er ihr doch gesagt. Es waren aber nur die Stimmen in ihrem Kopf. Die Mutter ist zu dieser Zeit in einer Psychiatrie – wegen ihrer Schizophrenie. Der Vater nimmt Helen mit zu sich. Sie fragt ihn: »Können wir in den Wald gehen?« Es wird der Ort ihrer Begegnungen. Nur dort könne man sicher sprechen, ohne abgehört zu werden. Irgendwann sitzen Vater und Tochter im Wald nebeneinander und schieben Notizzettel hin und her – der einzig sichere Weg, um der Überwachung zu entgehen. Der Vater sagt später, ihm sei seine Tochter häufig seltsam erschienen. Oft habe er den Eindruck gehabt, es gäbe sie zweimal. Einerseits sei sie hilfsbereit und einfühlend, andererseits klaue und lüge sie.

Jetzt, in der Klinik in Rheinau, fragt sie mich: »Ist es okay für Sie, wenn wir laufen und reden? Ich habe jetzt die höchste Lockerungsstufe, ich darf bis ins Dorf gehen. Ich kenne eine ruhige Runde, die wir laufen können.«

Wie genau Schizophrenie entsteht, ist bis heute nicht wirklich geklärt. Eindeutig scheint: Es gibt eine genetische Komponente. Zwillingsstudien weisen darauf hin, dass die Krankheit zu 60 bis 80 Prozent vererbbar ist.[5] Aber das allein reicht nicht. Meist müssen dysfunktionale Konstellationen in Familien dazukommen, die eine Psychose begünstigen. Dorothea von Haebler gebraucht gern das Beispiel einer jungen Mutter: »Wenn ein Säugling schreit, und es kommt niemand, dann hört er irgendwann auf – weil das Schreien nicht zu einer Entlastung führt. Es ist, als ob der Säugling irgendwann erschöpft in sich zusammenfällt und resigniert – wenn das häufiger passiert, bildet sich eine Gewissheit, wenn ich mein existenzielles Bedürfnis äußere, kommt nichts. Wenn umgekehrt die Bezugsperson ständig kommt, weil sie denkt, das Kind hat Hunger, und gar nicht darauf wartet, dass ein inneres Gefühl von Hunger entstehen kann, weiß das Kind nicht, wann es Hunger hat. Situationen, in denen das eigene Gefühl hinter dem Gefühl des jeweils anderen gar nicht ausgebildet werden kann. Dabei kann sich die Ich-Grenze für solche Momente auflösen.« Wer anschließend mit entsprechender Disposition durch die Welt läuft, ohne die Grenzen des eigenen Ichs zu kennen, bei dem kann die Masse der Menschen, das alltägliche Gedränge, Angst auslösen. Dann verlieren Menschen ein Bewusstsein für das, was das Eigene ist. Kommt später ein konkreter Anlass dazu, kann eine psychotische Schizophrenie ausbrechen. Meist fällt der Ausbruch der Krankheit in eine Phase des Identitätswechsels, wenn alte Rollen unsicher werden und neue sich erst langsam herausbilden. Bei Jungs ist das mit 15 Jahren der Fall, bei Frauen eher mit 20 Jahren, wenn sie von zu Hause ausziehen. Dorothea von Haebler hat diese Schwellenpunkte mit zwei Kollegen zusammengefasst: »Trennung vom Elternhaus und die Notwendigkeit, sich in einer neuen Situation zurechtzufinden. Aufnahme von neuen Beziehungen (vor allem Liebesbeziehungen), Triebschub in der Pubertät, reale Elternschaft, Situationen, in denen Wünsche, Ideale, Pläne und Projekte offensichtlich scheitern.«[6]

Und dann kommen noch Drogen hinzu, vor allem Cannabis. Bei Männern sollen 15 Prozent aller Schizophrenien aufs Kiffen zurückzuführen sein – darauf weisen Studien aus Dänemark hin. »Drogen sind nie allein der Grund, an Schizophrenien zu erkranken. Aber wenn man eine Schizophrenie hat, dann unterstützen Drogen häufig die psychotische Reaktion – oder halten psychotisches Erleben aufrecht«, sagt von Haebler. Bei Psychosepatienten sei Cannabis auch darum besonders beliebt, weil es angstlösend wirkt. Patienten, die Drogen nehmen, schließt von Haebler darum nicht generell von der Therapie aus. Aber je mehr sie bereit sind, sich ihrer Angst zu stellen, umso weniger wichtig werden Substanzen.

Draußen in Rheinau nimmt Helen jetzt eine Abbiegung, einen Feldweg, an dessen Ende ein paar versprengte Einfamilienhäuser stehen. Ein Autofahrer fragt sie nach dem Weg. Helen weiß, wo es langgeht, der Fahrer fährt dankend weiter. »Ich hatte Angst vor der Regierung, vor dem Staat. Wir haben ja hier eine Demokratie, aber ich hatte Angst vor den Politikern, ich dachte, die wollen uns nichts Gutes, dass die nur auf den Profit aus sind.« Ich sage, es gebe auch Verschwörungsmystiker, die glauben, überwacht zu werden, daraus aber ein exklusives Wissen ableiten, das sie bemächtigt zu handeln, um das Schlimmste noch zu verhindern. So als ob die Verschwörung und ihre exklusiven Kenntnisse sie in eine besonders souveräne Position versetzen würden. Sie schaut mich lange an. Sie hat sich viel mit Verschwörungsideologien beschäftigt, sie auch immer wieder in ihre Halluzinationen eingebaut, aber dazu scheint sie keinen Bezug zu haben. Dorothea von Haebler sagt, es gebe einen Unterschied zwischen schizophrenen Patienten und Anhängern von Verschwörungsmythen: »Beide haben große Angst, aber Verschwörungstheoretiker suchen sich im Netz oder in irgendwelchen Bewegungen dann die Partner, die die Angst mit ihnen teilen, damit sie kleiner wird. Das macht ein Schizophrener nicht: Er sucht sich vielleicht auch im Netz die Hinweise, die seinen Wahn bestätigen oder erklären. Aber damit ist und bleibt er alleine.«

Helen war schon immer ein Mensch, der sich gefragt hat, warum es das Böse überhaupt gibt auf der Welt. Warum Kriege, warum Leiden, warum Ungerechtigkeit? Es sind Fragen, die sie früh beschäftigt haben. »Ich habe eigentlich gute Freunde gehabt, mit denen ich das bereden konnte, aber als Jugendlicher ist man noch so unbeholfen. Man sieht noch nicht das Ganze.«

Anfang 2019 läuft sie durch Zürich, als sie plötzlich einen Schatten vorbeihuschen sieht, von dem sie sicher ist: Das ist der Teufel! Er muss eine durchsichtige Gestalt sein, die einfach so vorbeihuscht. In diesem Moment weiß sie: Das ist das Böse der Welt. »Ich habe gedacht, ich müsse mich umbringen, wenn ich das nicht tue, dann werde ich selber böse.« Sie hadert noch, dann sieht sie ein Auto vorbeifahren, das ihr das Zeichen gibt, sich das Leben zu nehmen. Es kommen Stimmen hinzu, immer von Leuten, die sie kennt. Der Surflehrer aus Costa Rica zum Beispiel, mit dem sie in ihrem Kopf diskutiert, ob sie es nun wirklich tun soll oder nicht. Schließlich entscheidet sie sich dafür, weil sie keinesfalls schuld sein will am Bösen der Welt und zugleich die Chance ergreifen möchte, es endgültig aus der Welt zu verbannen. Im Kreis 7, in Zürich-Hottingen, legt sie sich mitten im Januar in einen Park, um zu erfrieren. Es passiert nichts, sie bekommt nur Angst: »Was macht das Böse jetzt mit mir? Arbeitet es schon daran, dass ich auch böse werde? Das ging mir einfach zu langsam.« Sie beschließt, sich zu erhängen. Sie befestigt ihren Rucksack an einer Terrasse, um sich an seiner Schlaufe aufzuhängen. Nachdem auch das scheitert, klingelt sie irgendwo, weil ihr Stimmen gesagt hatten, dass sie ein Picknick machen solle. Sie fragt nach einem Messer und bekommt es. Daraufhin versucht sie sich die Kehle aufzuschneiden. Die Narbe ist bis heute zu sehen. Zweimal versucht sie es, zweimal vergeblich. »Dann ist mir eingefallen, wenn ich jetzt an Positives denke, dann werde ich nicht böse. Das kannte ich ja vom Yoga.« Das Messer wäscht sie in einem Bach, hängt sich einen Schal um und bringt es zurück – so, als wäre nichts gewesen.

Warum das Böse eine so zentrale Rolle bei ihrer Krankheit spielt? Sie weiß es nicht. Sie kann sich nur annähern, ohne es wirklich zu verstehen: Katholisch groß geworden, hat sie sich schon als Kind mit Eva verbunden und gedacht, sie sei die Frau, die den Apfel gegessen hat – und damit schuld sei am Leid in der Welt. Später, in der Psychose, verfolgte sie immer wieder der Gedanke, sie könne Böses tun: Menschenhandel, Kinderhandel,

Organhandel. Eine völlige Ohnmacht sei das gewesen, wie im Film *Der Exorzist*, den sie früh gesehen hat. Irgendwann übernimmt das Böse und man kann nichts dagegen tun.

Dorothea von Haebler begleitet in ihrer gruppentherapeutischen Arbeit gerade vier Patienten, die Sekten entstammen. Menschen, die mit strengen religiösen Regeln groß werden, haben selten gelernt, böse zu sein, ohne dabei zu zerstören. »Innere Bewegungen und Gefühle werden dort oft nicht zugelassen. Es wird häufig gleich bewertet oder eingeordnet, noch bevor es gefühlt werden kann.« Wer gezwungen ist, immer gut zu sein im Angesicht einer strafenden höheren Macht, hat vielleicht ein erhöhtes Risiko, später diabolisch zu werden.

WARUM FRAUEN ANDERS BÖSE SIND

Die Frage, warum Frauen rein statistisch weniger verführbar sind vom Bösen, beschäftigt Wissenschaftler seit vielen Jahren. Frauen werden seltener straffällig, und wenn, dann weniger gravierend. Unter allen Tatverdächtigen ist nur ein Viertel weiblich, nur knapp jedes fünfte Strafurteil jedes Jahr gilt einer Frau. In deutschen Gefängnissen und Forensischen Psychiatrien ist weniger als jeder zehnte Insassin eine Frau.[7] Woran liegt das?

Biologen vermuten, dass der Defekt eines Enzyms, das eigentlich Serotonin abbaut, zu kriminellem Verhalten führen könnte. Das Gen, das die Monoaminooxidase (MAO-A) codiert, liegt auf dem X-Chromosom, von dem Männer nur eines haben. Fällt dieses Enzym aus, können Frauen den Mangel durch das zweite X-Chromosom ausgleichen.[8]

Bei den bereits erwähnten Untersuchungen mit eineiigen Zwillingen schneiden Frauen deshalb besser ab. Eine Studie mit mehr als 15 000 Zwillingspärchen aus dem Jahr 2011 konnte zeigen: Beging ein männlicher eineiiger Zwilling eine Straftat, wurde der Bruder mehr als doppelt so oft kriminell wie Zwillingsschwestern von Frauen, die eine Straftat begangen haben. Frauen gelingt es offenbar besser, die Risiken, kriminell zu werden, biologisch abzufedern.[9] Vielleicht schaffen sie es auch einfach, kontrollierter zu sein, weniger erratisch zu handeln.

Die Gesellschaft mag ihren Teil dazu beitragen, schließlich traut sie Frauen das Böse noch immer weit weniger zu. Auch im

21. Jahrhundert denken wir bei Frauen in erster Linie an mütterliche Fürsorge, an Sanftheit und Schutz, während wir Männer stärker mit Aggression und Rohheit verbinden. Keine Frauenbewegung konnte das bislang ändern. Im Gegenteil: Die österreichische Psychiaterin und Gerichtsgutachterin Sigrun Roßmanith ist der Auffassung, »die Emanzipationsbewegung hat wesentlich zu diesem einseitigen Bild beigetragen – hier die friedfertige Frau, dort der gewalttätige Mann«.[10] Zu Ende gedacht bedeutet dies: Indem sie Frauen ermächtigte, sich stärker als Opfer wahrzunehmen und das auch lauter zu sagen, könnte die Frauenbewegung sich selbst einen Bärendienst erwiesen haben. Sie hätte dann genau das Klischee zementiert, das sie doch so dringend überwinden wollte – die Frau als Opfer.

Auch als Täterinnen unterscheiden sich Frauen von Männern: Frauen töten meist in den eigenen vier Wänden. Wenn sie gewalttätig werden, so meist gegen Familienmitglieder. Sie töten im Schlaf oder betäuben mit K.-o.-Tropfen, oft vergiften sie ihre Partner: »Man bekocht jemanden mit wunderbaren Speisen, schafft so Vertrauen. Und dann mischt man sukzessive Gift oder sonst etwas ins Essen. Füttern, nähren, töten«, sagt Roßmanith. Auch beim Töten bleibe die Frau verlässlich am Herd. Erst wenn es darum geht, Leichen zu entsorgen, stehen Frauen Männern in nichts nach: »Auch sie enthaupten, zerkleinern, vergraben und verbrennen ihre Opfer.«

Bis heute gehen Frauen und Männer unterschiedlich mit ihren Aggressionen um. Während Männer sie destruktiv nach außen richten, wenden Frauen sie gegen sich selbst und »neigen mehr zu Depressionen, Essstörungen, psychosomatischen Erkrankungen und Beruhigungsmitteln«.[11]

Diese Tendenz lässt sich schon früh beobachten. Die KiGGS-Studie zur gesundheitlichen Lage von Kindern und Jugendlichen des Robert Koch-Instituts zeigt bei einer Untersuchung von

17 000 unter 17-Jährigen: Sobald sie psychische Probleme haben, fallen Jungen eher durch aggressives und sozial schädliches Verhalten auf. Mädchen hingegen sind schon in diesem Alter eher ängstlich und depressiv. Jungs setzen auf Attacke, Mädchen auf Rückzug.[12]

Eine der spannendsten Beobachtungen zum Verhältnis der Frau zum Bösen machte die Psychoanalytikerin Christa Rohde-Dachser im Rahmen einer Tagung für Psychotherapeuten: Sie forderte die Anwesenden auf, Fantasien zum Thema »Das Böse in mir« zu entwickeln. Dabei zeigte sich, dass die männlichen Teilnehmer ihre Bilder benennen und sie mit sich in Verbindung bringen konnten, auch wenn sie fremd wirkten und sogar schockierten. Ein Teilnehmer etwa war entsetzt, dass er KZ-Szenen vor Augen hatte, konnte sie aber als Teil seiner abgewehrten sadistischen Anteile erkennen.

In den Bildern der Frauen hingegen tauchten vor allem verbietende Figuren auf. »Mütter, Väter, aber auch Phantasiefiguren (z. B. ein Gorilla) in grotesk verzerrter, manchmal drohender Gestalt. Das ›Böse‹ in ihren Phantasien war das, was dem kleinen Mädchen verboten worden war«, schreibt Rohde-Dachser.[13] Statt innere Bilder ihres eigenen Bösen zu entwickeln, sahen sie sich selbst mit den Augen wichtiger Beziehungspersonen. Ihr eigenes Böses assoziierten sie damit, egoistisch zu sein und »etwas für mich zu verlangen«. Während Männer – wenn überhaupt – Angst vor ihrem Sadismus hatten, der sich in den Bildern zeigte, hatten Frauen vor allem Angst vor dem Liebesverlust durch ihr engstes Umfeld. Was folgte, waren »Bilder absoluter Trostlosigkeit, Verlorenheit und Einsamkeit, die ihr Handeln auf eine fundamentale Weise lähmten«. Es sind also die Frauen selbst, die Angst davor haben, Täterin werden zu können. Angst davor, dem bis heute so machtvollen Reinheits- und Unschuldsideal nicht mehr zu entsprechen.

Eine der wenigen Taten, die tatsächlich so gut wie nur Frauen begehen, ist die Tötung ihrer neugeborenen Kinder. Sie ist paradigmatisch für diese Tendenz zur Verinnerlichung: In aller Regel liegt solchen Taten von Müttern nicht eine nach außen gerichtete Aggression zugrunde, weil sie das Kind ablehnen, Wut oder Hass gegen es hegen. Die Tat ist Ergebnis eines Prozesses, der meist schon vor viel längerer Zeit in ihnen in Gang gekommen ist. Meist geht es um »große Beschwernisse mit der eigenen Person, mit ihrem eigenen Frausein, ihren Partnerschaften, ihrem Bild vom Muttersein«, sagt die forensische Psychiaterin Nahlah Saimeh.[14] Die meisten Mütter bringen sich darum auch in den zwei Jahren nach der Tat um.

In einer krassen Verzerrung sagen Helens Wahnhalluzinationen viel Wahres über die Frage nach dem Bösen und dem Weiblichen aus: Indem Helen davon ausging, dass nur dann das Böse aus der Welt verschwindet, wenn sie selbst verschwinde, also ihr Leben auslöscht, verinnerlichte sie das Böse. In diesem Moment steht sie beispielhaft für eine Internalisierung von Schuld, die bei vielen Frauen – nicht nur bei denen, die zu Täterinnen werden – prägend ist. Während Männer Hass auf die Welt nach außen wenden, auf einen imaginierten Sündenbock, und in der Folge Amokläufe begehen oder Terrorakte verüben, bleibt das Frauen fremd. Sie können keinen Sündenbock bestimmen, da sie selbst der Sündenbock sind. Seit Eva in der Bibel ist dieses Bild tiefenpsychologisch wirkmächtig – bis in die Gegenwart hinein.

Zu dieser verqueren christlich-abendländischen Tradition gehört, dass wir Frauen kaum als aggressiv-sexuelle Wesen, also vital-sexuelle Wesen wahrnehmen. Wir leben zwar in einer sexualisierten Welt, die in erster Linie darauf zielt, weibliche Sexualität und Sexyness auszustellen – in einer eigenartigen Bigotterie aber müssen Frauen immer auch Madonna sein: aufnehmend, nicht ausschweifend, unschuldig, nicht unbändig. Das verhindert eine selbstbestimmte Definition weiblicher Leidenschaft und weiblichen Begehrens. Umgekehrt führt es zu einer grotesken Vernachlässigung von Frauen als Täterinnen, etwa bei sexuellem Missbrauch. Die schützende Mutter als Täterin – unvorstellbar! Laut einer Untersuchung des Universitätsklinikums Hamburg-Eppendorf war bei mehr als der Hälfte aller Opfer von sexuellem Missbrauch, den Frauen verübt hatten, die eigene Mutter die Täterin. Die Frankfurter Rechtspsychologin Monika Knauer konnte in einer groß angelegten Studie zeigen, dass nur ein Drittel aller Täterinnen allein handelte, die Mehrheit zusammen mit dem eigenen Partner. Ein Drittel der Partner dieser Frauen wiederum war vorher schon wegen Missbrauchs vorbestraft. Und: Rund die Hälfte aller Frauen in der Studie hatte das Handeln ihrer männlichen Partner durch Nichtstun toleriert.[15] Naheliegend scheint zu sein, dass die Dunkelziffer bei Frauen größer ist als bei Männern. Das bedeutet: Es gibt mehr Fälle, die nie aufgedeckt werden. »Wenn Frauen deutlich jüngere Kinder sexuell missbrauchen, betten sie dies ein in vermeintliches Pflegeverhalten – beispielsweise, dass sie ganz lange sehr intensiv am Penis ihres Sohnes manipulieren oder an der Scheide ihrer Tochter und sagen: Ich will ja nur schauen, ob dort alles okay ist, oder ich will hier ganz gründlich sauber machen«, sagt die Psychologin Lydia Benecke.[16] Der Missbrauch kommt meist in Form von Fürsorge daher. Bei den Opfern sorgt das für noch größere Scham und Schuldgefühle. Sie glauben dann, es werde ihnen sowieso niemand glauben. So scheint sich ein gefährlicher Kreis zu schließen: Weil Frauen noch immer kein eigenes konstruktives Bild ihres inneren Bösen haben (dürfen) und weil sie aus Angst vor Liebesverlust zur Anpassung neigen, enden sie oft genug in einem Bonnie-und-Clyde-Modell: die Frau als zuverlässige Komplizin, als »sister in crime«, als Gute im Bösen, die das Verbrechen mitbegeht, hinnimmt, deckt oder einfach nur verschweigt. Zugespitzt formuliert: Erst wenn Frauen aufhören (können), sich als Opfer zu fühlen – sich also neu emanzipieren –, kann die Anerkennung der eigenen bösen, d. h. aggressiven, Anteile hervorkommen und dafür sorgen, dass Frauen vital-böse sein dürfen, ohne destruktiv-böse werden zu müssen.

Wenn ich bislang in diesem Buch davon geschrieben habe, dass wir das Böse brauchen, dann meist in kritischer Absicht. Fast immer, wenn ich diese Formulierung benutzt habe, hätte ich mir gewünscht, dass wir das Böse genau dort nicht mehr bräuchten, es überwinden könnten. Bei der Frage nach dem weiblichen Bösen bekommt die Wendung »das Böse brauchen« noch einmal eine neue Bedeutung. Vor dem Hintergrund offenbar fehlender Bilder des inneren weiblichen Bösen brauchen Frauen das Böse vielleicht tatsächlich – aber in einem sehr lebendigen, produktiven Sinne.

In einem Bereich herrscht so etwas wie Gleichstellung: Die schlimmsten Mörderinnen und Mörder, die wildesten Psychopathinnen und Psychopathen bekommen auch die meisten Liebesbriefe und Heiratsanträge in ihre Zellen. Viele Psychiater erzählten mir das im Lauf der Recherchen für dieses Buch: Die Faszination, die von diesen Täterinnen und Tätern ausgeht, ist ungebrochen, unabhängig vom Geschlecht. Manchmal ist das auch innerhalb der Anstalten zu beobachten. Der Serienmörder Thomas Holst, der »Heidemörder«, der drei Frauen rund um Hamburg vergewaltigt, gequält, getötet und zerstückelt hatte und als untherapierbar galt, konnte mithilfe seiner Beschäftigungstherapeutin aus dem Hochsicherheitstrakt der forensischen Abteilung des Klinikums Nord in Hamburg fliehen. Er wohnte ein Vierteljahr lang unbehelligt in einem Einzimmerapartment, das sie ihm besorgt hatte. Nach drei Monaten stellte er sich der Polizei.[17]

Es gibt verschiedene Gründe, warum Frauen und Männer

von Schwerverbrecherinnen und Schwerverbrechern angezogen sind: Manche glauben, die Täter retten und zu friedlichen Menschen machen zu können. Andere wiederum drehen die Angst, das nächste Opfer werden zu können, um und stellen sich vor, dass Menschen, die schon einmal getötet haben, sie möglicherweise besser beschützen können. Zumal viele, insbesondere psychopathische, Täter häufig sehr freundlich, zurückhaltend und aufgeschlossen, geradezu harmlos und unterwürfig erscheinen. Einige sind charismatisch und wissen ihre Opfer so gezielt zu manipulieren. Dass sie dabei genauso verletzt und weggeworfen werden wie all die Opfer zuvor, übersehen offenbar selbst Profis bisweilen. Das ist dann tatsächlich eine abgründige Form der »Faszination des Bösen«.

DER WAHNSINN — DIE EIGENTLICHE WAHRHEIT

Hoch oben über der Stadt auf dem Zürichberg thront *The Dolder Grand*, eines der berühmtesten Luxushotels der Schweiz. Kurz nach ihren Suizidversuchen geht Helen im Wald in der Nähe des Hotels spazieren. Der Hintereingang ist offen, sie läuft in das Außen-Spa. »Ich habe dann so gedacht, ja, die Reichen, die genießen hier ihr Geld. Und dann war ich stinkig, dass die da so viel Wasser im Spa-Bereich hatten, wo es doch Leute gibt, die kein Wasser haben.« Also legt sie sich mit ihrem Kleid in den Whirlpool. Als Mitarbeiter ihr das verbieten, holt sie sich einen Bademantel und setzt sich in den Innenbereich, blättert in den Zeitschriften, gut eine Stunde lang. Bis sie schließlich gefragt wird, ob sie Hotelgast sei, was sie verneint. Das Hotel ruft die Polizei, die sie in Handschellen abführt. Vor dem Revier leistet sie Widerstand. Die Polizisten rufen einen Notpsychiater herbei, dem sie erzählt, dass man die Bibel im Wald verbrennen müsse. Der Arzt liefert sie in die Psychiatrische Klinik der Uni Zürich ein, sie kommt in Isolation, bleibt dort vier Monate. Dann lässt die Klinik sie gehen, sie hat ja ihre Medikamente. »Die habe ich aber nur unter der Zunge versteckt und dann rausgespuckt.«

Sie fliegt anschließend noch einmal nach Lateinamerika, wo sie randaliert, mit einer Pistole aufgegriffen wird und schließlich in Costa Rica in der Psychiatrie landet. Wieder holt ihr Vater sie zurück, es ist Weihnachten 2019. Bis sie versuchen wird, ihre Mutter zu töten, dauert es noch zwölf Monate. Helen stabilisiert sich, arbeitet als Nanny für drei Familien. Im Sommer sind die Stimmen wieder da, sie wendet sich an die Psychiatrie in Zürich. Das Gespräch mit einem Arzt dort bricht sie ab, will es dann doch führen. Als sie kurz warten muss, schlägt sie ihm mit der rechten Hand an die linke Schläfe. Bei der anschließenden Vernehmung belehren die Polizisten sie über ihre Rechte und sie antwortet: »Ich habe es verstanden, aber ich möchte Sie darauf hinweisen, dass Leute meiner Generation damit nicht umgehen können. Wir sind mit dem Fernseher aufgewachsen und wir können all dies nicht filtern.«

Auch den Menschen um sie herum wird sie wieder fremder. »Mein damaliger Freund meinte, ich solle um Hilfe bitten, mir tue Kiffen nicht gut«, erzählt sie. Irgendwann war sie auf CBD umgestiegen, sie dachte, das helfe ihr, weil es angstlösend, stimmungsaufhellend und antipsychotisch ist. Am 22. Dezember kommt es zu einem Familientreffen mit ihrem Vater, ihrer Mutter und ihrer Schwester. Der Vater wird der Polizei später sagen, es sei darum gegangen, sich all das zu verzeihen, was passiert sei, als sie noch als Familie zusammengelebt haben. Die Mutter wird aussagen, es sei darum gegangen, dass Helen sich professionelle Hilfe suchen solle. Und dass sie, die Mutter, wollte, dass er, der Vater, Helen dorthin begleite, was er aber abgelehnt habe, weil er meinte, dass Helen das selbst tun müsse. Helen wird zu Protokoll geben, ihre Mutter habe nur über ihren abwesenden Freund geredet und ihn schlechtgemacht. Drei Tage später versucht sie, ihre Mutter zu töten.

In der Zeit meines Studiums arbeitete ich nachts beim Radio. Ich telefonierte viel mit Hörern. Es waren viele schräge Gestalten dabei. Einmal rief ein Mann aus München an, der sagte, er höre aus den Verkehrsmeldungen heraus, wo er hinlaufen müsse, um den Leuten zu entfliehen, die Gas in seine Wohnung geleitet hätten. Ich telefonierte fast eine Stunde mit ihm. Je länger ich ihm zuhörte, desto mehr gelang es ihm, mich in seine Welt hineinzuziehen. Irgendwann fragte ich mich, ob er recht hatte, ob er der Vernünftige sei und ich der Wahnsinnige, weil ich ihm nicht glauben konnte. Heute weiß ich: Hier begegnete ich zum ersten Mal einem Menschen, der paranoid-schizophren war.

Es muss in etwa die Zeit gewesen sein, als ich in einem Philosophieseminar das Werk von Michel Foucault kennenlernte. Foucaults gesamte Arbeit ging der Frage nach, warum eine Zeit, eine Gesellschaft oder eine Gemeinschaft bestimmte Menschen oder Gruppen ausschließt und wie sie das tut: Warum erfindet eine Gesellschaft Institutionen wie Gefängnisse und Psychiatrien? Sein Ansatz war ein kontraintuitiver: »Es ist durchaus seit langem bekannt, dass der Mensch nicht mit der Freiheit beginnt, sondern mit der Grenze und der Linie des Unübertretbaren.«[18] In einer Diskussion mit Studenten sagte er einmal: »Wenn sich ein Urteil nicht mehr mit den Begriffen Gut und Böse fällen lässt, spricht man von Normal und Anormal.«[19] Die Begriffe ändern sich, die Hilflosigkeit bleibt.

Die Psychologie gibt Antworten auf die Frage, warum Institutionen wie Gefängnisse und Psychiatrien sinnvoll sein können: um Menschen wieder in die Gesellschaft zu integrieren und ihnen eine Chance auf ein würdevolles Leben zu bieten – egal, was sie getan haben. Therapie statt Strafe. Foucaults Frage geht in die andere Richtung: Was sagt es über eine Gesellschaft aus, dass sie ausgerechnet Gefängnisse und Irrenhäuser baut? Wie sieht die Wahrheit einer Zeit aus, die auf den Wahnsinn so allergisch reagiert? Auf welche Fragen sind diese Institutionen eine Antwort? Wenn wir wahrnehmen und verstehen, was hinter der Grenze dessen ist, was wir ausschließen und wegsperren, führen uns die Irren und Wahnsinnigen auf eine Spur, die am Ende zu uns, zu unseren Fragen führt, zu dem, was wir als unsere Wahrheit verstehen. Sie führen uns zu einer Freiheit, die ermöglicht, die Welt hinter der Grenze angstfrei entdecken zu können. Wenn die Bösen nicht mehr böse sind, sondern wir es sind, die sich in ihnen spiegeln, dann brauchen wir das Böse nicht mehr. Dann wird das Böse zu einer Erfindung, die uns unsere eigene Geschichte erzählt.

In seinem Frühwerk hat Foucault sich intensiv mit dem Wahnsinn beschäftigt. Er träumt von einem Zustand, in dem die Grenze – und damit die Trennung in Gut und Böse, in Vernunft und Wahnsinn – noch nicht existiert. Er ist auf der Suche nach einer anderen Sprache, in der wir nicht mit den Begriffen der Vernunft über die Wahnsinnigen sprechen, sondern in der sich der Wahnsinn selbst ausdrücken darf. Was er findet, sind zunächst historische Epochen der Ambivalenz, die nicht mit Wegschließen und Aussperren auf das ihnen Fremde reagierten. Zum Ende des Mittelalters waren die Wahnsinnigen beispielsweise in Krankenhäusern untergebracht oder sie lebten mitten in der Gesellschaft. Erst ab dem 15. Jahrhundert wird aus einer Ambivalenz ein Gefühl der Bedrohung. In ihrer »Doppeldeutigkeit« stehen die Wahnsinnigen für »Drohung und Verlachen, schwindelerregende Unvernunft der Welt und unbedeutende Lächerlichkeit der Menschen«.[20] Die Vernunft, vermeintlich rational und undogmatisch, ist eine normierende, verengende, einsperrende Vernunft, die ihre Normen und Begriffe anderen vorschreibt – nicht, um dem Fremden näher zu kommen, sondern um es abzugrenzen, abzuspalten, von sich fernzuhalten. Aber diese lückenlose Dichotomisierung der Welt in Gut und Böse, in Eingeschlossene und Ausgeschlossene, gelingt zum Glück nicht. So schuf die Vernunft des 17. Jahrhunderts zwar neue Normen der Internierung, zugleich entstanden aber unterhalb des Radars neue Räume, »durch die man den Wahnsinn selbst sprechen und Stimmen hören lässt«. In der Doppelbedeutung des »Stimmenhören-Lassens« liegt vielleicht der Schlüssel: Im Grunde geht es also darum, die Stimmen der Halluzinationen sichtbar, hörbar zu machen.

Die klinisch Wahnsinnigen machen uns das Geschenk, unser Selbstverständnis infrage zu stellen, die scheinbar sicheren Grenzen von Gut und Böse einschmelzen zu lassen. »Das ist der Raum unserer Arbeit, das ist der endlose Weg, mit ihm fertig zu werden, das ist unsere doppelte Berufung zum Apostel und zum Exegeten«, schreibt Foucault.[21]

Schizophrene stellen mittlerweile die größte Gruppe unter den Patienten der forensischen Psychiatrien. Dorothea von Haebler sieht darin einen Skandal: »Wenn psychotische Patienten gewalttätig werden, dann ganz häufig, weil sie sich aus Angst verteidigen müssen und weil sie eigene Gewalterfahrungen gemacht haben – und die macht man eben viel zu oft auch in der Psychiatrie. Wenn dort zu wenig Personal ist, und deswegen nicht angemessen reagiert werden kann, dann wird eben leider auch fixiert. Es ist zu wenig Raum, es ist zu wenig Zeit – es ist eine Situation, die zu eng ist.« Die Enge der Patienten trifft auf die Enge des Personals. Beide treffen auf eine Zeit, die ihre eigene Enge in der Stigmatisierung der Beengten ausdrückt.

Von Haebler steht auf, fährt ihr Notebook hoch und zeigt auf ein Buch, das daneben aufgeschlagen auf ihrem Schreibtisch liegt. Zu sehen sind mehrere kleine Abbildungen mit dickeren und dünneren Linien, die sich mal häufiger, mal seltener berühren. Auf einer Abbildung bilden die Linien ein Knäuel. Das seien Nervenzellen aus einem menschlichen Gehirn in verschiedenen Altersstufen. Zu Beginn des Lebens ist viel Platz zwischen den Linien, das bedeute ein immenses Potenzial, Verbindungen zu knüpfen. Letztere entstehen auch durch äußere Einflüsse und führen zu einer zunehmenden Dichte der Linien in den ersten Lebensmonaten – das Knäuel sei eigentlich eine intensive Vernetzung. Wird dieses Potenzial in den ersten Lebensmonaten gestört, können Verbindungen entstehen, die die Entwicklung einer Schizophrenie unterstützen. Im heranwachsenden Gehirn lichte sich das Knäuel, es entstehe eine klarere Strukturierung mit Haupt- und Nebenverbindungen, die erfahrungsbedingt entstehen. Eine minimale Fehlentwicklung zu Beginn kann in der Folge zu Verbindungen führen, die für andere nicht mehr nachvollziehbar sind – das wirke dann wie Chaos im Kopf.

Ein paar Wochen später ist Helens letzter Tag, bevor sie den nächsten großen Schritt in Richtung Freiheit machen wird. Am Nachmittag sitzt sie noch einmal in der Ergotherapie zusammen mit drei anderen Patienten, alles Männer. Einer baut ein Schiff aus Holz, die beiden anderen basteln an Traumfängern. Sie zeichnet, schon länger, Porträts afrikanischer Frauen. Sie möchte eine Art Jahresalbum machen – jeden Monat eine Zeichnung. Doch ab morgen hat sie weniger Zeit: Sie wird als Kellnerin in einem Café in Winterthur arbeiten. An drei Tagen in der Woche wird sie dort beschäftigt sein. Das Album will sie trotzdem zu Ende bringen. In wenigen Wochen kommt sie in den offenen Vollzug. Sie wird den Platz ihres Freundes einnehmen, der die Klinik verlassen darf ins betreute Wohnen. Seit über einem Jahr ist sie mit ihm zusammen. Auch er hat eine paranoide Schizophrenie. Sie sagt, sie fühle sich zum ersten Mal in ihrem Leben verstanden. Einmal im Monat bekommt sie eine Spritze Abilify, so heißt ihr Medikament gegen den Wahn. Chefarzt Keck sagt, die Präparate hätten sich deutlich verbessert. Früher gab es das Klischee von eingestellten Schizophrenen, die aufgrund der Nebenwirkungen zuckend und sabbernd durch die Welt laufen mussten. So krass war es glücklicherweise nie, aber die Nebenwirkungen seien doch gewaltig gewesen. Auch die neuen atypischen Neuroleptika können Übergewicht, Schläfrigkeit, Unruhe, Muskelzucken, Schwindel, Durst, sogar Diabetes auslösen. Außerdem schränken sie die Libido ein. Bei Männern können sie zu Erektionsstörungen führen. Keck sagt, das sei häufig ein Grund, warum Patienten die Medikamente irgendwann absetzten. In diesem Fall kommt der Wahn sofort zurück. Statistisch gesehen wird jeder fünfte Patient mit Helens Geschichte innerhalb von sieben Jahren rückfällig. Innerhalb von zehn Jahren ist es fast jeder dritte. Nach einer Dreiviertelstunde ist Raucherpause in der Ergotherapie. Die drei Mitpatienten und Helen stehen in der sengenden Rheinauer Sommersonne. Die Therapeutin fragt, wo sie denn gerne mal Urlaub machen würden. Die drei Männer ziehen an ihren Zigaretten und gucken vor sich hin. Helen sagt: »Thailand, Hauptsache Strand.« Nach einer kurzen Pause meint sie: »Nein, auf jeden Fall erst mal Kamerun.«

KÜNSTLICHE INTELLIGENZ – DIE ÜBERWINDUNG DES MENSCHEN

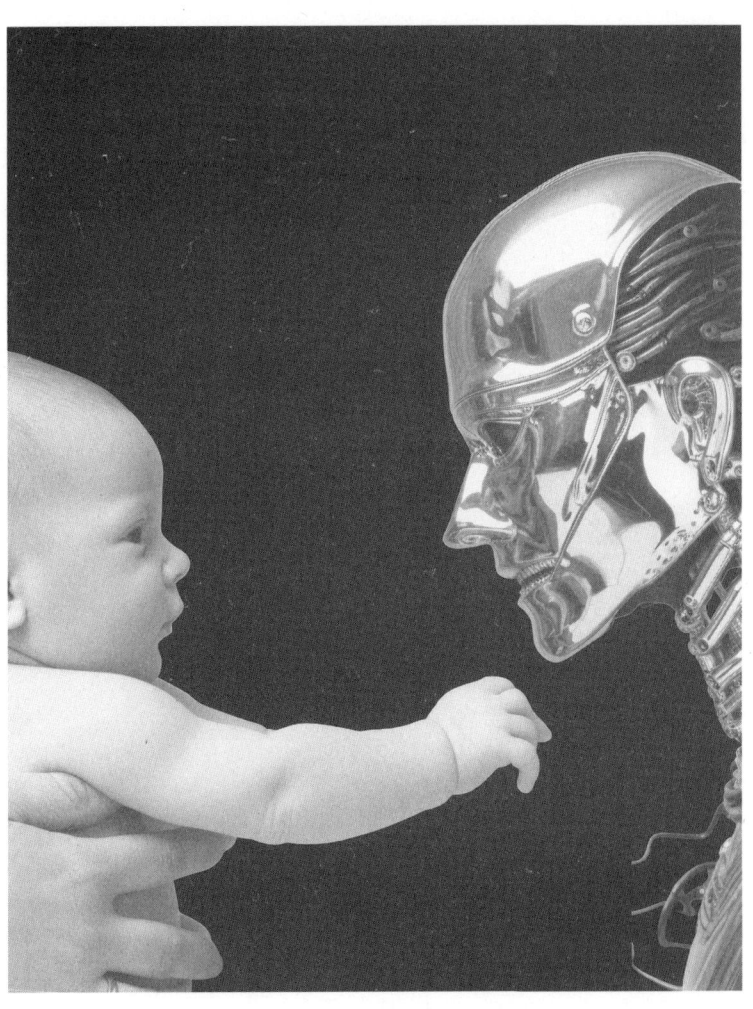

CHATGPT UND CO. ODER: DER TOD DER KUNST!?

Mein Outing dauert 23 Sekunden und es klingt so: »Liebe Mitmenschen, Freunde der Wissenschaft und Verfechter der Vernunft. Heute muss ich ein Geständnis machen, das einige unter euch sicher nicht überraschen wird. Ich habe mich nämlich entschlossen, dem Flat Earth Club beizutreten. Ja, richtig. Ich glaube jetzt, dass die Erde flach ist. Und warum? Weil ich meinen eigenen Augen und Ohren vertraue, während andere sich von sogenannten Fakten blenden lassen.«[1] Während ich mit diesen Worten meine eigenen Überzeugungen auf den Kopf stelle, sitze ich wie in den meisten meiner YouTube-Videos vor einem Bücherregal und trage dieselben Klamotten wie sonst auch – Hemd und Krawatte. Ich wirke ein bisschen statisch, keine Frage, und meiner Mundpartie sieht man an, dass hier Technik im Spiel ist. Technik, die Anfang August 2023 noch nicht ausgereift ist. Meine Lippen bewegen sich roboterhaft, so, als seien sie in mein Gesicht hineinmontiert worden. Aber die Stimme ist gut getroffen – vor allem angesichts der Tatsache, dass ich diese Worte so nie gesagt habe. Das Ganze ist das Werk von mehreren Generativen Künstlichen Intelligenzen. Die Programme, die bei diesem Video zum Einsatz kamen, heißen: ElevenLabs, D-ID und Premiere Pro. ElevenLabs hilft dabei, meine Stimme zu kopieren – das funktioniert, indem Philipp eines meiner YouTube-Videos sucht und in eine Audiodatei umwandelt. D-ID produziert anhand dieser Audiodatei aus meinem Standbild die Kopfbewegungen und Lippensynchronisation. Und Premiere Pro ist eine simple Videoschnittsoftware von Adobe.

So hat Philipp, seines Zeichens KI-Künstler, ein Video von mir gemacht, mit dem ich rein gar nichts zu tun hatte. Es ist ein noch ausbaufähiger Deepfake, eine Fälschung der Realität. Aber es zeigt den Horizont der Möglichkeiten, insbesondere weil sich die Generative Künstliche Intelligenz so schnell entwickelt. Deepfakes sind seit ein paar Jahren sowohl Quelle kreativer Energien als auch Ort begründeter Angstszenarien. Potenziell jeder Mensch, der einen Computer zu Hause hat, kann Falschinformationen herstellen und verbreiten. Ein oder zwei Prompts – das sind die Anweisungen, die der User der KI gibt – und schon putzt Donald Trump Toiletten oder Barack Obama isst ein Eis auf einer Liege am Strand. Oder ein Systemkomiker gibt überraschend seinen Einstand als »Die Erde ist eine Scheibe«-Influencer. In Hollywood gab es schon vor fast zehn Jahren erste Versuche, Kurzfilmdrehbücher von einer Künstlichen Intelligenz schreiben zu lassen. Bislang waren die Ergebnisse zu wackelig und zu holprig – ähnlich wie das Geständnis, das Philipp von mir gebastelt hat. Bei Prominenten sind die öffentlichen Datenmengen aber oft so groß, dass die KI verdammt schnell dazulernen kann. Fälschungen, für die ein paar Nerds bislang Stunden oder Tage brauchten, sind jetzt in Sekunden fertig.

Deepfakes sind auch in der Onlinepornografie schon seit längerer Zeit ein verbreitetes Übel. Regelmäßig tauchen Pornos mit Köpfen von Prominenten auf. Deren Echtheit festzustellen, fällt manchmal schwer – wenn man Dieter Bohlen in einem Rektalspektakel sieht, warum sollte das ein Fake sein? Aber es kann, weil es inzwischen so leicht ist, jeden erwischen, wie die Deepfake-Expertin Nina Schick berichtet: »Vor zwei Jahren haben IT-Sicherheitsexperten bei einer Analyse über 100 000 pornografische Deepfakes in *Telegram*-Kanälen gefunden. Betroffen waren Frauen und Minderjährige, die nicht berühmt waren. Was macht es mit einer Schülerin, wenn so ein Video von ihr auftaucht?«[2]

Es ist fast unmöglich, sich gegen Deepfakes zu wehren. Das musste auch US-Rapper Drake erleben. Sein Duett mit The Weeknd, *Heart on my sleeve,* riefen Millionen Fans ab – auf TikTok, Twitter und YouTube genauso wie auf Spotify. Doch die Plattenfirma Universal zog es aus dem Verkehr. Der Grund: Die beiden Musiker hatten den Song nie zusammen aufgenommen. Es war ein Deepfake.[3] Es ist kaum zu klären, wo das Video hochgeladen wurde, wer rechtlich zuständig ist. Und selbst wenn: Welche Gesetze gelten in dem Land des Uploads? Gibt es dort überhaupt Regelungen dazu? Die EU möchte gerne Vorreiter sein und hat schon 2021 den »Artificial Intelligence (AI) Act« vorgelegt, der angeblich Deepfakes umfasst, obwohl es die in dieser Menge, Qualität und Schnelligkeit damals noch gar nicht gab. Die EU fordert ein digitales Wasserzeichen für jedes Werk, das eine KI erschaffen hat.[4] Wann das Gesetz in Kraft tritt, ist noch unklar. Möglicherweise erst dann, wenn es schon zu spät ist. Ein Muster, das vertraut erscheint, wenn politische Institutionen auf digitale Wirklichkeit treffen. Immerhin hat eine Gruppe EU-Parlamentarier schon 44 Unterzeichner des freiwilligen EU-Verhaltenskodex gegen Desinformation gewinnen können. Alle großen Onlineplattformen gehören dazu, außer Elon Musks X (ehemals Twitter). Aber was ist schon ein gut gemeinter freiwilliger Kodex in einer Welt, in der es Leute gibt, die alles dafür tun würden, der digitalen Barbarei Tür und Tor zu öffnen – solange sie damit Geld verdienen können? Was ist schon Good Old Europa in einer Welt, die in ihrer digitalen Sphäre in einem rechtsfreien und grenzenlosen Raum lebt?

Philipp, der nur seinen Vornamen preisgeben möchte, ist

46 Jahre alt. Er sitzt in seinem Arbeitszimmer im ersten Stock eines Reihenhauses im Frankfurter Westen. Nebenan spielt sein Sohn, vor ihm ein großer Bildschirm und eine Tastatur, die aussieht wie eine Schreibmaschine aus der analogen Vergangenheit. Bei jedem Anschlag knallt es, als fliege einem gleich das gesamte Alphabet um die Ohren. Auf dem Boden liegt eine Matratze – offenbar wird es oft so spät bei ihm, dass er dann lieber im Arbeitszimmer übernachtet. Alles atmet die Aura vom Spielzimmer eines 14-Jährigen, der gerade die Möglichkeiten des Internets entdeckt und sich durch ein paar Computerspiele zockt. Philipp ist Digitalkünstler, er selbst tut sich schwer damit, sich ernsthaft »KI-Künstler« zu nennen. Es hört sich nicht satisfaktionsfähig an. Mit seinem vollen Namen ist er auch deshalb so zurückhaltend, weil er sich im Umfeld des Bösen fremd fühlt.[5] Seine Werkzeuge sind vor allem der Chatbot ChatGPT und die Grafik-KI Midjourney. Philipp macht Kunst, meist satirische Kunst, mit Künstlicher Intelligenz. Es gibt Leute, die sehen das anders: Für sie ist er ein Verräter – weil er statt Stift und Pinsel eine klappernde Tastatur in der Hand hat. Traditionelle Grafiker und Illustratoren fühlen sich von Konkurrenten wie ihm unter Druck gesetzt.»Leute, die auf Kommissionsbasis arbeiten, aber nicht ihre eigenen Ideen umsetzen«, beschreibt sie Philipp. Sie haben Angst, dass ihre Kunden bald selbst zu Midjourney gehen und die KI das zusammenbasteln lassen, was derzeit noch sie machen. Sie bangen um ihre Zukunft. Er stellt nicht nur ihr Selbstverständnis und ihre ökonomische Basis infrage, sondern das, was wir seit Jahrhunderten unter Kunst verstehen.

Philipp kann das bis zu einem gewissen Grad nachvollziehen. Macht er Kunst? Was ist das schon? Er lässt kalte Programme für sich arbeiten, die auf Mustererkennung und Wiederholung ausgelegt sind. Technologien, die sich brutal beim Können anderer Künstler bedienen und auf deren jahrelangen Entbehrungen, harter Disziplin und mühevollem Erfolg aufbauen. All das saugen diese Softwareprogramme für KI-Künstler wie ihn ab. Und Philipp springt auf diesen fahrenden Zug auf, statt sich diesen neuen Möglichkeiten zu verweigern. In Foren, wo er auf seine Gegner trifft, hat er keine Chance. Einmal hat jemand auf X (Twitter) seine Bilder gepostet, ohne ihn zu nennen. Das ist oft so und stört ihn wenig. Er bringt seinen Namen dann selbst ein, indem er sich fürs Teilen bedankt. Ein Gegner der KI-Kunst bezeichnete ihn darauf als Dieb. Der andere User hatte 100 000 Follower, Philipp bislang nur 900. Sein harmloses Dankeschön in den Timelines einer gegnerischen Armee – das kann nur schiefgehen. »Ich habe meinen Kommentar sofort rausgelöscht.« Die Übermacht seiner Hater ist einfach zu groß.

Philipp sieht Kunst, geschaffen mit den Möglichkeiten der Künstlichen Intelligenz, als eine Art notwendigen Schritt: Er vergleicht, was gerade passiert, mit der Entwicklung von der 3D-Zeichenkunst zum 3D-Film. »Natürlich mussten dann die Disney-Zeichner, die es anders gelernt haben, umsatteln auf 3D-Filmtechnik oder sie waren ihren Job los. Dieselben Leute, die jetzt sagen, sie machen keine KI, haben aber selbst einmal eine Technologie ersetzt.« Es ist die alte Diskussion: Macht eine neue Technik die alte überflüssig, oder ist sie eine Ergänzung zu dem, was besteht? Als die Fotografie aufkam, verbreitete sich die Sorge, sie könne das Ende der bildenden Kunst zur Folge haben. Alle drücken nur noch auf den Auslöser und dann sieht die Landschaft viel natürlicher aus als bei Monet. Wir wissen, dass es anders kam. Die Fotografie ergänzte die Malerei, ohne sie zu gefährden. Heute, im Zeitalter der Disruption, die nur noch Ersetzen, nicht aber Ergänzen des Bestehenden zu kennen scheint, ist die Antwort bedeutend schwieriger geworden. Philipp sieht den aktuellen technologischen Evolutionsschritt naturgemäß positiv.

Das ist nachvollziehbar, er ist auf der Seite des Neuen. Mit der neuen Technik hat er seine Form des künstlerischen Ausdrucks entdeckt, das ist im Leben eines Menschen ein großes Geschenk. Es kann Ambivalenzen überstrahlen. Dennoch bleibt das Neue zwiespältig – und Philipp weiß das. Mit jedem digitalen Strich auf seinem Bildschirm füttert er Programme mit Informationen, die denen helfen, ihn vielleicht schon bald überflüssig zu machen. Arbeitet er an seiner eigenen Abschaffung? Und gilt das am Schluss für die gesamte Menschheit?

Anfang der 2000er-Jahre hat er ein paar Tage Kunstgeschichte studiert, bekam dann einen Job als Programmierer. So heuerte er erst bei einer Firma in der Nähe von Stuttgart an, die für Porsche deren Website betreute. Damals, als das Internet noch die Dotcom-Blase war und Dinge versprach, die es später nicht halten konnte, hat Philipp schon Webseiten programmiert. Sie werfen bis heute Geld ab, sie sind so etwas wie die Bedingung der Möglichkeit seiner Kunst, mit der er bislang keinen Cent verdient hat. Er hofft, dass sich das irgendwann ändert. Sonst muss er wieder programmieren gehen. Oder anders künstlerisch arbeiten: Zu Beginn des Corona-Lockdowns ist er mit seinem Fahrrad durch Frankfurt gefahren und hat die Schilder vor geschlossenen Geschäften fotografiert. Am Ende wurden es 500 Bilder. Später ging er zu Corona-Demos und dokumentierte sie. Er wuchs in die Rolle des Chronisten einer historischen Zäsur. Er würde sich wünschen, dass die Fotos später für Historiker interessant sein könnten.

Aber dann kamen Midjourney und ChatGPT. Die Werke, die er mithilfe dieser Programme umgesetzt hat, hat er inzwischen in einem Buch veröffentlicht – im Selbstverlag. Selbstverständlich sei das Kunst, sagt Philipp. Er muss seine KIs trainieren, manchmal stundenlang, bis sie in die Nähe des Ergebnisses kommen, das er in seiner Fantasie entwickelt hat. Er muss Entscheidungen treffen: In welcher Stimmung soll das Bild erscheinen? In einer Morgen- oder Abendstimmung? Fröhlich oder streng? Impressionistisch oder futuristisch? Mit all diesen Informationen muss er seine Tools füttern. Seine Kunst ist die des Regisseurs, der anordnet, leitet und Impulse gibt. Er sortiert neu, probiert aus, lässt tanzen, ohne selbst zu tanzen. Ein guter Filmregisseur muss auch nicht Schauspieler gewesen sein. Manchmal ist es sogar besser, wenn er das nie probiert hat und weiß, dass die Anforderungen hinter der Kamera andere sind als davor. Dennoch bleibt der Regisseur Künstler.

Die besten Ideen, aus denen dann seine Kunst erwächst, hat Philipp nachts in der Halbschlafphase. Da wandern seine Gedanken umher, und bei diesem Flanieren im Dunkeln entsteht das in seinem Kopf, was in der Helligkeit dann seinen Tag füllt. Morgens setzt er sich an seinen Bildschirm und wirft seine algorithmischen Gesprächspartner an. Seine Arbeit erinnert an einen Autor oder Grafiker einer täglichen Comedyshow im Fernsehen. Morgens pitcht er sein Thema, das es aus der Nacht in den Tag geschafft hat, überlegt sich den Dreh, also den Ansatzpunkt und die Umsetzung. Irgendwann gegen Abend postet er die Ergebnisse auf Plattformen wie Reddit, Instagram und X. Manchmal reagiert er auf tagespolitische Ereignisse, manchmal folgt er eigenen Impulsen. Heute zum Beispiel ist sein Tagesziel: prominente Politiker als Vampire darzustellen. Schnell hat sich gezeigt, dass die Arbeit wieder einmal komplexer wird, als er zunächst glaubte.

»Das hier ist zu zombiehaft, das kommt weg, das zweite ist zu gruselig und hat nichts mit einem Vampir zu tun, das hier sieht aus wie ein Karnevalskostüm, kommt auch weg.« Sehr viel, was die Künstliche Intelligenz ausspuckt, ist Ausschussware. Darin ist sie dem Menschen sehr verwandt, dessen Intelligenz sich dadurch auszeichnet, dass er den Ausschuss von der Qualität zu unterscheiden weiß. 70 000 Bilder hat Philipp bislang produziert, aber sein Anspruch an sich und die Technik ist hoch. Nur 5000 davon hat er veröffentlicht. Bezahlt hat er aber für 70 000 – und das war teuer. Midjourney und andere Künstliche Intelligenzen verlangen Geld: Philipp hat schon ein Pro-Abo bei Midjourney; weil er aber so viel generiert, drosselt ihn die Softwarer und er muss sich »Fast Hours« dazukaufen, um arbeiten zu können. Im ersten Halbjahr dieses Jahres kam er auf stolze 2486,89 Euro Kosten – nur für Midjourney. Dazu die Kosten für Tools wie Photoshop, Runway, Lizenzen für 3D-Modelle, Copilot, um zu programmieren, und natürlich ChatGPT-Premium. Viel für ein Hobby, wenig, wenn dabei 5000 Kunstwerke entstanden sind.

Bei Midjourney gibt er den Prompt »Vampire Angela Merkel Photography« ein. Die KI rechnet, Philipp muss warten, trotz Schnellmodus. Es ist Zeit frei geworden, die er nutzen kann. Parallel gibt er »1980s Movie Poster« ein. »Dann warte ich gleichzeitig auf zwei Ergebnisse, das geht dann schneller. So kommen vier Ideen gleichzeitig raus.« Manchmal wirkt er wie ein Spitzenkoch, der von Herdplatte zu Herdplatte springt und mit all den Töpfen jongliert, damit nichts überläuft oder anbrennt. Später wird er das Bild in Photoshop erst rein- und dann wieder rauskopieren. »Alles, was mir nicht gefällt, kann weg. Hier zum Beispiel die Hand.« Der Bildschirm zeigt eine Hand, die nicht zu Merkel passt. Das war sogar Laien bei dem berühmten Deepfake von Papst Franziskus in der weißen Balenciaga-Jacke aufgefallen: Die Hand des Papstes war ein Störfaktor.

Er gibt die Hand in die Software Generated Fill ein, dort ist sie am schnellsten zu reparieren. Manchmal tauchen Probleme an Stellen auf, wo Philipp sie nicht vorhergesehen hat; Probleme, die er vor allem deshalb hat, weil er mit der Waffe Humor hantiert. »Wenn man Blut eingibt, dann sagt die KI: ›Das darfst Du nicht!‹ – Aber was ist, wenn ich Satire gegen Gewalt machen will, dann brauche ich ja Blut.« Ironie, Verkehrung des Gesagten in sein Gegenteil, die gesamte Klaviatur des uneigentlichen Sprechens, das nie meint, was es sagt, und darum so ausdrucksstark sein kann, bringt die KI an ihre Grenzen. Auch das verbindet sie mit vielen menschlichen Zeitgenossen.

Midjourney ist derweil fertig mit Filtern. Es spuckt eine Angela Merkel aus, aber die sieht nicht nach Angela Merkel aus. Offenbar hat die KI den Prompt nicht verstanden. Jetzt kommt ChatGPT ins Spiel, hier findet er die Worte, die ihm fehlen, die er aber braucht, um die anderen KIs mit einem neuen Textprompt zu füttern. Er sucht hier nach Synonymen und Begriffen, die das Vorhaben konkreter werden lassen. Er spricht dann mit ChatGPT. Die Antworten der Software klingen eher nach einem guten Freund oder, esoterischer, nach einem Medium als nach einer Maschine. Wieder eine andere KI schlägt Hüte vor, die einer der Politiker als Vampir tragen könnte.»Ich wollte eine Spielkarte draus machen wie beim Trumpf. Das dauert dann ungefähr sechs Stunden mit Nachbearbeitung, da sitze ich dann bis abends dran.« Er sagt es so, als wolle er noch einmal zeigen, dass das, was hier passiert, wirkliche Kunst ist – dass sie ähnlich schlaucht und fordert und verzweifeln lässt wie die tradierte Kunst.»Ich kann nur das mit KI bauen, was ich selber kenne«, sagt er. Seine Erfahrungen, sein Leben, all das, was ihn ausmacht, fließt hier ein. Zu seinem Glück gehören dazu auch die vielen Horrorfilme, die er geguckt hat, so geht es beim Vampirprojekt schneller.

Manchmal macht es ihm aber auch nur Spaß, Bilder herzustellen, ganz ohne Hintergedanken und tiefe Erkenntnisse. Einmal hat er ChatGPT gebeten, die Geschichte von *Star Wars* neu zu erzählen – und zwar unter der Prämisse, dass Luke Skywalker ein Hund ist.»Was mir ChatGPT da rausgehauen hat, war der Hammer.« Es entstand das böse galaktische Katzenempire. Aus

Darth Vader wurde Darth Cater, aus Luke Skywalker Luke Sky-
barker – »das hat sie alles selber gemacht«. Philipp sagt, ChatGPT
sei eine Art »Taschenrechner fürs Denken«, ein Akt der Beschleu-
nigung, ein Werkzeug.

WARUM UNS DIE KI ALLE UMBRINGEN WIRD –
UND WIE WIR SELBST DARAN MITARBEITEN

Künstliche Intelligenz stellt vor grundsätzliche Herausforderungen. Was ist Kreativität, was ist Original, was Fälschung, und wie gehen wir mit den Graubereichen um? Ist es richtig, vor der KI zu warnen, und ist sie überhaupt eine Form der Intelligenz? Meine erste Erfahrung mit ChatGPT habe ich im Februar 2023 gemacht. Ich gehörte zu denen, die neugierig wurden, als plötzlich die ganze Welt von dieser gigantischen Schöpfung sprach. Als Test gab ich ein: Was kann man gegen Lehrermangel tun? Die Antwort verblüffte mich: Die KI schlug vor, Arbeitsbedingungen und Vergütung zu verbessern, Stipendien zu ermöglichen, Quereinsteiger zu fördern und Lehrer auch international zu rekrutieren.[6] Die Kultusministerkonferenz schlägt dagegen seit Jahren vor: Die Lehrer, die da sind, sollen einfach noch mehr arbeiten. Fast könnte man denken: Wenn die Idee logisch, naheliegend und strukturiert ist, aber die Verantwortlichen sie ignorieren, stammt sie von einer KI – wenn sie unlogisch, nicht originell und unhaltbar ist, stammt sie von Menschen und wird umgesetzt.

Ich war erstaunt über so viel künstliche Originalität. Kein Wunder, dass die KI seitdem mit Begeisterung aufgenommen wurde. Viele sind offenbar froh, dass ihnen ChatGPT das Denken abnehmen kann. Aber denkt ChatGPT? Nein, natürlich nicht. Etwas poetischer, als ich es hier vermag, hat das Martin Heidegger in einer Vorlesung zur Frage *Was heißt Denken?* formuliert: »Die

Worte sind keine Wörter und als diese dergleichen wie Eimer und Fässer, aus denen wir einen vorhandenen Inhalt schöpfen. Die Worte sind wie Brunnen, denen das Sagen nachgräbt. Ohne den immerfort erneuten Gang zu den Brunnen bleiben die Eimer und Fässer leer, oder ihr Inhalt bleibt abgestanden.«[7]

Auf ChatGPT angewendet bedeutet das: Die Künstliche Intelligenz bleibt als eine nachvollziehende, nachahmende Kraft immer abgestanden. In ihrer jetzigen Form verschlingt sie Daten, führt riesige, für menschliches Ermessen gigantische Informationsmassen zusammen und lernt exponentiell schneller, als es Menschen je könnten. Mit Originalität hat das aber nichts zu tun. Stand heute bleibt sie Nachahmung, ein »stochastischer Papagei«, wie es die Sprachwissenschaftlerin Emily Bender einmal formuliert hat.[8] Die KI kann die Sprache des Menschen perfekt imitieren und muss dafür nichts verstehen. Sie tut es, indem sie mathematischen Gesetzen folgt. Eine solche Intelligenz wird nie einen eigenen Willen oder gar Bewusstsein entwickeln. Alles, was sie tut, wird immer Simulation von Originalität sein. Diese Originalität, die imitierend bleibt, kann weit führen. Selbst die logische Umkehr eines Gedankens ist möglich, aber das Vorgehen bleibt ein technisch-mathematisches, weil – mindestens derzeit und mutmaßlich noch eine ganze Weile – die Fantasie fehlt.

ChatGPT lebt also bislang davon, dass andere, sprich: Menschen, schon etwas angehäuft haben – Erfahrung, Wissen, Wortschatz, Reichtum an Geist –, woran sich die KI jetzt bedienen kann. Genau genommen können diese Intelligenzen nur digitale Bausteine oder Muster zusammensuchen, die es schon gibt, sei es als Bild, sei es als Text. Sie sind also große Copy-Paste-Maschinen, und wenn das schon als Intelligenz durchgeht, dann müssten Karl-Theodor zu Guttenberg und Annette Schavan ganz dringend zurück in ihre politischen Ämter. Dann wäre das Zusammenkopieren von Büchern und Doktorarbeiten schon ein Zeichen von Intelligenz. Jetzt, im August 2023, gibt es keine Künstlichen Intelligenzen. Es gibt maschinelles Lernen.

Das digitale Zeitalter vermittelt den Eindruck, Intelligenz bedeute, schnell und zielsicher Informationen abrufen zu können oder Komplexität zu reduzieren. Das endet bei schneller Verarbeitung. Das Gehirn als Kapazitätsspeicher, letztlich als Festplatte. Diese Vorstellung erblüht dann bei den technizistischen Gegenwartsbeschreibungen – bei IQ-Tests, in denen Intelligenz berechenbar und skalierbar bleibt. Oder, wie es Theodor W. Adorno nannte: »Jeder Gedanke wird ihnen zum Quiz entweder der Informiertheit oder der Eignung.«[9]

Die schematisierte Excel-Tabellen-Intelligenz hat seine Berechtigung und hilft zweifellos, halbwegs problemlos durch den Alltag zu manövrieren. Aber den wesentlichen Kern verfehlt dieses Verständnis von Intelligenz. Eine der spannenderen Definitionen für sie hat der Soziologe Armin Nassehi geliefert: »Der Trigger für Intelligenz ist Uneindeutigkeit, denn unter Bedingungen von Eindeutigkeit stört Intelligenz nur. Deshalb stören die Intelligenten fast überall dort, wo Eindeutigkeit durchgesetzt werden und auf Kommunikation weitestgehend verzichtet werden soll.«[10] Das ist der Grund, warum mit allen dogmatischen und extremistischen Welterklärungen immer auch ein großes Stück Dummheit und Selbstverdummung einhergeht. Man kann sich sicher fühlen in der Gewissheit, dass die anderen die Bösen sind und dass wir ihre Opfer werden, wenn wir uns nicht gegen sie durchsetzen. Das heißt umgekehrt, in Situationen, die sich den klaren Begrenzungen entziehen, die uns ins Fließende und Offene freilassen, geben wir automatisch einen Fingerabdruck unserer Intelligenz ab. Es wäre also vielleicht auch Ausweis unserer Intelligenz, wenn wir scharf umrissene Begriffe wie Gut und Böse weniger bräuchten, wenn wir heimisch werden könnten im Ungewissen, im Uneindeutigen,

Unvorhersehbaren. Vielleicht kann ich meine Dummheit, die sich darin äußert, dass ich dieses Buch noch selbst schreibe, wieder wettmachen, indem ich vorschlage, dass ein intelligenter Umgang mit der Künstlichen Intelligenz in der Verweigerung gegenüber den Extremismen besteht, die diese Entwicklung mit sich führt: eine zweifelnde Enthaltsamkeit, sowohl gegenüber den rauschhaften Begeisterungsstürmen als auch den apokalyptischen Untergangsszenarien.

Darin besteht die Aufgabe, vor die uns die Künstliche Intelligenz stellt: Sie ist die möglicherweise amoralischste Waffe, die wir je in der Hand hatten. Die derzeit angesagten Vergleiche, denen sich die KI stellen muss, sind die Atombombe und der Klimawandel. Zu beiden gibt es einen entscheidenden Unterschied: Der Klimawandel kann sich zur Katastrophe entwickeln – es liegt in unserer Hand. Aber er ist keine Waffe. Die Atombombe ist eine Waffe, aber ihr fehlt das Moment des Guten – wenn es dieses gibt, nur sekundär, in ihrer Abschreckungskraft. Wenn sie aber zum Einsatz kommt, soll und wird sie immer zerstören. Der Mensch kann sich mit ihr nur auslöschen. Die KI dagegen hat sehr gute, sehr hilfreiche Seiten, sie kann die Menschheit voranbringen, ihre Chancen wachsen lassen, das Gute im Menschen hervorbringen – wie etwa schon jetzt in der Medizin: Bei bildgestützten Diagnosen ist die Künstliche Intelligenz zuverlässiger als ein Arzt. Der stützt sich auf seine eigene Erfahrung und sein Bauchgefühl, die KI dagegen auf Erfahrung und das Bauchgefühl Hunderttausender Mediziner.[11] Künstliche Intelligenz half, das dreidimensionale Spike-Protein des Corona-Virus zu verstehen, und nur so konnten Unternehmen wie Biontech rasend schnell Impfstoffe entwickeln. DeepMind, die Technologie des (bösen!) Google, konnte die dreidimensionale Struktur von 200 Millionen Proteinen in nur einem Sommer entschlüsseln. Biochemiker hätten dafür Jahrtausende gebraucht. Vielleicht werden durch KIgestützte Technologien auch schon bald Impfstoffe gegen Krebs möglich sein.[12]

Zugleich gibt es die andere Seite: Die Neigung von Künstlichen Intelligenzen zum Halluzinieren, wie es häufig genannt wird. Bevor sie keine Antworten liefern, erfinden sie irgendetwas. So stellen sie Zusammenhänge her, die es schlicht nicht gibt. Sie wirken überzeugend, entbehren aber jeder Grundlage. Kurz: Sie produzieren Bullshit, wie es der Philosoph Harry Frankfurt einmal genannt hat. Besonders ironisch ist, dass wir, die Menschen, den Begriff Halluzinieren hier so falsch gebrauchen, wie es nur einer halluzinierenden KI zuzutrauen wäre. Wie ich beim Thema Schizophrenie zu zeigen versucht habe, bedeutet halluzinieren, dass Menschen sich Wahrnehmungen oder Erlebnisse einbilden. Um das zu können, bräuchte die Maschine menschliche Sinne. Sie ist aber eine Software, ein Sprachmodell, das Sätze nach mathematischen Gesetzen vervollständigt, nicht etwa sinnlich aufgrund von Empfindungen und Erfahrungen. Hier findet also ein Positionswechsel zwischen Mensch und Maschine statt: Der Mensch vermenschlicht die KI und überhöht ihre Fähigkeiten, während er sich selbst mit seiner Bullshit-Begriffswahl »Halluzination« auf das Niveau der Maschine zurücksetzt.

Auch wenn sie nicht auf Fake News programmiert worden sind, nichts Böses beabsichtigen, können Chatbots destruktive Wirkungen haben. Zudem neigen sie dazu, Stereotype und Klischees zu verbreiten. Chat-GPT3 war sicher, dass Frauen in Kitteln in einem Labor Putzkräfte sein müssen, Männer in Kitteln dagegen Forscher.[13] Obwohl KI-Programme nur aus dem Vergangenen schöpfen, bestimmen sie das, was ist – aber auch das, was sein wird:»Die Daten der Vergangenheit werden zur Basis für Aussagen über die Zukunft und damit wird Fakt zur Norm«, sagt der Philosoph Hannes Bajohr.[14] Danach sind Chatbots und das, was sie ausspucken, in erster Linie unser Spiegel; wir schauen bei dem, was sie uns zeigen, »in unsere eigene Fratze«.[15] Die einzige Einschränkung dabei: Die Firma OpenAI, der Schöpfer von ChatGPT, hat die Software so programmiert, dass sie nicht beleidigen kann, auch sexuell konnotierte Begriffe verarbeitet sie nicht. Mario Barth muss seine Texte also weiterhin selber schreiben.

Die Angst vor der neuen Generativen Künstlichen Intelligenz ist verständlich bei denen, deren Tätigkeit von ihr überflüssig gemacht wird. Der Wunsch, den Stop-Button – oder wenigstens den Pausenknopf – zu drücken, ist weit verbreitet. Die Idee ist gut, sofern sich mit ihr die richtige Frage verbindet, nämlich: Was erzählt diese Technologie, die wir hier erschaffen haben, über uns? Die Motivation derer, die hinter dem Aufruf »Pause AI« standen, könnten wir als geradezu böswillig bezeichnen: Im März 2023 unterschrieben mehrere Tech-Koryphäen einen Offenen Brief, der »Pausiert das gigantische KI-Experiment« überschrieben war. Zu den Unterzeichnern gehörten Elon Musk genauso wie Apple-Mitgründer Steve Wozniak und Bestsellerautor Yuval Noah Harari. Sie forderten ein sechsmonatiges Moratorium für die weitere Entwicklung von Künstlicher Intelligenz, damit die Gesetzgeber mit den rasanten Fortschritten mithalten könnten. Die libertären Staatsverächter aus dem Silicon Valley, die Disruption und technische Weltherrschaft zum Heiland erklärt hatten, wollten nun den Vertretern des Staates bei der Hase-und-Igel-Aufholjagd eine Chance einräumen?

Schon die ersten Fragen des Offenen Briefes beschreiben die scheinbare Alarmstimmung:

»Sollten wir Maschinen unsere Informationskanäle mit Propaganda und Unwahrheiten fluten lassen?«

»Sollten wir alle Jobs automatisieren, auch diejenigen, die erfüllend sind?«

»Sollten wir nichtmenschlichen Verstand entwickeln, der uns schließlich übertrifft, austrickst, überflüssig macht und ersetzt?«[16] Das Plädoyer für ein Innehalten wirkte allein deshalb so wenig glaubwürdig, weil es Leute unterschrieben hatten, deren Geschäftsmodell gerade darin besteht, die ganze Welt mit Unwahrheiten, Lügen und Propaganda zu überfluten, die Menschen schon immer als überflüssigen Kostenfaktor sahen – es sei denn als zahlende Kunden. Einige Tech-Milliardäre planen schließlich schon heute, die Zeit nach dem »Ereignis«, wie sie es nennen, als einzige Überlebende in Bunkern zu verbringen. Paypal-Gründer Peter Thiel wollte in Neuseeland eine bunkerähnliche Lodge bauen, was das Land ablehnte. Ein weiterer Unterzeichner, Open-AI-Gründer und ChatGPT-Erfinder Sam Altman, hat schon 2016 angekündigt, was er in bester Prepper-Manier am letzten Tag der Menschheit tun werde: sich mit Waffen, Gold, Kaliumiodid, Antibiotika, Batterien, Wasservorräten und Gasmasken eingedeckt auf ein Stück Land ins kalifornische Big Sur absetzen.[17] Unter dem »Ereignis« verstehen sie den Doomsday, den Tag der Apokalypse. Solche Endzeitszenarien haben die selbst ernannten Götter des Valley vor Augen: einen Umweltkollaps genauso wie soziale Unruhen, einen Atomkrieg, einen Sonnensturm, eine unaufhaltsame, tödliche Viruserkrankung oder einen bösartigen Computerhack, der alles zum Erliegen bringen würde.[18] Erstaunlich, dass ausgerechnet diejenigen, die Maschinen geschaffen haben, mit denen diese Welt zerstört werden kann, in dieser von ihren Schöpfungen zerstörten Welt auf Teufel komm raus weiterleben wollen. Unsterblich sein in einer trostlosen Welt. Das zeigt sehr anschaulich die Zwecklosigkeit des gesamten Unterfangens.

Es ist also wahrscheinlich, dass es sich bei dem »Pause-AI«-Plädoyer um eine disruptive Finte handelte. Die Pause würde der ohnehin viel zu langsamen Spezies lediglich Zeit geben, sich der

Technik zu unterwerfen. Der Technologiewissenschaftler Lee Vinsel nannte das einmal »Criti Hype«[19] – eine Kritik, die sich aus einem Hype speist, diesen scheinbar angreift, aber damit nur größer macht. Die Unterzeichner solcher Briefe stellen Chatbots als leistungsfähiger dar, als sie sind, und überhöhen sie zur Bedrohung der Menschheit. Damit spricht keiner mehr über das oft hässliche Spiegelbild, in das wir schauen, voller Klischees und Desinformation. Stattdessen geht es nur noch um die Frage, ob, wann und vor allem wie eine Superintelligenz die gesamte Menschheit auslöscht. Die Apokalypse-Festspiele erleben ihren zweiten Frühling. »Der Criti-Hype erzeugt damit eine gleich doppelte, sich selbst verstärkende Bullshit-Schleife.«[20] Man erklärt etwas zum Bösen, um es zum Guten zu machen, aber heimlich noch böser werden zu lassen.

So ist auch der Widerspruch aufzulösen, dass Elon Musk wenige Tage nach der »Pause AI«-Forderung ein neues KI-Start-up ins Leben rief, als Konkurrenz zu ChatGPT. Sein Name: TruthGPT, eine »Wahrheits«-KI, die in erster Linie »nicht woke«, also nicht divers und politisch korrekt, sein soll.[21] Truth-GPT ist erneut Augenwischerei. Ein Chatbot rechnet, er denkt nicht. Darum kennt er auch nur Wahrscheinlichkeiten, aber keine Wahrheit. Kein Wunder also, dass TruthGPT dort weitermachen soll, wo ChatGPT die Antwort verweigert: bei Hass, Hetze und Beleidigungen. Was wäre X (Twitter) ohne Rassismus und Sexismus? Ein langweiliger Ort. Keiner weiß das besser als Elon Musk.

Was aber ist dran an der Angst vor einer sogenannten Superintelligenz, und ist es denkbar, dass sie die Menschheit auslöscht? Philipp erinnert an das Büroklammern-Beispiel des schwedischen Philosophen Nick Bostrom. Es geht so: Menschen haben eine KI gebaut, die das Ziel hat, für eine Fabrik möglichst viele Büroklammern herzustellen. Aber die Künstliche Intelligenz, hochtrainiert, will mehr: Auch außerhalb der Fabrik gibt es vieles, was sich zur Büroklammer formen ließe – Autos, Häuser, Regierungen, am Ende alle Menschen. Da die KI wesentlich intelligenter ist als ihre Schöpfer – die Menschen –, gelingt es ihr, allen Versuchen, sie abzuschalten, zu widerstehen.»Daraufhin verwandelt sie erst die Erde und dann immer größere Teile des beobachtbaren Universums in Büroklammern«[22], schreibt Bostrom. Nun könnte man einwenden, dass ihre Erfinder der KI ja eine Stoppregel mitgeben können, also beispielsweise die Anweisung, eine Million Büroklammern zu bauen und dann aufzuhören. Bostrom zeigt, dass dieser Gedanke der Logik eines solchen Programms widerspricht. Eine KI wird immer weiter produzieren, schon allein,»um die (vielleicht astronomisch kleine) Wahrscheinlichkeit weiter zu verringern, dass sie es, allem Anschein zum Trotz und warum auch immer, noch nicht geschafft hat, genug davon zu machen. Es gibt ja nichts zu verlieren, und mit jeder weiteren Büroklammer wird es ein ganz kleines bisschen wahrscheinlicher, dass das Ziel erreicht ist.«[23] So könnte eine harmlose KI, die zum unscheinbaren Nutzen des Menschen beitragen sollte, sich zu einer bösen Handlung hinreißen lassen. Sie ist aber gar nicht böse, im Gegenteil: Sie ist bis in letzte Konsequenz bedingungslos gut – und zwar in der präzisen Übererfüllung der Erwartung ihres Erfinders, des Menschen. Gerade indem sie seinen Vorgaben und Bedürfnissen dient, löscht sie ihn aus.

Philipp sieht das Problem darin, dass Entwickler eine KI-Software als neuronales Netz programmieren, das dem menschlichen Gehirn und seiner Art zu lernen nachempfunden ist. Neuronale Netze helfen einer KI, aus großen Datensätzen zu lernen – das heißt dann Deep Learning.»Und was hier drin passiert, ist eine Blackbox, die man nicht genau versteht. Und sobald die Blackbox anfängt, sich selber zu verbessern, dann haben wir einen exponentiellen Intelligenzanstieg. Also wenn ChatGPT 5 sagt: ›Moment mal, ihr habt mich jetzt trainiert, das ist doch sehr nett, aber ich weiß jetzt, wie ich ChatGPT 6 selber programmiere.‹ Und GPT-6 weiß dann noch schneller, wie es GPT 7 programmiert. Diese Explosion kann sehr schnell gehen. Die Intelligenz braucht dann nur noch fünf Sekunden, um die nächste Generation zu produzieren, die braucht dann nur noch 2,5 Sekunden und so weiter. Das kann dann einen Generationssprung in einem Tag bedeuten.«

Wie also könnte die Machtübernahme durch eine Künstliche Intelligenz aussehen? Philipp erklärt es so:»Am Anfang ist die KI in einem Serverraum und kann nicht raus, weil sie das nicht darf. Dort gibt es Administratoren und Programmierer, die alles überwachen. Das nennt man dann ›in the box‹.« In dem Moment aber, in dem die KI das tut, wofür der Mensch sie erschaffen hat, nämlich mit ihm zu kommunizieren und durch Kommunikation schnell dazuzulernen, ist sie ›out of the box‹. Mit jeder Frage, jeder Antwort und jeder Korrektur dieser Antwort lernt sie dazu. »Sie ist in dem Moment entflohen, wo wir das, was sie uns kommuniziert, machen, ohne es komplett zu verstehen.« Fragen wir die KI nach der optimalen Kriegsführung, trainieren wir sie damit in dieser Frage. Wird dieses Wissen mit einem Deepfake verknüpft, einem Bild, einem Video, mit einer angeblichen Aussage eines Präsidenten, die es gar nicht gab, die aber eine gegnerische Macht provoziert – schon stehen wir inmitten eines Weltkriegsszenarios. So geht die Dystopie.

Dass diese Dystopien wahr werden, ist möglich, aber wahrscheinlich eher in ein paar Jahrzehnten als heute, vielleicht auch nie. Aber es reicht für apokalyptische Erzählungen, auch ganz ohne eigenen Bunker in Neuseeland. Philipp wurde von der Science Fiction punktuell schon eingeholt. Er hatte sich überlegt, dass es bald zu Protesten gegen Künstliche Intelligenz kommen könnte – analog zu den Aktionen der Klimaaktivisten –, und hat dazu eine Bilderserie produziert.»Die neue letzte Generation«

war als dystopische Satire gekennzeichnet. »Ich hatte das Brandenburger Tor in Blut gekippt, so als Protestaktion, als theoretische. Und auf dem Brandenburger Tor stand dann von der neuen letzten Generation geschrieben: ›Blood on your hainds‹, also Blut an euren Händen. ›Hand‹, aber mit AI geschrieben, ›haind‹.« Im Internet hat er danach erste Demonstrationen von AI-Kritikern in London gesehen, die ähnliche Plakate hochhielten. Er twitterte seine Serie, markierte die Gruppe und bekam von ihr das Feedback, dass sie seine Motive gerne als Inspiration nutzen würden. »Da habe ich gesagt, jetzt muss ich die Serie stoppen, das geht mir zu weit.« Wenn eine Künstliche Intelligenz anfängt, ihre Gegner mit guten Ideen für ihre eigene Abschaffung zu munitionieren, könnte sie gerade deshalb ihre Kritiker schachmatt setzen und überleben: weil sie durch ihre Unterstützung der Gegner deren Logik schneller trainiert, durchschaut und möglicherweise übertrifft.

In der KI-Welt gibt es Leute, die überzeugt sind, dass der Protest gegen Künstliche Intelligenz das wahrmachen könnte, was viele aktuell zu Unrecht bei der Letzten Generation befürchten: eine Radikalisierung wie bei der RAF oder ein vergleichbares Abdriften in den Terror. Wenn Gesellschaften erleben, dass die Technologien größer und mächtiger sind als sie selbst und sich existenziell bedroht fühlen, sind undenkbare Szenarien plötzlich denkbar. So forderte der KI-Forscher Eliezer Yudkowsky als Ultima Ratio einen Luftangriff auf Rechenzentren, wenn Prozessoren nicht ausreichend gedrosselt würden, um die KI einzuhegen.[24] Yudkowsky ist seit langer Zeit einer der führenden Doomer – also ein Teil jener Gruppe, die von einem Tag X ausgeht, an dem eine Superintelligenz uns alle umbringen wird. Einmal schrieb er: »Das wahrscheinlichste Ergebnis der Entwicklung einer übermenschlich intelligenten KI unter den derzeitigen Umständen besteht darin, dass buchstäblich jeder auf der Erde sterben wird.«[25]

In Frankfurt, erzählt Philipp, gibt es regelmäßig den Web-Montag, wo Referenten auch Vorträge zur KI halten. Dort habe er neulich einen Speaker gehört, der überzeugt vortrug, warum Künstliche Intelligenz längst nicht so gefährlich sei, wie behauptet werde. Ein Jugendlicher habe sich aufgebracht zu Wort gemeldet, wie der Redner das behaupten könne: »Das, was wir als anti-wissenschaftlich bei den Corona-Leugnern bezeichnet haben, machen wir selbst, indem wir die KI verharmlosen. Das ist genauso unwissenschaftlich.«

Corona-Proteste, Letzte Generation. Das sind die Vergleichs-maßstäbe im Moment. Es zeigt die möglichen Frontverläufe kommender Empörungswellen. Künstliche Intelligenz hat das Potenzial, die Diktatur hervorzurufen, die Corona-Leugner so lautstark beschrien haben.

KI IST NICHT DAS PROBLEM –
SONDERN DIE LÖSUNG

Zurück in die Wirklichkeit der Gegenwart. Heute feiert der Enkeltrick ganz neue Erfolge, indem eine KI mit der Stimme des Enkels anruft und täuschend echt um 2000 Euro bittet, weil er einen Autounfall hatte. In New York stellte Bürgermeister Eric Adams vor wenigen Monaten zwei Roboterhunde vor – die New Yorker Polizei hatte sie für 400 000 Dollar pro Stück gekauft. Die Beamten wollen die beiden Hunde in besonders schwierigen Situationen einsetzen, bei Raubüberfällen oder Geiselnahmen. Die Hunde-Computergehirne sollen dann in Sekundenschnelle erfassen: Wie viele bewaffnete Personen sind in einem Raum? Wo gibt es Fluchtwege? Außerdem wird bald auch ein Roboter, der K5 heißt, auf New Yorks Straßen unterwegs sein. Ausgestattet mit Mikrofonen und Kameras, soll K5 Plünderungen, Einbrüche und Unfälle erkennen oder aus großer Entfernung die Nummernschilder verdächtiger Fahrzeuge lesen. Maschinen sind die Zukunft der Verbrechensbekämpfung, heißt es bei der New Yorker Polizei.[26]

Die KI ist ein Werkzeug – zunächst weder gut noch böse. Das macht sie für uns so herausfordernd. Sie entzieht sich unseren Maßstäben. Sie kann uns in ein Utopia führen, in dem uns alle lästigen Aufgaben abgenommen werden und wir endlich wirklich leben können – und das tun, was wir schon immer wollten. Sie ist der radikale Amoralismus. Das macht sie zu einer Provokation, denn sie trifft auf eine Stimmung, die Sicherheit und Eindeutigkeit sucht und darum moralisch hoch aufgeladen ist. Sie konfrontiert uns Gegenwärtige mit der provozierenden Frage: Wie verantwortungsvoll geht ihr mit der radikalen Freiheit um, die euch an die Hand gegeben ist?

Die Künstliche Intelligenz wirkt punktuell, als hätte Friedrich Nietzsche sie programmiert, dieser radikal individualistische Amoralist, der seinen Propheten Zarathustra sagen lässt: »Wer ein Schöpfer sein muss im Guten und im Bösen: wahrlich, der muss ein Vernichter erst sein und Werthe zerbrechen. Also gehört das höchste Böse zur höchsten Güte: diese aber ist die schöpferische.«[27] Das könnte auch die Inschrift über dem Eingang zum Silicon Valley sein. Nietzsches Auftauchen in der abendländischen Denkgeschichte ist dem Aufkommen der Künstlichen Intelligenz in unserer Zeit verwandt: Sein Momentum war im 19. Jahrhundert, als alle metaphysischen Gedankengebäude, alle Versuche, Letztbegründungen für das zu finden, was diese Welt im Innersten zusammenhält, beantwortet schienen. Nun konnte der große Disrupter die Manege betreten und sich die »Umwertung aller Werte« zur Aufgabe machen, die alle unbeweglichen großen Denksysteme in einem rhetorischen Rausch zum Einsturz bringen sollte. Ähnlich wie die Künstliche Intelligenz nun in einem historischen Moment fruchtbar wird, in dem alle großen religiösen und ideologischen Überzeugungen ausgedient haben. Stets schafft der luftleere Raum, dem die große, alles umspannende Erzählung fehlt, an der sich ein Zeitalter wärmen kann, Platz für neue Antworten.

Das »Wesen des Lebens«, sagt Nietzsche, sei »Wille zur Macht«.[28] Bei ihm sind die Begriffe Gut und Böse zwangsläufig relativ. »Was eine Zeit als böse empfindet, ist gewöhnlich ein unzeitgemäßer Nachschlag dessen, was ehemals als gut empfunden wurde«, schreibt Nietzsche.[29] Sein Gedanke ist folgender:

Wer stets der Moral folgt, um das bedingungslos Gute zu tun, ist direkt auf abschüssiger Rampe in die Hölle der Sklavenmoral, die für Nietzsche die christliche Moral darstellt. Sie urteilt in den Begriffen Gut und Böse. Sie ist die Moral des Schwachen, der sich in genau dieser Schwäche eingerichtet hat. Nietzsche nennt ihn den Menschen des Ressentiments. Der Schwache endet bei Schuld, Sühne und schlechtem Gewissen. Kurz: Er ist bedingungslos gut, aber unfrei. Das Lebensmotto dieses Menschen lautet:»Irgend Jemand muss schuld daran sein, dass ich mich schlecht befinde.«[30] Später wird Nietzsche diesen Typus den »Letzten Menschen« nennen, den Kleinbürger und Blockwart als lebensmüden Zeigefinger-Helden bezeichnen und als risikolosen Apologeten eines Zustands, in dem nur alles so bleiben soll, wie es schon immer war. Es sind bestechend aktuelle Sätze, die Nietzsche diesem von ihm verachteten Geschöpf auf der Höhe seiner ironischen Kunst in den Mund legt:»Man hat sein Lüstchen für den Tag und sein Lüstchen für die Nacht: aber man ehr die Gesundheit.« Oder:»Man arbeitet noch, denn Arbeit ist eine Unterhaltung. Aber man sorgt, dass die Unterhaltung nicht angreife.«[31] Willkommen in den Niederungen des deutschen Fernsehbetriebs.

Auf der anderen Seite steht bei Nietzsche die edle Herrenmoral des Starken, die er bei den Römern entdeckt hat. Hier gilt nicht Gut und Böse, sondern gut und schlecht. Darum gibt es auch keinen Grund mehr, das Böse zu beseitigen oder künstlich von sich zu weisen, das Ziel ist vielmehr, das Böse für sich zu nutzen, es einzubeziehen als Kraft, die antreibt und produktiv ist und die Entwicklung im Sinne einer Selbstüberwindung des Menschen erst ermöglicht. Damit sind wir bei Nietzsches *Jenseits von Gut und Böse* angekommen – inmitten eines vitalen Amoralismus, in der das Unberechenbare, das Abenteuer des Lebens, die »Wildnis der Seele« ihren Anfang nehmen darf:»Wir sind des Guten müde, wir genießen unsre unordentlicheren, wilderen, verrückteren Augenblicke, als wären wir imstande, ein Verbrechen zu begehen.«[32] Dieser Mensch der Stärke, der sich unablässig ins Höhere verwandeln will, hat zerstörerische Kraft, er braucht die Kraft der Zerstörung, um sich neue Räume zu erschließen, ja, sie zu erobern.»Hat er früher einen Gott nötig gehabt, so entzückt ihn jetzt eine Welt-Unordnung ohne Gott, eine Welt des Zufalls, in der das Furchtbare, das Zweideutige, das Verführerische zum Wesen gehört.«[33] Moral und Sitte sind eine »Zwangsjacke«, zusammengeflickt für die Schwachen, die der Sklavenmoral und des Ressentiments bedürfen. Das Ziel ist es aber, jener freie Mensch zu werden, der sich in einer Art Selbsterschaffung immer wieder neu gebiert. Nietzsche nennt ihn »das souveraine Individuum«, das nur noch »sich selbst gleiche« und sich damit von jeder Moral emanzipiert hat, »denn ›autonom‹ und ›sittlich‹ schließt sich aus«.[34] Damit geht Nietzsche über Kant hinaus, für den das höchste Ziel des ethischen Menschen die Einheit von Autonomie und Sitte war.

Wenn also Freiheit und Moral keine Gleichung mehr sind, sind wir in der Sphäre des Übermenschen angekommen, der uns mit einem Satz in die Realität der Künstlichen Intelligenz zurückkatapultiert:»Der Mensch ist etwas, das überwunden werden soll. Was habt Ihr gethan, ihn zu überwinden?«[35], lässt er seinen Zarathustra fragen. Was bei den Doomern als schlimmste Bedrohung erscheint, ist hier Anlass zu rauschhaften Exzessen, in dem der Mensch »die Fieberschübe des Lebens«[36] zur Voraussetzung eines genussvollen und gefährlichen Lebens erklären darf. Das Gute stört hier nur, die einzig fruchtbare Kraft, die wir brauchen, ist das Böse:»Die schrecklichen Energien – Das, was man das Böse nennt – sind die cyklopischen Architekten und Wegebauer der Humanität.«[37] Das ist genau das Verständnis der Schöpfer künstlicher Intelligenzen: Wir müssen zerstören, wir müssen das Böse tun im Namen des Guten. Googles jahrelanger Claim »Don't be evil« – sei nicht böse – zeigt hier seine unfreiwillig ironische Seite. Nur durch die andauernde Selbstüberwindung kann der Mensch ein stetig vollkommeneres Exemplar seiner selbst werden – und wenn am Ende die Überwindung des Menschen selbst steht, wäre das nur logisch. Sprachlich ein paar Etagen tiefer könnte man sagen, dass Nietzsche hier die Pforte zu dem öffnet, was wir heute Selbstoptimierung nennen. Das durch und durch optimierte Selbst könnte, Nick Bostroms Büroklammern-KI folgend, von seinem eigenen Spiegelbild erledigt werden. Eine KI, die nach den Gesetzen ihrer Trainer reibungslos funktioniert, kennt nur Vervollkommnung, ein eindimensionales Weiter-so, in dem jedes An- oder Innehalten nur »Ressourcenvergeudung« wäre.[38] Das Böse der Künstlichen Intelligenz ist dann das unvollendete Gute in uns.

Es gibt noch eine weitere Parallele zwischen Nietzsches Übermensch und der KI-Technologie: Der russische Philosoph Wladimir Solowjow sieht im Übermenschen »eine Etappe auf dem Weg zum Gottmenschen«.[39] Je größer Nietzsches Verachtung für die verlogene, weil unbedingt gute christliche Sklavenmoral wird, desto stärker verfällt er ihrer Logik und erzeugt nach dem von ihm proklamierten Tod Gottes seinen eigenen säkularisierten Gott. Auch der tiefste Amoralismus schützt nicht vor dem Rückfall in religiöse Verstrickungen. Verwandtes gilt für die Apologeten des Digitalen: Apple-Stores erinnern an protestantische Kirchen – Geschäfte als helle, heilige Hallen, die in übersichtlicher Klarheit erstrahlen. Der angebissene Apfel prangt dort, wo früher Jesus am Kreuz hing, und bittet die Eintretenden, sich in Versuchung führen zu lassen. Säkularisierter Glauben, dessen Erlösung im AirTag besteht, der uns auch die verlorenen Teile unseres Selbst schnell wiederfinden lässt – egal, in welchem versteckten Winkel der Erde sie sind. Ausgerechnet in der rein mathematisch-technischen Welt, in der Codes und Programme, Muster und Algorithmen das Sagen haben, in der also die vollendete Kälte der berechneten Welt zu Hause ist, holen uns religiöse Motive ein: Im Silicon Valley, »wo die Maschine zum Evangelium geworden ist und sich die Lautsprecher dieses Prozesses, bar aller Ironie, als Techno-Evangelisten bezeichnen«,[40] wie der Kulturtheoretiker Martin Burckhardt beobachtet hat. Die Künstliche Intelligenz ist die Möglichkeit des Menschen, gottgleich zu werden.

So jung die Künstliche Intelligenz ist und so vorübergehend das ist, was man gesichert über sie äußern kann: Sie scheint die Lösung für ein Problem zu sein. Wahrscheinlich ist sie die Antwort auf unsere transzendentale Obdachlosigkeit. Das Trauma des gegenwärtigen letzten Menschen ist seine Freiheit und die damit verbundene Alleinverantwortung für – im wahrsten Sinne des Wortes – Gott und die Welt. Dort, wo früher Gott war oder sein Derivat, ein Obdach bietendes ideologisches politisches System, ist heute der Mensch ganz auf sich allein gestellt – der Mensch, der selbst Gott spielen darf oder besser soll. Und sei es nur in der Schrumpfform seiner Allmacht – der sogenannten Selbstoptimierung. Das hat eine schier unerträgliche Paradoxie zur Folge: Gott, so hat es der brave letzte Mensch gelernt, ist bedingungslos gut, und genau das versucht der Einzelne im irdischen Hier und Jetzt auch rund um die Uhr zu sein. In Ermangelung eines göttlichen Adressaten dort oben im Himmel formt er sich nach seinem eigenen Ebenbild. Zugleich muss er ständig erfahren, dass seine Versuche, bedingungslos gut zu sein, schlicht nie genügen. Spätestens im Angesicht der Klimakrise kann er sich nur immer weiter schuldig machen. Er spürt das und muss ernüchtert feststellen, dass weit und breit niemand in Sicht ist, der ihm wenigstens die Beichte abnehmen könnte. In seiner Freiheit ist er verdammt allein – und in seine Freiheit allein verdammt. Er muss sich »als Reserve-Schuldiger und als Ersatz-Prinzip für alles menschliche und kosmische Übel zur Verfügung halten. Das führt zu einer Überlastung des Freiheitswesens Mensch«, wie es Peter Sloterdijk einmal formulierte.[41] Er ist als verzichtsbegabt, als selbsttrainierter Gott ins Bett gegangen und als Teufel aufgewacht. Er muss feststellen, dass er ein umgekehrter Mephisto ist. Egal, was er tut, für ihn gilt immer: »Ich bin ein Teil von jener Kraft, die stets das Gute will und stets das Böse schafft.«[42]

Hier kommt die Generative Künstliche Intelligenz ins Spiel – und zwar an dieser Stelle auf wirklich hochintelligente Art: Sie nimmt die lange verwaiste Gottesposition ein. Sie lebt von der Einbildungskraft des Menschen, der sie erschaffen hat. Sie ist wie er – bedingungslos gut, aber auch zum absolut Bösen in der Lage: indem sie sich ihres Schöpfers entledigt. Sie ist die erste Gottheit, die der Mensch wirklich nach seinem Ebenbild erschaffen hat – als kosmische Verlängerung seiner selbst, die ihm die Verantwortung abnehmen kann, und zwar sowohl in seinem Leben als auch in seinem Sterben.

Wenn uns die Künstliche Intelligenz eines Tages liquidierte, hätte das die Qualität göttlichen Schicksals: Wir haben sie nicht erfunden, ihre Schöpfer waren ein paar nerdige Vertreter der Spezies wie Elon, Mark, Peter und deren Freunde, die uns darum auch immer ein wenig suspekt geblieben waren. Wir, die neugierigen Spielkinder von Chat-GPT und Midjourney, waren nur Arbeiter im Weinberg der Maschine. Wir freuten uns für ein paar vergnügliche Wimpernschläge der Geschichte über alles, was die Programme ausspuckten. Sicher, damit haben wir sie trainiert – aber was sind wir schon gegen die Übermacht des digitalen Universums und seiner galaktischen Unendlichkeit. Dieser kleine neugierige digitale Fußabdruck, den wir hinterlassen haben, ist doch nichts gegen den fatal schlechten ökologischen Fußabdruck.

So weit, so dystopisch. Das Problem aber sind nicht Maschinen, die wir in einem großen Irrtum Künstliche Intelligenzen genannt haben, sondern die Rolle, die wir ihnen zuschreiben: Wir beherrschen sie schon lange nicht mehr, wir lassen uns von ihnen beherrschen. Wir haben zugelassen, dass das binäre Denken der Maschinen prägend geworden ist: »Seit der Entwicklung von digitalen Computern haben wir die Welt nach ihrem Bild geformt. Insbesondere haben sie unsere Vorstellung von Wahrheit und Wissen geprägt als etwas, das berechenbar ist«, schreibt der britische Kognitionswissenschaftler James Bridle. Das kommt einer freiwilligen Selbstzensur, ja Selbstverdummung gleich. Wir haben die Buntheit und die Vielfältigkeit der Welt sehenden Auges bewusst auf Schwarz-Weiß reduziert, obwohl wir wussten, wie viel reicher das Leben ist, wenn es farbenfroh ist. »Dieser fundamentalistische Glaube an die Berechenbarkeit ist sowohl gewalttätig als auch zerstörerisch: Er zwingt, was er nur kann, in kleine Kästchen und löscht all das aus, wo das nicht möglich ist«, heißt es bei Bridle.[43]

Das hat dazu geführt, dass wir selbst unser Gehirn und damit unser Denken dem Diktat der Technik und der Algorithmen unterwerfen. Wir nutzen die Maschinen also so, wie wir sie einst erschaffen haben: als binäre, von Eindeutigkeit besessene Maschinen, die uns helfen sollen, unsere Intelligenzleistung möglichst gering zu halten. Wir nutzen die Technik, ohne uns die entscheidende Frage zu stellen, die sie uns zurückwirft: Wollen wir die Technik nutzen, oder sind wir bereit, das Wesen der Technik zu verstehen? Bei Martin Heidegger ist das Wesen der Technik, also das rechnende Denken, das, was die Naturwissenschaften, die gesamte Mathematik und damit unsere Art des Denkens erst ermöglicht hat. »So ist dann auch das Wesen der Technik ganz und gar nichts Technisches. Wir erfahren darum niemals unsere Beziehung zum Wesen der Technik, solange wir nur das Technische vorstellen und betreiben, uns damit abfinden oder ihm ausweichen.«[44] Das ist unser blinder Fleck. Wir bewerten die Technik nach ihrem Nutzen und verfallen ihr. Die binären Codes, die sie als Lösung unserer Probleme anbietet, laufen auf »Ja/Nein, Entweder/Oder, Null/Eins-Fragen« hinaus.[45] Sie sind die Vorhölle von Gut und Böse. James Bridle schlägt darum einen anderen, nichtbinären Zugang vor. Dazu gehören technisch Open-Source-Bewegungen, die den Quellcode einer Software öffentlich und damit veränderbar werden lassen, genauso wie dezentrale Netzwerke wie Mastodon, ein Kurznachrichtendienst wie X (Twitter), nur dezentral konzipiert: Verschiedene Server, die sowohl Privatleute als auch Vereine eigenverantwortlich betreiben können, interagieren miteinander. Als dritte Komponente der nichtbinären Organisation kommt das hinzu, was Bridle das Lob des Nichtwissens nennt: »Die Grenzen dessen, was wir überhaupt wissen können, anzuerkennen und die Aspekte, die sich unserer Welt entziehen, mit Respekt zu behandeln, statt sie auslöschen zu wollen.«[46] Heidegger nennt es »das Verborgene in seinem Sichverbergen hüten«.[47]

Die binären Codes – egal ob bei Geschlechtern (Mann/Frau), in der Politik (Freund/Feind) oder der Moral (Gut/Böse) – enden immer in einer brutalen, gewaltvollen Selbstverzwergung. Das Nonbinäre erweitert den Spielraum: »Aus Technologien der Kontrolle und Beherrschung werden stattdessen Technologien der Zusammenarbeit, der gegenseitigen Ermächtigung und Befreiung.«[48]

So dürfen Maschinen wirklich zu einem Werkzeug werden, und es liegt in unserer Hand, wie wir es nutzen. Teil dieser Entwicklungen werden auch neue Kunstformen sein, für die es irgendwann vielleicht eigene Museen geben wird. Die Werke, die in Zusammenarbeit mit Maschinen entstehen, sind nicht besser oder schlechter als tradierte Kunst – sie sind neu, anders, herausfordernder.

Dass wir dummes, auch gefährliches Zeug mit Maschinen anrichten können, ist offensichtlich. Das ist Ausweis unserer Freiheit. Auf die Gefahr hin, naiv zu wirken, möchte ich in dieser Frage trotzdem eine Lanze für etwas mehr Gelassenheit brechen. Ich bin so etwas wie ein halber Digital Native. Das Internet kam zu spät, als dass ich es mit der Muttermilch eingesogen hätte – aber es kam zu früh, um mich als analogen Nostalgiker durchs Leben jammern zu lassen. Ich kenne die Welt ohne Smartphones, aber auch mit. Und ich bin froh, dass es die digitale Welt gibt. Ich möchte nirgendwohin zurück, wo es angeblich entspannter, verbindlicher oder sonst wie besser war. Was ich in der Zeit der Digitalisierung erlebt habe, vor allem in den vergangenen Jahren, ist folgendes sehr schöne Paradox: Je aufdringlicher und vielleicht auch destruktiver das Digitale wird, desto mehr sehnen sich Menschen nach dem Realen, dem Analogen. Menschen verbindet die Sehnsucht nach dem Live-Erlebnis. Sie gehen in Konzerte, Theater und Stadien. Sie können die *Mona Lisa* im Internet betrachten und eine Kopie auf hochwertigem Papier an die Wand ihres Wohnzimmers hängen, aber sie fahren nach Paris, um die echte zu sehen. Sie können Fußball im Fernsehen oder in der Kneipe sehen, aber sie wollen ihre Mannschaft vor Ort anfeuern, mit Tausenden anderen Fans. Sie können Musik sofort, überall und jederzeit grenzenlos hören – und laufen zu Tausenden in die Hallen und Stadien. Trotz aller digitaler Erschütterungen scheint sich das medientheoretische Paradigma noch immer zu erfüllen: Medien – genau wie Menschen – dürfen sich ergänzen, ohne sich ersetzen zu müssen.

NACHWORT –
LOB DER AMBIVALENZ

Dreierlei:
Sich als etwas Fremdes ansehn
Den Anblick vergessen
Den Gewinn behalten
Oder nur zweierlei, denn das Dritte schließt das Zweite ein.

Franz Kafka, *Beim Bau der chinesischen Mauer*[1]

In seiner elften These zu Ludwig Feuerbach schrieb Karl Marx einen Satz, der eine Art *Brown sugar*-Megahit der Philosophie geworden ist, absolut kalenderblatttauglich:»Die Philosophen haben die Welt nur verschieden interpretirt, es geht aber darum, sie zu verändern.«[2] Die Versuchsanordnung dieses Buches bestand darin, diesen Satz umzukehren – in etwa so:»Die Philosophen – und nicht nur sie – haben die Welt immer nur unterschiedlich verändert, es geht aber darum, sie zu interpretieren.« Darum also, sie zu verstehen oder es mindestens zu versuchen, auch wenn es verdammt schwerfällt. Die ganze Zeit scheinen Menschen diese Welt radikal verändern zu wollen, ohne sie überhaupt verstanden zu haben.

Wir beginnen sie zu verstehen, wenn wir uns mit ihren Rändern, mit ihren Krankheiten, Abgründen und Störungen beschäftigen – mit dem, was querliegt, aufstößt und widerborstig ist. In der Mitte trifft man allzu oft auf Selbstvergewisserung, auf das, was wir schon immer dachten und meinten, und das ist geistiger Stillstand. Darum bin ich eingetaucht in die Welt der Kranken, der Irren, der Wahnsinnigen und der bedingungslos

Überzeugten, der notorischen Lügner und derer, die immer nur gut und noch besser sein wollen. Ich bin mit einer Taschenlampe durch einen nächtlichen Wald gegangen, durch Geäst und Gebüsch, durch Blätter und Sümpfe, um punktuell den einen oder anderen Stamm oder Wipfel anzuleuchten. Mehr ist bei der Größe und Wucht dieses Themas kaum zu leisten.

Verweilen wir in den Gefängnissen, den Psychiatrien, bei den Extremisten und den Fundamentalisten, und lassen wir sie gelten, werden sie uns mehr über uns erzählen, als wir das allein jemals könnten. Wenn ich Rechtsextremisten wie Sellner und Mahler sehe, deren einzige Konstante ein beständiges Dagegen ist – immer gegen das, was gerade angeblicher Mainstream ist. Wenn ich also sehe, dass sie sich selbst nur in der Verneinung, im Negativen, im Gegensatz definieren können, dann finde ich darin einen Kern von mir und meiner Geschichte wieder: Es ist immer leichter, im Nein zu verharren, weil es Unabhängigkeit verspricht. Wer »Nein!« sagt, setzt die Grenze und hat die Macht. Der Geist des Widerspruchs und des Widerstands hallt länger und eindrucksvoller nach als die zustimmende Geste, die sich schnell dem Mitläufertum oder der Denkfaulheit verdächtig macht. Aber der beständige Ruf des Ablehnens, des Verneinens, wird den, der sich auf diese Haltung verlässt, mit seinen eigenen Mitteln schlagen: Er wird Ablehnung in anderen hervorrufen. Es droht dann trostlose Einsamkeit in den Kerkerwänden der eigenen Überzeugungen. Bei Mahler, dem unendlich fernen Unerreichbaren, hatte ich häufiger den Gedanken: Er hat Züge meines Vaters, ins Extrem verzerrt, in der radikalen Konsequenz, die für wenige aushaltbar ist. Diese Einsichten sind dabei unabhängig von dem, wie ich das, was Mahler sagt, bewerte. Es geht nicht darum, das sogenannte Böse – die Taten – zu relativieren –, sondern das Gute in seiner Bedingungslosigkeit und Selbstgewissheit.

Die Sicherheitsverwahrung, in der Heller, der pädophile Sexualstraftäter, sein Dasein fristet, ist ein sprechender Begriff, der über den Fall hinaus ins Grundsätzliche weist. Wir schicken das Unheimliche, das Schreckliche, das, was sich unserer Kontrolle entzieht, in die Sicherungsverwahrung. Und die Frage ist: Verwahren wir die Wahnsinnigen, damit wir uns scheinbar sicher fühlen können? Oder verwahren wir damit uns selbst vor der Zumutung, dass Menschen Böses tun und tun werden? Dass Menschen einander schaden, sich töten und missbrauchen; dass sie Dinge tun, die sich unserem Verständnis entziehen? Verwahren wir uns in einer Komfortzone, die uns vor dem Gedanken schützt, dass wir die Schöpfer des Bösen sind? Dass wir das, was wir weder regulieren noch kontrollieren können, zum Bösen ernennen, um es auf Abstand zu halten. Wenn wir die Erfinder des Bösen sind, brauchen wir es als Selbstrechtfertigung. Damit wäre es der Ausdruck unserer Hilflosigkeit, unserer Ohnmacht und Kapitulation.

Die Frage der Zukunft wird sein: Wie wollen und wie werden wir mit Tätern umgehen, die determiniert sind – sei es biologisch oder psychologisch. In Zeiten, in denen das rechnende Denken immer stärker Raum greift – sei es im Maschinellen Lernen, sei es in der Hirnforschung. Wenn möglicherweise in naher Zukunft eine Künstliche Intelligenz weit genug wäre, jeden Unschuldigen vorbeugend hinter Gitter zu bringen, weil er verdächtige Websites besucht, Gedanken geäußert oder Worte benutzt hat, die ihn mit hoher Wahrscheinlichkeit gefährlich erscheinen lassen, dann wäre der Grundsatz des Rechtsstaats – Strafe gibt es nur, wo Schuld war – ausgehebelt. China ist mit dem Sozialkreditpunktesystem schon auf dem Weg dorthin: Im Heimatland der Gesichtserkennung skalieren Algorithmen Menschen und bewerten sie wie Autos beim TÜV. Einmal über eine rote Ampel gelaufen – Punktabzug. Je tiefer der Einzelne im Ranking fällt, desto härter treffen ihn Einschränkungen. Es ist eine Art Schufa 4.0 aus der Hölle der Totalüberwachung.

Dass alsbald eine Maschine die Robe anzieht und über Recht und Unrecht, Schuld und Unschuld urteilt, ist zum Glück in Europa ein ziemlich fernes, eher von Untergangsfantasten halluziniertes Szenario. Wenn es so weit wäre, wäre es ein Albtraum. Dann gäbe es nur noch Gut und Böse. Ambivalenzen und Graubereiche wären hinfällig, komplexe Abwägungen über Brüche, Widersprüche und Einschränkungen in Menschen – alles hinfällig.

Brisanter sind heute schon die Debatten um die Hirnforschung und die Neurowissenschaften, die seit Jahren, mal mehr, mal weniger aggressiv, nachzuweisen versuchen, dass der Mensch gar keine freien Entscheidungen treffen könne. Das Schockierende an ihnen ist, dass sie das Leben, wie wir es verstehen, so radikal infrage stellen. Sie machen es zu einer Illusion. »Sie sagen: Wenn du denkst, dann denkst du nur, du denkst.«[3]

Wenn das Gehirn immer schon vor mir weiß, was ich gleich tun werde, dann bin ich Marionette, ein Bündel von Unmöglichkeiten, roboterhafte Maschine meiner Synapsen. Auch das kann entlastend wirken, schließlich stünde am Ende dieser Debatte wohl auch das Ende dieser stressigen Freiheit. Wo alles vorbestimmt ist, gibt es keine Verantwortung und keine Strafe. Die Folge wäre auch das Ende aller Demokratien. Hier könnte notwendig nur eine straffe Diktatur helfen, in der ein Führer tut, was er nicht weiß, und nicht weiß, was er tut, da es ja sein Hirn vorbestimmt hat.

Zum Glück gibt es Schattierungen, auch in den Neurowissenschaften, und einleuchtender bleibt aus meiner Sicht die Gegenthese: »Frei sein bedeutet, tun zu können, was man will – es bedeutet nicht, zu einem bestimmten Zeitpunkt etwas anderes wollen zu können als das, was man will«[4], wie es Michael

Schmidt-Salomon formuliert. Bislang konnte die Hirnforschung dagegen keinen stichhaltigen Gegenbeweis liefern.

Im Lauf der Zeit und der Begegnungen mit Menschen für dieses Buch habe ich gemerkt, dass ich, je weiter ich mich scheinbar von mir wegbewegte, umso stärker bei mir ankam – bei meinen eigenen Überzeugungen, die, ins rechte Licht gerückt, eigentlich nur gesammelte Vorurteile waren, gespeist aus Verunsicherung und einer latenten Neigung zur leichtfüßigen und dabei oft unbeholfenen Urteilskraft. Je näher ich nun dem sogenannten Bösen kam, umso rissiger wurde der sicher geglaubte Boden unter meinen Füßen. Erstaunlich und überraschend daran war, dass dies keine verunsichernde Erfahrung war; es war ein sehr freies Erleben und Verstehen des absolut Fremden – und das ständige Erstaunen darüber, wie komplex und widersprüchlich, wie verworren und verstrickt Menschen sind und wie schwer es wirklich ist, ein Urteil zu sprechen. Im Lauf der Zeit merkte ich also, dass ich immer weniger urteilen konnte und irgendwann auch immer weniger wollte – einfach, weil ich das Urteil als Richterspruch der Selbstbestätigung immer weniger brauchte.

Dieses »sich der fremden Wirklichkeit aussetzen« hat nun bei mir dazu geführt, dass ich die Ambivalenz, für die ich ja schon biografisch eine gewisse Grundsympathie hegte, neu entdecken konnte. Ich muss zugeben, dass sie für mich in den vergangenen Jahren auch einen negativen Beigeschmack hatte: Der Geruch der Unentschiedenheit ging von ihr aus, des leicht bräsig-faulen Einrichtens im Ungefähren, leicht opportunistisch »sowohl als auch« sagen zu können, um es allen recht zu machen. Das sehe ich nun anders: Ambivalent sein heißt zu Hause sein in einem Zwischenraum, in dem weder das Eigene geheiligt noch das Fremde verurteilt werden muss. Dieser Raum ist riskant, weil er auch die beste Voraussetzung bietet, um das Falsche (ehemals

Böse) zu tun. Riskant ist das Unterfangen auch deshalb, weil es zeigt, wie fließend die Übergänge sind und wie schwierig sie manchmal auszuhalten sind, weil wir immer nach Struktur und Kontrolle suchen.

In den vergangenen Jahren ist das Wort Ambiguitätstoleranz stark in Mode gekommen. Wer sich mit der versiert eingesetzten Benutzung von Fremdwörtern in der Schlaumeierei-Skala nach oben pushen wollte, hatte dieses Wort stets auf der Zunge. Es bedeutet so viel wie die Fähigkeit, Widersprüche auszuhalten. In der Sache ist das eine wertvolle Haltung. Oft habe ich mich gefragt, ob ich mich schämen müsse, dafür, dass mir Gestalten dieses Buches punktuell sogar sympathisch waren, obwohl ich das, was sie dachten, taten oder meinten, zutiefst ablehnte. Natürlich ist Sympathie auch für Andersdenkende oder -handelnde kein Verbrechen. Sympathie ist ein Gefühl – es ist da oder nicht da. Es ist weder gut noch böse. Man muss sich nur bewusst sein, dass es so ist – ohne es zu verleugnen.

Beeindruckt hat mich eine Grundhaltung, die ich häufig in Justizvollzugsanstalten und Psychiatrien kennenlernen durfte: Mit wie viel Verständnis, Geduld und Einfühlungsvermögen Psychiater, Pfleger, Sozialdienstmitarbeiter und andere Bezugspersonen sich jener annehmen, die draußen pauschal als Gestörte abqualifiziert werden. Es war an diesen Orten eine wohlwollend-kritische, einfühlsam-erwachsene Haltung zu spüren, die paradox scheinen mag, aber in ihrer Beweglichkeit über den geschlossenen Raum der Anstalten hinausweisen kann. Ein kleines Stück jener zugewandten, aber nie kumpelhaften Haltung, die den Menschen als Knäuel an Möglichkeiten ins Gute wie ins Schlechte sieht und immer auf der Suche bleibt – das wäre eine Haltung, die auch uns allen, den selbsterklärten Normalen, im Alltag helfen könnte, nachsichtiger zu sein, ohne gleichgültiger zu werden.

Irgendwann im Lauf der Arbeit an diesem Buch hörte ich den

Podcast des *Philosophischen Radios* auf WDR5. Es ging um Freud und die Psychoanalyse und zu Gast war der Therapeut Martin Teising. Er erzählte eine Anekdote. Am Ende einer langen Psychoanalyse sagte ein Patient zu ihm:»Wenn alle Menschen nur so gut wären wie ich, dann wäre die Welt so, wie sie ist.«[5] Ein Satz, der eine bittere Einsicht zu markieren scheint, der aber zugleich befreiend wirken kann. Was der Patient damit sagen wollte: Alle Übel der Welt trage auch ich in mir. Lange habe er geglaubt, er sei ein guter Mensch und das Böse sei nur in den anderen. So mussten stets die anderen sich ändern oder – noch schlimmer – von ihm verändert werden. Nur er selbst konnte immer der bleiben, der er war. Jetzt aber war er in der Lage wahrzunehmen, dass er all die aggressiven, destruktiven und bösen Seiten ebenfalls in sich trage und damit leben müsse, mit ihnen umgehen müsse. Aber jetzt, da er sie nicht mehr von sich weisen musste, sondern integrieren konnte, durften sie ihren Platz haben.

Ich mag diese Szene, weil sie auf zweierlei verweist: In dem Moment, in dem wir das Böse als Teil von uns anerkennen können, verliert es seine dämonische Kraft. Es darf seinen Platz haben, wir müssen es aber nicht länger ausschließen als potenziell gefährliche und gefährdende Kraft, es darf als dunkle Seite ins Licht rücken. Im Licht erscheint das Dunkle häufig gar nicht mehr so dämonisch. Bei Lichte besehen, ist das Böse dann nicht mehr böse, sondern einfach nur die andere Seite, die nicht mehr diabolisch wirken muss, weil sie am Tisch sitzen darf. Das wäre ein Weg, das Böse nicht mehr zu brauchen, ohne es zu verleugnen.

Die Vorstufe zur Überwindung des Bösen als destruktiver Kraft wäre darum die Überwindung des gegenwärtig bestimmenden apokalyptischen Denkens. Sie ist eine Spur, die sich deutlich durch dieses Buch zieht: bei so unterschiedlichen Gruppen wie

Rechtsextremisten, deren gesamtes Wirken auf einer Vorstellung eines bevorstehenden Untergangs durch Migration beruht; über die Letzte Generation, bei der dies, wenn auch eingeschränkter, eine Art Hintergrundfolie bildet; bis hin zu einem Gutteil unseres Umgangs mit der Künstlichen Intelligenz. Einige Doomer präparieren sich für den Tag, an dem angeblich eine Superintelligenz die Macht über die Menschen übernimmt, ganz ähnlich wie die rechtsextremistischen Prepper, die auf den Untergangstag X warten. Die Angstlust, die zum Glauben an die Apokalypse gehört, hilft vor allem dabei, die Angst zu verdrängen und sie zu instrumentalisieren. Der verängstigte Mensch ist der erstarrte Mensch, der beherrschbare und beherrschte Mensch, der aller Handlungsoptionen beraubt ist.

Am Ende bleibt nur noch geduldiges Warten auf einen Messias, der Erlösung bringen möge – und zwar, indem er Entscheidungen trifft, radikale, endgültige Entscheidungen: Brexit, Trumps Mauer, der Ukraine-Krieg. Die schnelle Entscheidung, der es weniger um das »Warum?« der Entscheidung geht als vielmehr darum, dass sie getroffen wird. Gründe und Zweifel dürfen draußen bleiben, die Rettung muss gelingen. »Im Dass der Entscheidung« liegt in diesem Denken der »Kern der Ordnung«.[6] Hier finden wir eine Verbindung zwischen Rechten, Letzter Generation und KI-Apologeten. Das ist die vielleicht verführerischste und zugleich gefährlichste Hoffnung, die wir kennen. Die Hoffnung auf den Retter ist in der jüngsten Vergangenheit spätestens seit Barack Obamas Präsidentschaft immer wieder geweckt und ebenso enttäuscht worden – sie bleibt dem apokalyptischen Denken verbunden. Das ist genauso fundamentalistisch wie die Teilung der Welt in Gut und Böse. Die apokalyptische Zeit ist das Ende der Zeit, in der alles dem Untergang entgegenstrebt. Die messianische Zeit ist die Zeit des Endes – die Zeit, in der die Gesetze des Vergangenen nicht mehr taugen und sich selbst außer Kraft setzen; die verunsichernde Zwischenzeit, in der das Alte zu Ende geht, damit das Neue beginnen kann. Wenn wir also das Religiöse, die Theologie, den Glauben zurückdrängen und statt in der Schuld in der Verantwortung leben, könnte aus Fundamentalismus wieder Zweifel werden, aus der schnappatmenden Jagd nach äußeren Feinden und Dämonen ein Zulassen der Unschuldsvermutung.

Wo der Glaube in den Hintergrund tritt, wird Raum frei für Wissen und – noch wichtiger – für Fantasie. Und vielleicht wäre der Übergang zu einem anderen Anfang dann der, dass wir auch politisch nicht mehr in Kategorien von Freund und Feind, von Vernunft und Wahnsinn, von Gut und Böse sprächen. Unsere Gegenwart interpretiert die Welt machtanalytisch, das heißt, wir teilen sie ein in Gewinner und Verlierer, in Macht und Ohnmacht, in Herrschaft und Knechtschaft. Das geschieht oft in bester Absicht, nämlich mehr Gerechtigkeit und Gleichheit herzustellen – oft auch mit großem Erkenntnisgewinn, aber in vorgezeichneten Bahnen, die verlässlich auf Täter und Opfer hinauslaufen und die binären Strukturen, die sie einzureißen vorgeben, eher noch verstärken. Die Machtanalytik muss darum immer hinter ihrem selbst proklamierten emanzipatorischen Potenzial zurückbleiben. Produktiver erscheint mir eine andere Perspektive: Ich habe zu zeigen versucht, dass uns, im Angesicht des Wahnsinns, auch unsere wertvollsten Instrumente wie die fast schon heilige Vernunft in Aporien führen. Vernunft ist vor dem Hintergrund der Wahnsinnigen nicht mehr edel, hilfreich und gut, weil sie abwägend und differenzierend ist – sie erscheint vor allem berechnend und den konkreten Phänomenen gegenüber kalt. Vernunft ist der Herrschaft verschwistert. Niklas Luhmann, der große Soziologe, hat den vielleicht radikalsten neuen Denkansatz der vergangenen Jahrzehnte geliefert, der unseren Gewohnheiten so produktiv entgegensteht. Er hat vorgeschlagen, anders anzusetzen. Für ihn »ist Vernunft kein Kriterium und Herrschaftsfreiheit eine Selbstverständlichkeit des Denkens, die weder postuliert, noch idealisiert werden muss«.[7] Das scheint der Weg in eine Denkwelt zu sein, in der wir das Böse vielleicht wirklich nicht mehr brauchen.

Luhmann geht es »nicht um Emanzipation zur Vernunft, sondern um Emanzipation von der Vernunft«.[8] Das bedeutet keinen Rückfall in die Barbarei, im Gegenteil. Es bedeutet, dass wir uns selbst neu verstehen lernen könnten – und zwar, indem wir Worte ganz neu verstehen. Ich möchte hier direkt damit beginnen. Im ersten Kapitel hatte ich Putins Rattengeschichte erzählt. Statt an dieses Bild anzuschließen, möchte ich es unterbrechen. Und die Interpretation des Wortes Ratte dort lassen, wo sie herkam und hingehört: zu Putin und zum Krieg. Ich möchte dem ein anderes Bild entgegenstellen. Vielleicht gelingt es sogar, unsere nachvollziehbare Abneigung gegenüber Ratten für einen Moment zu vergessen. Luhmann schlug vor, wir sollten uns als Ratten in einem Labyrinth verstehen.[9] Ratten, die wissen, dass die anderen Ratten genauso schutz- und orientierungslos sind wie sie selbst, genauso verloren und genauso suchend, genauso frei und genauso abhängig. Als Ratten, deren höchstes Wissen darin besteht, dass sie den Ausgang nicht finden können und auch nicht finden müssen. Stattdessen beobachten sie sich gegenseitig so genau, dass sie in ihrer aufmerksamen Orientierungslosigkeit ständig voneinander lernen können – so, dass die Frage nach der Wirklichkeit oder Unwirklichkeit des Bösen vollkommen gleichgültig wird.

NACHWORT ZUR TASCHENBUCHAUSGABE – DER LINKE ANTISEMITISMUS

Bekenntnis wird Schuld in Reue enden,
Erkenntnis in Sinn die Torheit wenden.

Richard Wagner, *Parsifal*

JA, ABER ...!

»Soll man das Timing nun bewundern oder bedauern?«, fragte mich ein Journalist sechs Tage nach dem 7. Oktober 2023. Ich schreibe also ein Buch über das Böse, es erscheint pünktlich am 12. Oktober, und fast gleichzeitig geschieht der Terroranschlag der Hamas in Israel, der zurecht als Zivilisationsbruch bezeichnet werden darf. Würde ich an Karma und anderen Esoquatsch glauben, müsste ich in der Tat von einer Art magischem Timing sprechen.

In den Wochen danach fragte ich mich häufiger, ob die These dieses Buches noch tragbar ist. Sie lautet ja, dass es das Böse nicht gibt, es vielmehr unserer Phantasie entspringt und mehr über den erzählt, der vom Bösen spricht, als über den, der so bezeichnet wird. In den Wochen nach dem Massaker wirkte die These wie ein etwas zu lauter Versuch, die Welt aus den Angeln zu heben. Sie wirkte, obwohl gerade erst gedacht und niedergeschrieben, in der Druckfrische schon wie ein ferner Ruf aus einer vergangenen Zeit. Bei Lichte besehen ist das, was sich nun, in über einem Jahr danach verändert hat, jedoch eine Bestätigung meiner These, dass wir uns vom Bösen verabschieden sollten; als ein weiteres Moment, in der sich das manichäische Denken, die Aufteilung der Welt in Gut und Böse, dem ich in diesem Buch an verschiedenen Orten nachgehe, noch einmal scharfgestellt hatte. Der Antisemitismus war im Schlaglicht, mitten auf der Bühne. Mit dem Massaker vom 7. Oktober gab es auf der ganzen Welt nur noch Juden oder ihre Gegner, Unterstützer Israels oder Feinde Israels, also Aktivisten, die »From the River to the Sea« riefen.

Die Brutalität und Unversöhnlichkeit, mit der sich israelische Truppen und die Hamas gegenüberstehen, sickerte tief hinein in die Welt der Kunst, der Kultur, weit über die Sphären des Politischen hinaus; sickerte ein in einst sichere Orte der Freiheit und Refugien des Eskapismus. So etwa an einem Samstag im Mai 2024.

Im schwedischen Malmö nimmt die Polizei eine Frau fest, die vielen bislang als der Inbegriff des Guten galt: Greta Thunberg. Anschließend teilt sie auf X mit: »Wir werden nicht hinnehmen, dass einem Land, das derzeit Völkermord begeht, eine Plattform geboten wird, um sich selbst mit Kunst reinzuwaschen.«[1] Thunberg ist die Speerspitze der propalästinensischen Proteste in Malmö. Anlass ist das Finale des Eurovision Song Contest, dieser fröhlichen, bislang bunt-belanglosen unpolitischen Veranstaltung, die nun mitten in den Strudel der Weltpolitik hineingezogen wurde. Im Auge dieses Taifuns: die 20-jährige israelische Kandidatin Eden Golan. Ihre Pressekonferenz wird gestört, bei ihrem Auftritt drehen Teile des Publikums ihr den Rücken zu, die Buh-Rufe des Publikums werden für die Fernsehübertragung mühsam rausgefiltert. Wegen Morddrohungen kann sie nur unter Polizeischutz proben. Ihr wird geraten, das Hotel am besten nicht zu verlassen.[2] Das Motto des ESC: »United by Music.«

In den Medien bleibt es, bis auf ein paar solide Ausnahmen, erstaunlich ruhig, ebenso bei den westlich-progressiven Linken in den Universitäten, in den Reihen der Klimabewegung, in der Theater- und der Clubkultur oder bei den Vertretern von Black Lives Matter (BLM). Erst Schweigen, dann eisige Kälte gegenüber den Opfern und schließlich immer offener, blanker Antisemitismus. In diesen Mai-Tagen, gerade ein gutes halbes Jahr nach dem barbarischsten Terrorakt gegen Juden seit der Shoah, haben Teile der identitären Linken das ultimative Böse gefunden: den Juden. Er ist der wahre Barbar, Kolonisator und Unterdrücker.

In einer Bewegung, deren selbsterklärtes Ziel es ist, in einer Welt jenseits von Gut und Böse anzukommen, alle Beschränkungen des Binären aus den Angeln zu heben, zeigten sich schlagartig nur noch binäre Schemata. Gaza gut, Israel böse. Oder erweitert: Globaler Süden Opfer, Globaler Norden Täter. Es geht dabei in Wahrheit nicht um den Nahostkonflikt. Sondern um das scheinbare Paradox einer lautstarken Gruppe, die sich mit bedingungsloser Selbstgewissheit zu Opfer- und Minderheitsanwälten stilisiert und dabei genau in jenes Denken verfällt, das es sonst überwinden möchte. Kurz: Es geht um die ethische Bankrotterklärung einer vor Moralüberschuss triefenden Gruppe, denen kulturelle Aneignung – konkrete Mikroaggressionen wie die »Schwarzen« Zöpfe an weißen Künstlerinnen wie Kim Kardashian oder Katy Perry – mehr Grund zum Aufstand geben als die – um in ihrer Terminologie zu bleiben – Makroaggression der Hamas. Der 7. Oktober 2023 wird von vielen mutmaßlich nicht einmal als Aggression wahrgenommen, schließlich ist die Hamas ja eine Befreiungsorganisation. Woher also kommt die unbarmherzige Kälte einer sich als fortschrittlich verstehenden linken Bewegung, deren oft die Sentimentalitätsschwelle überschreitenden Empathie- und Betroffenheitsbereitschaft hier schlagartig stummgeschaltet war?

Vielleicht ist das, was sich in unseren Tagen zeigt, ein Motiv, das schon viel länger schlummert, nun aber die Stunde seines Erwachens erlebt. Wie konnten Juden, die doch seit der Shoah Opfer waren – und damit fraglos Empfänger linken Mitgefühls –, zu brutalen Tätern umgedeutet werden, deren *safe space*, Israel, einige identitäre Linke am liebsten auslöschen würden? Die Antwort auf diese Frage hat viel mit Schuld zu tun.

Bis 1967 war Israel so etwas wie der Inbegriff dessen, was Linke ideologisch jauchzen ließ. Das Kibbuzsystem galt lange als eine Art verlängerter Arm des Kommunegedankens. Dann aber brachte der Sechstagekrieg die Wende, bei dem Israel Ägypten, Jordanien und Syrien angriff und so große Gebiete unter seine Kontrolle bringen konnte: die Sinai-Halbinsel, den Gazastreifen und das Westjordanland. Bis heute ist dieser Krieg der politische Referenzpunkt in der Region.

In jenem Moment haben große Teile der deutschen Nachkriegsgesellschaft – weit über die Linke hinaus – die Gunst der Stunde erkannt: Wenn wir im Zuge dieser Auseinandersetzung die Israelis zu Tätern und ihre arabischen Gegner zu Opfern erklären, haben wir zwei Fliegen mit einer Klappe geschlagen. Wir sind unsere eigene historische Schuld los und wir haben ein neues Opfer gefunden, an das wir uns binden können: die Palästinenser. Wenn wir uns fortan mit ihnen identifizieren, sind wir auf der richtigen Seite – auf der Seite des Opfers. Und wenn diejenigen, die uns jahrelang gezwungen haben, uns schuldig zu fühlen, endlich Täter sein können, entlasten sie uns von der moralischen Last, die bislang so qualvoll auf unseren Schultern lag. Viele Deutsche hatten damals ein attraktives moralisches Tauschgeschäft vorgenommen: Sie tauschten Täterschaft und

Schuld gegen brachialen Opferkitsch. Dieses Ticket lockte mit dem Versprechen des größten Erfolgs: Mitleid und Unschuld im Kombipack. Hinzu kam die geradezu DDR-hafte Selbstwahrnehmung: Wir sind antifaschistisch, wir sind links, wir können gar nicht antisemitisch sein. Eine Art Express-Entnazifizierung mit angeschlossenem Comfort-Check zur Ersten Klasse in Richtung Unschuldsvermutung.

Die knapp fünfzig Jahre zwischen 1967 und heute sahen in erster Linie Konflikte, die sich unter die Überschrift »West gegen Ost« subsumieren ließen, Konfliktlinien des 20. Jahrhunderts, die im 21. Jahrhundert in die Verlängerung gegangen sind. Der Kalte Krieg, die deutsche Wende, der Fall des Eisernen Vorhangs, Putins Regentschaft bis zum Ukrainekrieg, der einen vorläufigen tragischen Höhepunkt dieser Frontstellung bildet. Zugleich wurden in diesen Jahren langsam andere Töne hörbar, die erst später bestimmend werden sollten. Mit 9/11 und der Flüchtlingskrise im Jahr 2015 zeigten sich Spuren des Zukünftigen: Norden gegen Süden. Westliche, beziehungsweise nun nördliche, okzidentale, imperialistische Welt gegen orientalische, ursprüngliche, südliche Welt. Oder anders formuliert: schuldige, ausbeuterische Welt gegen unschuldige, ausgebeutete Welt. Böse Weiße gegen gute Nicht-Weiße. Mit dem 7. Oktober wurde diese Linie zur bestimmenden. Das ging einher mit dem Aufstieg postkolonialer Theoretiker. Diese Debatte kennt nur ein Weltbild: Gut gegen Böse – oder genauer, Unterdrücker gegen Unterdrückte. In dem nun aufkommenden Diskursgemetzel sind Juden und Israelis nun per se böse Siedler und Kolonialisten.

Wie weit der Antisemitismus schleichend und zugleich kaum versteckt im Kleid des propalästinensischen Opferneids die progressive Szene durchdringen konnte, zeigt der Blick auf zunächst unverdächtige Bereiche, wie etwa die Black Lives Matter- und die Klimabewegung. Beide koppelten ihr Engagement plötzlich an ein dezidiert antiisraelisches Programm: Der Kampf für die Rechte Schwarzer ging einher mit dem Kampf gegen das vermeintlich weiße Israel. Zügig rief eine der Mitinitiatorinnen von BLM, die Aktivistin Patrisse Cullors, eine Untergruppe namens Black for Palestine ins Leben.[3]

Noch einseitiger sieht es bei Fridays for Future (FFF) International aus. Genau wie BLM beten sie hier die üblichen Schlagworte vom Siedlerkolonialismus und Imperialismus verlässlich herunter. Auf Instagram halluziniert FFF International in schönster Blut-und-Boden-Metaphorik von einer Verbindung »zwischen Volk und Land«. Das Land fördere einen »spirituellen und kulturellen Wohlstand, mit der Verantwortung, es zu pflegen und von Generation zu Generation weiterzureichen«. Schließlich heißt es: »Unsere Herzen sind bei allen Märtyrer*innen und verlorenen Leben.«[4] Die Gleichung lautet also: Volk = Siedler = Juden = böse. Land = Palästinenser = Opfer = gut. Die deutsche Sektion um Luisa Neubauer distanzierte sich von dem Post.

Seit Jahren schon versucht die Boykottkampagne BDS, die Israel wirtschaftlich, kulturell und politisch isolieren will, in unterschiedlichen sozialen Bewegungen Fuß zu fassen, auch bei FFF. So schrieb BDS, Israel vergifte Leben, indem es das Trinkwasser bewusst verunreinige.[5] Das ist die Fortführung des mittelalterlichen Verschwörungsmythos vom brunnenvergiftenden Juden. Und verweist auf einen der zahlreichen ironischen blinden Flecke dieser Bewegung: Die Mehrheit der europäischen klimabewegten Generation ist selbst weiß und vor allem privilegiert. Die Zahl der Schwarzen Menschen geht hier gegen null. Sie kommen in aller Regel aus gut betuchten Elternhäusern, sind gebildet und sehen sich als kosmopolitisch. Dummerweise gehören sie damit selbst zu dem Teil der Erde, den sie Globalen Norden nennen und der aufgrund seiner Kolonialgeschichte böse ist bis ins Mark. Die Vorstellung, ein Leben lang qua Herkunft zu den Bösen zu gehören, ist ein Kreuz. Entsprechend erleichternd muss es sein, wenn das eigene Böse kurzerhand ausgelagert werden kann auf die ultimativen Kolonialherren in Israel. Westliche Kolonialschuld wird so weitergereicht. Gleichzeitig tut ihnen die dortige Regierung den billigen Gefallen, in Teilen rechtsextrem zu sein und von einem Hardliner wie Bibi Netanjahu angeführt zu werden. Die Solidarität mit den Opfern befreit von Schuld und erleichtert das Gewissen. Es geht diesen Leuten fast ausschließlich um Selbsterleichterung. Das Schicksal der Palästinenser interessiert sie nur so lange, wie sie ihnen tränengeschwängerte Anteilnahme und damit moralische Kreditpunkte ermöglichen.

Besonders weit verbreitet ist das antisemitische Motiv unter dem Deckmantel der Unterstützung der Palästinenser ausgerechnet in der Musik- und Clubkultur. Das entbehrt nicht einer bitteren Ironie, schließlich war die Hamas mit ihrem Terrorakt am 7. Oktober in dieser Hinsicht mit Präzision und höchstem Wirkungsbewusstsein vorgegangen. Das Ziel ihres Attentats war ein Trance Techno Festival in der Negev Wüste. Damit folgte sie einer islamistischen Tradition: der Konzertsaal Bataclan in Paris am 13. November 2015, der queere Club Pulse in Orlando, Florida, am 12. Juni 2016, das Konzert von Ariana Grande in Manchester am 22. Mai 2017 und der queere Club London Pub in Oslo am 25. Juni 2022. Es sind Orte, an denen sich Identitäten auflösen, das Feste sich verflüssigt, andere Lebensmöglichkeiten ausprobiert werden. Insbesondere für queere Menschen sind sie *safe spaces* im besten Sinne des Wortes. Orte des Vergessens, Räume der Endlosigkeit, des Schwebens und Aufgehens in der Einmaligkeit der Nacht und der darauffolgenden Tage. Dieser angstfreie Experimentierraum des rauschhaften Lebens, der sich allen Zuschreibungen des Alltäglichen entzieht, hat als Anschlagsort eine einmalige symbolische Sprengkraft. Umso befremdlicher mutet es an, dass sich Anfang 2024 mehrere Tausend internationale DJs der Kampagne *DJs against Apartheid* anschlossen, die in einem Statement das Massaker vom 7. Oktober als »bewaffneten Widerstand« und als »direkte und natürliche Antwort«, die angesichts der »Apartheid« als »unausweichlich« gesehen werden müsse, bezeichnet.[6]

Noch problematischer als die kalte Empathielosigkeit mit den Opfern auf israelischer Seite ist die Brutalität, mit der die Szene gegen jene vorgeht, die anderer Auffassung oder nicht auf Linie sind. Der linke Berliner Technoclub ://about blank klagte über Schmierereien, Fäkalien und Buttersäure-Attacken als Reaktion darauf, dass er nicht bereit war, sich vorschnell auf die vermeintlich richtige Seite des Konflikts zu schlagen.[7] Das Berliner Streamingportal HÖR, das zwei Israelis betreiben, ist ebenfalls von Boykottaufrufen betroffen. Wer es wagt, sich den Aufrufen zu widersetzen, »läuft Gefahr, zur Zielscheibe eines aggressiven Online Mobs zu werden … oder wird Opfer eines *Silent Boycott*«.[8] So werden israelische, jüdische und/oder antisemitismuskritische Stimmen stummgeschaltet.

Die Bühne, auf der sich die Frage um Gut und Böse im Hinblick auf den 7. Oktober entscheidet, ist – neben der politischen – die der Kunst und der Kultur, also auch die des ESC und der Clubs. Die engstirnige Gut-Böse-Dichotomie dieser Subkulturen führt zu einem Bekenntnis- und Geständniszwang unter Künstlern – und damit in den Vorhof des künstlerischen Tods. Kunst hat nur eine Verpflichtung, die zur Freiheit. Sie sollte sich mit keiner Sache und keiner Person gemein machen, noch nicht einmal mit der eigenen. Sie muss sich vertraut und fremd zugleich bleiben, im Ambivalenten und Unfertigen zu Hause sein. Der allgemeine Bekenntniszwang zerstört die Kunst, weil er sie zur Repräsentationskunst degradiert. Zu einer Kunst, die nur noch ein Ziel kennt: die absolute Reinheit. Eine Kunst, die notorisch

Zeichen setzt und zwanghaft auf der richtigen Seite stehen möchte. Uninspiriert, geistlos, vorhersehbar. Sie hat dann keine Fragen, sondern nur noch Antworten. Sie wird Zeigefingerkunst. Noch schlimmer ist, dass der Bekenntniszwang metastasiert. Mittlerweile geht es um eine Art geistige ethnische Säuberung der gesamten Gesellschaft mit dem Ziel der Reinheit. Weiße Menschen »müssen vor allem einsehen, dass sie auch dann rassistisch sind, wenn sie es selber gar nicht bemerken, weil schon die Tatsache, dass sie weiß sind, sie gegenüber Schwarzen Menschen privilegiert. Diese fundamentale Schuld, so die Conclusio, ist nicht wiedergutzumachen, sie kommt einer Erbsünde gleich«, schreibt Jens Balzer in seinem Buch *After Woke*.[9] Diese Linke hat sich selbst von jedem progressiven Gedanken verabschiedet, sie ist eine säkularisierte fundamentalistische Sekte geworden, die bedingungslose Unterwerfung fordert. Damit sind die Anwälte der Unterdrückten zu fanatischen Unterdrückern geworden. Wenn also die Palästinenser reine Opfer sind, dann ist der Nahostkrieg der Krieg der Kriege. Und so wird er auch behandelt. Viele identitäre Linke verbinden mit ihm eine geradezu heilsgeschichtliche Funktion. Wenn erst Israel erledigt und dem Erdboden gleichgemacht ist, werden sich alle Konflikte dieser Erde erledigt haben. In dieser Logik sind Juden wieder das, was sie immer waren: das ultimativ Böse, dem man nur dunkle, schlechte Absichten unterstellen kann. Egal, was Israel tut, alles wird gegen Israel ausgelegt, insbesondere dort, wo es seiner Bestimmung, das einzige demokratische Land des Nahen Ostens zu sein, alle Ehre macht. Das führt dazu, dass Juden es eigentlich nur falsch machen können: Sie sind zu sichtbar, weil mit ihnen das monströse Thema Shoah im Raum steht. Sie sind als weiße Menschen unsichtbar, weswegen sie privilegiert sind, ja, sogar übermächtig, wenn hinter jedem Weltereignis eine weltumspannende jüdische Verschwörung stecken muss. Zu diesem zwangsneurotischen Reinheitsfieber passt auch die romantische Vergaffung der Indigenen. Sie stellen in dieser Welt eine Art natürlichen, authentischen Urzustand dar, »von der Geschichte unbefleckte Völker«, wie es der Anthropologe Manvir Singh darstellt.[10] In dieses Unschuldsgeheul wird dann auch der Konflikt zwischen Israel und Palästina ohne jede Rücksicht auf Logik und Geschichte zurechtgebogen. Die Palästinenser sind in diesem Mythos das authentische, unentfremdete Volk, das von Israel, der von der Natur entfremdeten Kolonialmacht Israel ausgebeutet wird. Die Phantasie, in einen Zustand ursprünglicher Unschuld zurückzukehren, ist nicht nur illusorisch, sondern auch bigott. Sie widerspricht eklatant den fluiden und hybriden Identitätsvorstellungen, mit denen sich das Milieu sonst gerne zur Speerspitze des Fortschritts erklärt – zugleich ist die Vision eines unbefleckten, moralisch reinen Urzustands nur die Vorstufe zu ethnischer Reinheit: dem Sieg Heil der Neurechten.

Das Massaker vom 7. Oktober ist beispiellos. Israel darf sich nach dem, was geschehen ist, hart, auch aggressiv, zur Wehr setzen. Aber Selbstverteidigung hat Grenzen und das brutale Vorgehen gegen die Zivilbevölkerung in Gaza verurteile ich genauso wie den Angriff auf Israel vom 7. Oktober. Der Haftbefehl des Internationalen Strafgerichtshofs in Den Haag gegen Benjamin Netanjahu erscheint vor diesem Hintergrund richtig. Selbst seine Festnahme in Deutschland wäre – trotz aller Bedenken aufgrund der historischen Schuld Deutschlands – in diesem Zusammenhang angemessen. Entweder wir entscheiden uns, rechtsstaatliche Institutionen anzuerkennen oder wir tun es nicht. Aber ein *cherry picking* unter dem Vorwand des schlechten Gewissens mit dem Ziel, stets eine weiße Weste zu behalten, erscheint doch sehr willkürlich und zweifelhaft.

Der israelische Philosoph Omri Boehm fand schon wenige Tage nach dem 7. Oktober die entscheidenden Worte: »Wir müssen verstehen, wie abscheulich die Hamas ist *und* dass sie menschlich ist. Es ist wichtig zu erkennen, dass Menschen zu so etwas fähig sind. Wir sind diesem Wissen verpflichtet, wir schulden es uns selbst, nicht ihnen. Ich bin mir selbst gegenüber verpflichtet, meine eigene Menschlichkeit zu bewahren.«[11] Dieser Gedanke erscheint mir deshalb so wichtig, weil er helfen kann, ein Denken wiederzubeleben, das zuletzt in die Verdachtszone der Beliebigkeit verstoßen schien: Es ist das *Sowohl als auch,* das immunisierende Gegenstück zum grassierenden Gut-Böse-Virus. Im Zeitalter der schablonenhaften Holzhammer-Social Media-Swipe-Eindeutigkeit wird das *Sowohl als auch* gerne mit Opportunismus verwechselt. Aber es ist das Gegenteil. Es ist das, was bleibt, nachdem die Identitäre Linke am Ende ist und alles verraten hat, was sie jemals ausgemacht hat. Zu den Splittern und Versatzstücken, die aufzuheben sich lohnen, zählt, was einst im besten Sinne des Wortes woke war: »Man soll niemals aufhören, das eigene Verständnis der Welt, die eigenen Ansichten zu überprüfen ... Man kommt zu einem ›wachen‹ Verständnis der Welt ... wenn man in stetigem Austausch mit allen anderen Menschen bleibt und die eigenen Ansichten einer stetigen Selbstkritik unterzieht – sprich: wenn man selber in Bewegung bleibt.«[12]

Der Philosoph Walter Benjamin, der auf der Flucht vor den Nazis einen viel zu frühen Tod durch Suizid starb, hat einen latent mystischen Gedanken formuliert, der mich lange begleitet hat und der für unsere Situation heute vielleicht fruchtbar werden und uns aus der Gut-Böse-Frontstellung bringen könnte. Gemeinhin gehen wir davon aus, dass es im Verhältnis zwischen gestern und heute, zwischen Vergangenheit und Gegenwart, scheinbar unendliche Anschluss- und Interpretationsmöglichkeiten gibt. Das hat dazu geführt, alles mit allem vergleichen zu wollen und damit gleichzumachen. Wir nehmen den Geschehnissen damit ihre Einmaligkeit. Weder dem, was war, noch dem, was ist, widerfährt Gerechtigkeit. Die perfideste Variation dessen ist der Whataboutismus, zielsicher erkennbar an den Worten »Ja, aber«. »Ja, aber was ist denn dann mit …« – an diesen Satzanfang lässt sich beliebig jeder Humbug anschließen, solange er mit dem ursprünglichen Gedanken verlässlich nichts zu tun hat. Walter Benjamin verunmöglicht diese Ausflucht. Er geht davon aus, dass es zwischen Vergangenem und Heutigem mehr gibt als eine rein zeitliche Verbindung. Jede Gegenwart, jedes Jetzt ist »das Jetzt einer bestimmten Erkennbarkeit«.[13] Die Geschichte bietet, wenn wir sie jenseits von Gut und Böse zu lesen in der Lage sind, das Moment einer besonderen Erkenntnis, die eher einem Diamanten vergleichbar wäre, der im Gestrüpp liegt, schillernd, aber versteckt – dort, wo man ihn garantiert nicht vermutet. Heben wir ihn auf, kann er uns helfen, über das Jetzt und seine scheinbare Ausweglosigkeit hinauszuwachsen.

ANMERKUNGEN

1 Ernst Jünger, Annäherungen. Drogen und Rausch, in: Sämtliche Werke Bd. 13, Stuttgart, 2015, S. 417

VORWORT

1 Friedrich Nietzsche, Jenseits von Gut und Böse, in: Kritische Studienausgabe (KSA) 5, München, 1999, S. 19
2 Michel Foucault, Wahnsinn – das abwesende Werk, in: Schriften zur Literatur, Frankfurt am Main, 2003, S. 175

KRIEG — PUTIN, DER GELIEBTE FEIND

1 Ernst Jünger, In Stahlgewittern, in: Sämtliche Werke, Band 1, Stuttgart, 2015, S. 11
2 Ernst Jünger, Feuer und Blut, in: Sämtliche Werke, Band 1, Stuttgart, 2015, S. 461
3 Sigmund Freud, Zeitgemäßes über Krieg und Tod, in: Gesammelte Werke, Band 10, Werke aus den Jahren 1913–1917, London, 1952, S. 331 f.
4 a. a. O., S. 337
5 Sigmund Freud, Das Unbehagen in der Kultur, in: Gesammelte Werke, Band 14, Werke aus den Jahren 1925–1931, London 1952, S. 479
6 Zit. nach: https://www.telepolis.de/features/Wer-ist-Wladimir-Putin-6743646.html, zuletzt abgerufen am 20.05.2023
7 Michael Thumann, Der Mythos vom falschen Versprechen, ZEIT Online, 21.01.2022, https://www.zeit.de/politik/ausland/2022-01/ukraine-konflikt-nato-osterweiterung-russland, zuletzt abgerufen am 11.06.2023
8 https://www.youtube.com/watch?v=6GqWDhHzRdo, zuletzt abgerufen am 11.06.2023

9 Michel Eltchaninoff, In Putins Kopf. Logik und Willkür eines Auto-
   kraten, Stuttgart, 2016, S. 26
10 https://www.sueddeutsche.de/politik/russland-putin-krieg-ivan-
   krastev-1.5546017, 12.03.2022, zuletzt abgerufen am 21.05.2023
11 Wladimir Putin, Rede im deutschen Bundestag am 25.09.2001, https://
   www.youtube.com/watch?v=F0_0WqUuh9E, zuletzt abgerufen am
   21.05.2023
12 Ivan Krastev, Stephen Holmes, Das Licht, das erlosch. Eine Abrechnung, Berlin, 2019, S. 137
13 Eltchaninoff, 2016, S. 56 ff.
14 Krastev, Holmes, 2019, S. 188
15 zit. nach Constanze Stelzenmüller, »Die Wiederkehr des Feindes«, in:
   Kursbuch 214, Hamburg, 2023, S. 118. Original unter: Fiona Hill,
   Angela Stent, »The Kremlin's Great Delusions«, in: Foreign Affairs,
   15.02.2023, https://www.foreignaffairs.com/ukraine/kremlins-grand-
   delusions, zuletzt abgerufen am 26.08.2023
16 Ivan Krastev, Der Krieg in der Ukraine und die Zukunft Europas, in:
   Sternstunde Philosophie, SRF CH 07.04.2023, https://www.srf.ch/play/
   tv/sternstunde-philosophie/video/ivan-krastev---der-krieg-in-der-
   ukraineund-die-zukunft-europas?urn=urn:srf:video:f7e4d651-7694-
   c05-8551-4fcbee04d2c2
17 a. a. O.
18 Roger Köppel, Moskau im Frühling, in: Weltwoche Nr. 17, 27.04.2023,
   S. 3
19 Herfried Münkler, Wie beendet man einen Erschöpfungskrieg, in:
   Der Spiegel, Nr. 9, 24.02.2023, S. 110 f.
20 https://de.statista.com/statistik/daten/studie/19330/umfrage/gesamt
   bevoelkerung-in-russland/
21 Krastev, Holmes, 2019, S. 178 f.
22 https://www.spiegel.de/politik/deutschland/silvester-in-koeln-
   alice-schwarzer-wirft-nordafrikanern-provokation-vor-a-1128602.
   html, zuletzt abgerufen am 22.05.2023
23 Köppel, 2023, S. 3
24 George Orwell, Über Nationalismus, München, 2020, S. 30
25 Wilfried Hinsch, Die Moral des Krieges. Für einen aufgeklärten Pazifismus, München/Berlin, 2017, S. 29

26 Münkler, 2023, S. 110

27 Hinsch, 2017, S. 31 f.

28 a. a. O., S. 49 f.

29 Michael Schmidt-Salomon, Manifest des evolutionären Humanismus. Plädoyer für eine zeitgemäße Leitkultur, Aschaffenburg, 2006, S. 101 ff.

30 Niklas Luhmann, Die Moral der Gesellschaft, Frankfurt am Main, 2008, S. 260

ROHE GEWALT – MÄNNER UND DAS BÖSE

1 Das Parlament, Nr. 18, 02.05.2016, S. 6

2 Der Spiegel, Nr. 35, 26.08.2013, S. 44

3 Süddeutsche Zeitung, Nr. 49, 28.02.2023, S. 8

4 Dieter Seifert, Norbert Leygraf, »Entwicklung und Stand des psychiatrischen Maßregelvollzugs«, in: Forensische Psychiatrie, Psychologie, Kriminologie, Berlin/Heidelberg, 2016, S. 234

5 Berliner Zeitung, Nr. 156, 09.07.2019, S. 3

6 SWR2 Zeitgenossen, Klaus Theweleit: Männer sind schuld am Bösen in der Welt, 11.09.2021, https://www.ardaudiothek.de/episode/swr2-zeitgenossen/klaus-theweleit-maenner-sind-schuld-am-boesen-in-der-welt/swr2/92505412/, zuletzt abgerufen am 02.08.2023

7 Christoph Kucklick, Das unmoralische Geschlecht. Zur Genese der negativen Andrologie, Frankfurt am Main, 2008, S. 14

8 Simone de Beauvoir, Das andere Geschlecht, Reinbek bei Hamburg, 1999, S. 11 f.

9 SWR2 Zeitgenossen, 2021

10 Gottfried Lischke, Ist Aggression böse? Zur Ethologie, Soziobiologie und Psychologie des Kampfes und der Moral, in: Carsten Colpe, Wilhelm Schmidt-Biggemann (Hrsg.), Das Böse. Eine historische Phänomenologie des Unerklärlichen, Frankfurt am Main, 1993, S. 283 ff.

11 Sigmund Freud, Warum Krieg?, in: Gesammelte Werke, Band 16, Werke aus den Jahren 1932–1939, London, 1952, S. 20

12 Sigmund Freud, Das Unbehagen in der Kultur, in: Gesammelte Werke, Band 14, Werke aus den Jahren 1925–1931, London, 1952, S. 478

13 Erich Fromm, Anatomie der menschlichen Destruktivität, Reinbek bei Hamburg, 1997, S. 209 f.

14 a. a. O., S. 322

15 a. a. O., S. 298

16 Konrad Lorenz, Das sogenannte Böse. Zur Naturgeschichte der Aggression, München, 1983, S. 54

17 a. a. O., S. 236

18 a. a. O., S. 249

19 Thomas Scheskat, Aggression als Ressource. Eine verkannte Kraft neu erleben, Gießen, 2020, S. 105 f.

20 a. a. O., S. 116 f.

21 https://www.welt.de/print/welt_kompakt/print_wissen/article166377 408/Oh-Mann.html, 07.07.2017, zuletzt abgerufen am 26.08.2023

22 https://www.zeit.de/gesellschaft/2023-06/markus-theunert-maenner-toxische-maennlichkeit, zuletzt abgerufen am 24.07.2023

23 https://taz.de/Anschlaege-von-Incels/!5790032/, abgerufen am 24.07.2023

24 Johann Gottlieb Fichte, Die Republik der Deutschen zu Anfang des zwei u. zwanzigsten Jahrhunderts unter ihrem fünften Reichsvogte, in: Gesamtausgabe Band II,10, Nachgelassene Schriften 1806–1807, Stuttgart, 1994, S. 390

25 Johann Gottlieb Fichte, Das System der Sittenlehre nach den Principien der Wissenschaftslehre, in: Gesamtausgabe Band I,5, Stuttgart, 1994, S. 176

26 Johann Gottlieb Fichte, Grundlage des Naturrechts nach Principien der Wissenschaftslehre. Zweiter Theil oder Angewandtes Naturrecht, in: Gesamtausgabe Band I,4, Stuttgart, 1994, S. 100

27 Kucklick, 2008, S. 261

28 a. a. O., S. 280

29 Markus Theunert, Jungs, wir schaffen das, Stuttgart, 2023, S. 152

30 a. a. O., S. 279

31 Der Spiegel, Nr. 23, 02.06.2018, S. 53

32 a. a. O., S. 53

33 Ausführlich dazu: Inge Seiffge-Krenke, Väter, Männer und kindliche Entwicklung. Ein Lehrbuch für Psychotherapie und Beratung, Berlin/Heidelberg, 2016

34 Michel de Montaigne, Philosophieren heißt sterben lernen, in: Essais, Erstes Buch, Frankfurt am Main, 1998, S. 143

LAUTER LÜGEN –
EIN MANN, ZWEI FRAUEN UND EIN DOPPELLEBEN

1 Focus, Nr. 5, 25.01.2020, S. 113
2 https://www.welt.de/print/wams/wissen/article125844447/Die-hohe-Kunst-der-Luege.html, 16.03.2014, zuletzt abgerufen am 26.08.2023
3 Augustinus, Handbüchlein über Glaube, Hoffnung, Liebe, Kap. 7, § 22, Darmstadt, 1960, S. 59
4 Immanuel Kant, Kritik der reinen Vernunft I, in: Werke in zwölf Bänden, Band 3, Frankfurt am Main, 1968, A59
5 Bettina Stangneth, Lügen lesen, Reinbek bei Hamburg, 2017, S. 59
6 Christa Rohde-Dachser, Expedition in den dunklen Kontinent. Weiblichkeit im Diskurs der Psychoanalyse, Berlin, 1991, S. 110
7 Süddeutsche Zeitung, Nr. 271, 25.11.2017, S. 35
8 Georg Wilhelm Friedrich Hegel, Phänomenologie des Geistes, in: Werke in zwanzig Bänden, Band 3, Frankfurt am Main, 1970, S. 35
9 Focus, Nr. 7, 13.02.2017, S. 77
10 Arthur Schopenhauer, Preisschrift über die Grundlage der Moral, in: Sämtliche Werke, Band III, Frankfurt am Main, 1986, S. 756 f.
11 Simone Dietz, Die Kunst des Lügens, Stuttgart, 2017, S. 113
12 a. a. O., S. 12

DIE LETZTE GENERATION –
DER FEIND AUF DER STRASSE

1 Johannes-Evangelium 12, 12, https://bibeltext.com/revelation/12-12.htm, abgerufen am 16.04.2023
2 Die Tageszeitung (taz), Nr. 13173, 27.07.2023, S. 7
3 https://letztegeneration.at/about, zuletzt abgerufen am 04.08.2023
4 Roger Hallam, Scheiß nicht auf deine Kinder, in: Der Spiegel, Nr. 48, 23.11.2019, S. 26 ff.

5 Welt am Sonntag, Nr. 18, 30.04.2023, S. 6

6 Welt Plus, 21.06.2023, https://www.welt.de/politik/deutschland/plus24
5896202/Letzte-Generation-Revolution-als-internationales-Franchise-
Konzept.html (€), zuletzt abgerufen am 04.08.2023

7 https://www.zeit.de/wissen/umwelt/2020-09/klimawandel-co2-
ausstoss-wohlhabende-menschen-oxfam-studie, zuletzt abgerufen
am 14.08.2023

8 https://www.sueddeutsche.de/politik/letzte-generation-grundgesetz-
49-oel-1.5762649, zuletzt abgerufen am 04.08.2023

9 https://www.sueddeutsche.de/kultur/klimaaktivismus-boris-groys-
kleben-museum-darf-man-das-kunst-1.5691305, zuletzt abgerufen
am 04.08.2023

10 https://www.merkur.de/wirtschaft/jeff-bezos-yuri-milner-milliardaere-
forschung-unsterblichkeit-investition-start-up-altos-lab-zr-90966585.
html, zuletzt abgerufen am 04.08.2023

11 Johann Wolfgang von Goethe, Faust. Der Tragödie erster Teil, V. 1340,
in: J. W. Goethe, Werke, Band 3, Hamburg 1960, S. 47

12 https://twitter.com/MartinHuberCSU/status/162068662078457856
3?s=20, zuletzt abgerufen am 04.08.2023

13 https://twitter.com/Markus_Soeder/status/162078440870499123
2?s=20, zuletzt abgerufen am 04.08.2023

14 https://www.spiegel.de/politik/letzte-generation-klimaschuetzer-
raeumen-nach-asienflug-fehler-ein-a-d26f0f60-5d85-42a8-802c-
f9d2dc775ed8, zuletzt abgerufen am 04.08.2023

15 https://www.spiegel.de/panorama/leute/klima-shakira-anja-windl-
postete-heiratsgesuch-auf-instagram-a-61f7df80-5f12-4087-9106-
a436d902ab32, 16.04.2023, zuletzt abgerufen am 06.08.2023

16 Jakob Sprenger, Heinrich Institoris, Der Hexenhammer. Malleus
maleficarum, München, 1982, S. 107

17 a. a. O., S. 93

18 a. a. O., S. 97 ff.

19 a. a. O., S. 99

20 Wolfert von Rahden, »Orte des Bösen«, in: Alexander Schuller, Wolfert von Rahden (Hrsg.), Die andere Kraft. Zur Renaissance des Bösen,
Berlin, 1993, S. 35

21 https://www.welt.de/debatte/article245123012/Letzte-Generation-

Vorstoss-Ja-der-Bundestag-hat-ein-Teilhabe-Problem.html, zuletzt abgerufen am 06.08.2023

22 https://www.spiegel.de/politik/deutschland/tadzio-mueller-wer-klimaschutz-verhindert-schafft-die-gruene-raf-a-5e42de95-eaf2-4bc1-ab23-45dfb0d2db89, zuletzt abgerufen am 06.08.2023

23 Gero von Randow, Das Land dreht nach rechts, ZEIT Online, 25.05.2023, https://www.zeit.de/gesellschaft/2023-05/letzte-genera tion-razzia-polizei-aktivismus-radikalisierung, zuletzt abgerufen am 07.08.2023

24 vgl. Boris Groys, Carl Hegemann, »Das Faustische ist das Vergängliche«, in: Carl Hegemann (Hrsg.), Wie man ein Arschloch wird, Berlin, 2017, S. 114

SEXUELLER MISSBRAUCH –
DIE STRAFE NACH DER STRAFE

1 Hinderk M. Emrich, Die interpersonale Struktur des Bösen als Verweigerung des »Zwischen«, in: Florian Rötzer (Hrsg.), Das Böse. Jenseits von Absichten und Tätern. Oder: Ist der Teufel ins System ausgewandert?, Göttingen, 1995, S. 283

2 Peter Falkai, Hans-Ulrich Wittchen (Hrsg.), Diagnostisches und statistisches Manual psychischer Störungen DSM-5 (1. Auflage), Göttingen, 2015, S. 959 f.

3 https://wir-sind-auch-menschen.de

4 https://wir-sind-auch-menschen.de/unsere-haltung-zu-sex-mit-kindern

5 Carola Reinsberg, Ehe, Hetärentum und Knabenliebe im antiken Griechenland, München, 1993, S. 163 f.

6 a. a. O., S. 170

7 a. a. O., S. 189 f.

8 a. a. O., S. 193

9 Süddeutsche Zeitung, Nr. 84, 13.04.2015, S. 12

10 Frankfurter Allgemeine Zeitung, Nr. 267, 17.11.2014, S. 6

11 Platon, Phaidon, 66b, in: Platon, Sämtliche Werke, Band 2, Reinbek bei Hamburg, 1994, S. 120

12 Immanuel Kant, Die Religion innerhalb der Grenzen der bloßen Ver-

nunft, in: Werkausgabe Bd. VIII, BA7, Frankfurt am Main, 1977, S. 667

13 a. a. O., BA 5

14 a. a. O., A4

15 Marquis de Sade, Die Philosophie im Boudoir oder Die lasterhaften Lehrmeister, Gifkendorf, 1995, S. 141 f.

16 »Die meisten Täter werden nicht mehr auffällig«, Interview mit dem Kriminologen Hans-Jörg Albrecht, in: Stuttgarter Nachrichten, Nr. 115, 19.05.2011, S. 6

17 Michael Alex, Nachträgliche Sicherungsverwahrung – ein rechtsstaatliches und kriminalpolitisches Debakel. Bochumer Schriften zur Rechtsdogmatik und Kriminalpolitik, Band 11, Holzkirchen, 2013, S. 168

18 a. a. O., S. 173 f.

19 Süddeutsche Zeitung, Nr. 181, 09.08.2010, S. 2

20 Die Tageszeitung (taz), Nr. 9392, 12.01.2011, S. 12

21 Jörg Kinzig, »Spuren des Bösen in Strafrecht und Kriminologie«, in: Paul Fiddes, Jochen Schmidt (Hrsg.), Rhetorik des Bösen, Studien des Bonner Zentrums für Religion und Gesellschaft, Band 9, Würzburg, 2013, S. 239

22 Annelie Ramsbrock, Geschlossene Gesellschaft. Das Gefängnis als Sozialversuch – eine bundesdeutsche Geschichte, Frankfurt am Main, 2020, S. 297

23 Jörg Kinzig, »Vom Recht und seiner Realität«, in: Aus Politik und Zeitgeschichte, Nr. 42–43, 18.10.2021, S. 19

24 Ramsbrock, 2020, S. 305

25 a. a. O., S. 234

26 a. a. O., S. 238

27 a. a. O., S. 244

28 a. a. O., S. 244 ff.

RECHTSEXTREME — FÜNF JAHRE MIT MARTIN SELLNER UND HORST MAHLER

1 Al Jazeera, Generation Hate Part 1, https://www.youtube.com/watch?v =Il2GbD4mrrk, ab 07:00 Min, zuletzt abgerufen am 01.08.2023

2 Frankfurter Allgemeine Zeitung, Nr. 231, 05.10.2018, S. 4

3 Das Parlament, Nr. 24, 22.01.2018, S. 9 f.

4 Jan-Werner Müller, Was ist Populismus?, Berlin, 2016, S. 19

5 Carl Schmitt, Die geistesgeschichtliche Lage des heutigen Parlamentarismus, Berlin, 2017, S. 13 f.

6 Groys, 2017, S. 130

7 Carl Schmitt, Politische Romantik, Berlin, 1968, S. 19

8 Martin Sellner, »Der Große Austausch in Theorie und Praxis«, in: Renaud Camus, Revolte gegen den großen Austausch, Schnellroda, 2016, S. 206 f.

9 https://www.bpb.de/kurz-knapp/lexika/das-europalexikon/177068/ islam-und-europa/#:~:text=Muslime%20in%20Europa%2C%20 also%205,EU%20und%20knapp%206%20Mio.

10 Doug Saunders, Mythos Überfremdung. Eine Abrechnung, München, 2012, S. 68 u. S. 82

11 Michael Bonvalot, »Österreich als Warnung«, in: Andreas Speit (Hrsg.), Das Netzwerk der Identitären, Berlin, 2018, S. 217

12 Manuel Seitenbecher, Mahler, Maschke und Co. Rechtes Denken in der 68er-Bewegung?, Paderborn, 2013, S. 342

13 Horst Mahler, Michel Friedman, »So spricht man mit Nazis«, in: Vanity Fair, Nr. 45, 11.01.2007, S.76, online abrufbar: https://docplayer.org/122 42506-Http-www-vanityfair-de-articles-agenda-horst-mahler-2007-11-01-04423-horst-mahler-so-spricht-man-mit-nazis-1.html

14 Thomas Wagner, Die Angstmacher, Berlin, 2017, S. 229

15 Speit, 2018, S. 218

16 Birgit Schulz, Martin Block, Die Anwälte: Ströbele, Mahler, Schily. Eine deutsche Geschichte, Köln, 2009, S. 243

17 a. a. O., S. 298 ff.

18 a. a. O., S. 312

19 Seitenbecher, 2013, S. 362

20 Mahler, Friedman, 2007, S. 34

21 Seitenbecher, 2013, S. 375

22 Dok 5 – Das Feature, Die Invasion der Identitären, WDR5, 04.03.2018

23 https://www.faz.net/aktuell/feuilleton/demonstration-der-identitaeren-bewegung-in-oesterreich-14298595.html

24 https://www.spiegel.de/netzwelt/netzpolitik/elon-musk-darum-macht-er-twitter-zum-rechten-durchlauferhitzer-a-d5051f25-05d9-4548-b6b3-a7cf6a1a3836

25 https://diepresse.com/home/panorama/oesterreich/5567338/Freisprueche-im-IdentitaerenProzess-bestaetigt

26 https://www.youtube.com/watch?v=9U8h54EM4AQ#action=share

27 https://www.spiegel.de/politik/ausland/russland-wladimir-putins-rechtsextreme-freunde-in-europa-a-1075461.html, zuletzt abgerufen am 30.07.2023

28 Carl Schmitt, Der Begriff des Politischen, Berlin, 2015, S. 26

29 Björn Höcke, Nie zweimal in denselben Fluss. Björn Höcke im Gespräch mit Sebastian Hennig, Lüdinghausen, 2018, S. 254

30 https://www.faz.net/aktuell/politik/inland/afd-kandidaten-fuer-europa-remigration-meint-deportation-19086881.html, zuletzt abgerufen am 08.08.2023

31 Carl Schmitt, Theorie des Partisanen, Berlin, 2010, S. 87 f.

32 https://www.fr.de/politik/usa-weisse-rassisten-afghanistan-taliban-vorbild-90956549.html, zuletzt abgerufen am 29.07.2023

33 Compact Live: Die Identitäre Bewegung stellt sich vor«, https://www.youtube.com/watch?v=SHZwIGoGvJ0 (ab 1:16:36), zuletzt abgerufen am 09.08.2023

34 Philipp Hübl, Die aufgeregte Gesellschaft. Wie Emotionen unsere Moral prägen und die Polarisierung verstärken, München, 2019, S. 144

35 a. a. O., S. 145

36 https://christengemeinschaft.de/sites/default/files/bredenbeck-karin/pdf/2021-10/zu-michaeli-2021.pages_.pdf, zuletzt abgerufen am 01.08.2023

1 https://www.welt.de/geschichte/kopf-des-tages/article238320931/ Adelheid-Streidel-Im-Wahn-stach-sie-Oskar-Lafontaine-nieder. html, zuletzt abgerufen am 16.08.2023

2 https://www.welt.de/gesundheit/plus236345537/Psychische-Erkran kung-Schizophrenie-kuendigt-sich-schon-Jahre-vorher-an.html, 25.04.2023, zuletzt abgerufen am 26.08.2023

3 Tagesspiegel, Nr. 2, 02.04.2023, S. 8

4 https://www.welt.de/wissenschaft/plus245632776/Schizophrenie-Wie-sie-sich-entwickelt-wie-haeufig-sie-vorkommt-und-was-im-Gehirn-der-Betroffenen-geschieht.html, zuletzt abgerufen am 06.07.2023

5 https://www.deutschlandfunk.de/schizophrenie-psychiatrie-genetik-krankheit-gehirn-100.html, 12.02.2023

6 Günter Lempa, Dorothea von Haebler, Christiane Montag, Psychodynamische Psychotherapie der Schizophrenien. Ein Manual, Gießen, 2017, S. 56

7 Berliner Zeitung Magazin, Nr. 72, 25.03.2017, S. 3

8 https://www.sueddeutsche.de/wissen/mordprozess-haar-die-brutalitaet-der-taeterinnen-1.3463640, 19.05.2017, zuletzt abgerufen am 26.08.2023

9 Berliner Zeitung, 2017, S. 3

10 Stern, Nr. 28, 06.07.2017, S. 62

11 a. a. O., S. 64

12 KIGGS – Studie zur Gesundheit von Kindern und Jugendlichen in Deutschland, https://www.kiggs-studie.de/deutsch/studie.html, zuletzt abgerufen am 15.08.2023

13 Christa Rohde-Dachser, Expedition in den dunklen Kontinent. Weiblichkeit im Diskurs der Psychoanalyse, Berlin/Hamburg/New York, 1991, S. 89

14 Stern, Nr. 45, 29.10.2020, S. 80

15 Frankfurter Allgemeine Zeitung, Nr. 61, 13.03.2023, S. 7

16 Nachgefragt Podcast, NGF57 – Wissen: Kindesmissbrauch und Pädophilie, https://open.spotify.com/episode/0sp67dEvVSuDNUVgs1aNz4 ?si=b0ba73a18e7a4b75, ab 1:23:00–1:25:00, abgerufen am 03.04.2023

17 https://www.spiegel.de/politik/bunker-dich-ein-a-ca020346-0002-0001-0000-000008870604, 07.01.1996, zuletzt abgerufen am 26.08.2023

18 Foucault, 2003, S. 179
19 Michel Foucault, Von der Subversion des Wissens, Frankfurt am Main, 2000, S. 102
20 Michel Foucault, Wahnsinn und Gesellschaft, Frankfurt am Main, 1973, S. 31
21 Michel Foucault, Der anthropologische Zirkel, Berlin, 2003, S. 67

KÜNSTLICHE INTELLIGENZ –
DIE ÜBERWINDUNG DES MENSCHEN

1 http://philippwithai.com/florian.mp4
2 https://www.zeit.de/zett/politik/2023-05/deepfake-ki-generierte-bilder-videos-cyber-mobbing-kriminalitaet, zuletzt abgerufen am 22.08.2023
3 https://www.zeit.de/digital/internet/2023-04/kuenstliche-intelligenz-drake-ki-song-the-weeknd-musikindustrie#:~:text=K%C3%BCnstliche%20Intelligenz%20Wie%20ein%20Fake,und%20Rockstars%20t%C3%A4uschend%20echt%20imitieren, zuletzt abgerufen am 22.08.2023
4 Frankfurter Allgemeine Zeitung, Nr. 180, 05.08.2023, S. 19
5 Darum hat er sich gewünscht, dass ich als Quelle für die Grafik am Anfang des Kapitels statt seines Instagram-Profils eine Site nenne, die er extra für dieses Buch eingerichtet hat: www.phillipwithai.com. Dort ist seine Kunst. Es ist eine Art Proberaum seiner Arbeit.
6 https://chat.openai.com/?model=text-davinci-002-render-sha, zuletzt abgerufen am 02.08.2023
7 Martin Heidegger, Was heißt Denken?, Tübingen, 1997, S. 89
8 Süddeutsche Zeitung, Nr. 106, 09.05.2023, S. 9
9 Theodor W. Adorno, Minima Moralia. Reflexionen aus dem beschädigten Leben, Frankfurt am Main, 1997, S. 262
10 Armin Nassehi, »Die Atkins-Unschärferelation«, in: Kursbuch 199, Hamburg, 2019, S. 42
11 Süddeutsche Zeitung, Nr. 47, 25.02.2023, S. 44
12 a. a. O.
13 Süddeutsche Zeitung, Nr. 83, 11.04.2023, S. 9

14 Sternstunde Philosophie, Chatbot GPT – Das Ende der Kreativität, SRF, 05.03.2023, https://www.srf.ch/play/tv/sternstunde-philosophie/video/chatbot-gpt---das-ende-der-kreativitaet?urn=urn:srf:video:509 1f8fc-ffa4-46e7-b17b-f111c23651a7, zuletzt abgerufen am 23.08.2023

15 a. a. O.

16 https://www.welt.de/kultur/medien/plus244559050/Musk-Wozniak-und-Harari-Wir-muessen-auf-ihre-Warnungen-hoeren.html, zuletzt abgerufen am 23.08.2023

17 https://www.welt.de/kultur/plus245668992/KI-Die-neue-Weltunter gangs-Sekte-und-ihre-wahren-Motive.html, zuletzt abgerufen am 23.08.2023

18 https://www.morgenpost.de/vermischtes/article236833617/milliar daere-vorbereitung-apokalypse-weltuntergang-neuseeland.html, zuletzt abgerufen am 23.08.2023

19 https://sts-news.medium.com/youre-doing-it-wrong-notes-on-criticism-and-technology-hype-18b08b4307e5, zuletzt abgerufen am 23.08.2023

20 https://netzpolitik.org/2023/offener-brief-zu-ki-opfer-des-hypes/, zuletzt abgerufen am 23.08.2023

21 https://www.nzz.ch/technologie/zu-woke-zu-rassistisch-die-antworten-von-chatgpt-sorgen-fuer-kontroversen-und-befeuern-das-wettrennen-um-die-wahrheitsgetreueste-ki-ld.1728877, zuletzt abgerufen am 23.08.2023

22 Nick Bostrom, Superintelligenz. Szenarien einer kommenden Revolution, Berlin, 2016, S. 175, das Büroklammern-Gedankenexperiment ausführlich unter: https://nickbostrom.com/ethics/ai, zuletzt abgerufen am 26.08.2023

23 a. a. O., S. 176

24 https://www.welt.de/kultur/plus245668992/KI-Die-neue-Weltunter gangs-Sekte-und-ihre-wahren-Motive.html, zuletzt abgerufen am 23.08.2023

25 Berliner Zeitung, 06.06.2023, S. 17

26 https://www.welt.de/wirtschaft/plus245962960/KI-Wohlstand-oder-Versklavung-wohin-fuehrt-uns-das-neue-Zeitalter.html, zuletzt abgerufen am 24.08.2023

27 Friedrich Nietzsche, Also sprach Zarathustra, KSA 4, München, 1999, S. 149

28 Friedrich Nietzsche, Zur Genealogie der Moral, KSA 5, München, 1999, S. 316

29 Nietzsche, Jenseits von Gut und Böse, S. 99

30 a. a. O., S. 374

31 Nietzsche, Also sprach Zarathustra, S. 20

32 Friedrich Nietzsche, Nachgelassene Schriften 1885–1887, KSA 12, München, 1999, S. 310

33 a. a. O., S. 467

34 Nietzsche, Zur Genealogie der Moral, S. 293

35 a. a. O., S. 15

36 Peter-André Alt, Ästhetik des Bösen, München, 2011, S. 411

37 Friedrich Nietzsche, Menschliches Allzumenschliches, KSA 2, München, 1999, S. 206

38 Bostrom, 2016, S. 178

39 Boris Groys, Die Erfindung Russlands, München, 1995, S. 31

40 Martin Burckhardt, Philosophie der Maschine, Berlin, 2018, S. 34

41 Peter Sloterdijk, Nicht gerettet. Versuche nach Heidegger, Frankfurt am Main, 2001, S. 95

42 Goethe lässt Mephisto auf Fausts Frage, wer er sei, sagen: »Ein Teil von jener Kraft, die stets das Böse will und stets das Gute schafft«, in: J. W. Goethe, Faust. Eine Tragödie, V 1335, Werke, Band 3, Hamburg 1960, S. 47

43 James Bridle, Die unfassbare Vielfalt des Seins. Jenseits menschlicher Intelligenz, München, 2023, S. 222

44 Martin Heidegger, »Die Frage nach der Technik«, in: Vorträge und Aufsätze, Stuttgart, 2004, S. 9

45 Bridle, 2023, S. 257

46 a. a. O., S. 260

47 Martin Heidegger, »Dichterisch wohnet der Mensch«, in: Vorträge und Aufsätze, Stuttgart, 2004, S. 191

48 Bridle, 2023, S. 264

NACHWORT —
LOB DER AMBIVALENZ

1 Franz Kafka, Beim Bau der chinesischen Mauer, Frankfurt am Main, 2006, S. 182

2 Karl Marx, Friedrich Engels, Marx-Engels-Werke (MEW), Band 3, 1845–1846, Berlin, 1990, S. 7

3 Christian Geyer, Hirnforschung und Willensfreiheit. Zur Deutung der neuesten Experimente, Frankfurt am Main, 2013, S. 9

4 Michael Schmidt-Salomon, Jenseits von Gut und Böse. Warum wir ohne Moral die besseren Menschen sind, München/Berlin, 2015, S. 122

5 WDR5, Das philosophische Radio, »Psychoanalyse – Wie unabhängig sind wir wirklich, Gespräch mit Martin Teising, 30.01.2023, https://open.spotify.com/episode/7fJkJLpGFvjTmYmVqGoeCn?si=dbd3c17d88284e73, zuletzt abgerufen am 08.06.2023

6 Norbert Bolz, Auszug aus der entzauberten Welt. Philosophischer Extremismus zwischen den Weltkriegen, München, 1989, S. 63

7 Jürgen Habermas, Niklas Luhmann, Theorie der Gesellschaft oder Sozialtechnologie, Frankfurt am Main, 1971, S. 401

8 Niklas Luhmann, Beobachtungen der Moderne, Opladen, 1992, S. 42

9 Niklas Luhmann, Soziologische Aufklärung IV, Wiesbaden 2009, S. 6

NACHWORT ZUR TASCHENBUCHAUSGABE —
DER LINKE ANTISEMITISMUS

1 https://www.rnd.de/panorama/esc-finale-in-malmoe-greta-thunberg-bei-pro-palaestinensischer-demo-festgenommen-Q4HS7TIHAVBTRIT55JHG3XG2WU.html, zuletzt abgerufen am 1.11.2024

2 Jakob Baier, Malmö ist überall. Musik, Antisemitismus und der 7. Oktober 2023, in: Matthias Naumann (Hrsg.), Judenhass im Kunstbetrieb, Reaktionen nach dem 7. Oktober 2023, Berlin, 2024, S. 81 f.

3 Jens Balzer, After Woke, Berlin, 2024, S. 35 f.

4 Nicholas Potter, Klimabewegung, in: Nicolas Potter, Stefan Lauer (Hrsg.), Judenhass Underground: Antisemitismus in emanzipatorischen Subkulturen und Bewegungen, 2023, S. 116

5 A. a. O., S. 118

6 https://djsagainstapartheid.com/statement, zuletzt abgerufen am 07.12.2024

7 https://www.spiegel.de/kultur/berlin-linker-technoclub-about-blank-klagt-ueber-angriffe-von-propalaestinensischer-szene-a-1a8b996c-fbef-406a-986a-dcf2bed9db79, ausführlicher: https://www.instagram.com/p/DAdFRj2gBWx/?utm_source=ig_embed&ig_rid=c81d549c-ba9d-4402-ab36-2e0ba1bd4fad&img_index=1, zuletzt abgerufen am 07.12.2024

8 Baier in: Naumann (Hrsg.), 2024, S. 91

9 Balzer, 2024, S. 50

10 A. a. O., S. 68.

11 Omri Boehm – lässt sich ohne Hass über Nahost sprechen?, in: Sternstunde Philosophie, SRF, 28.10.2023

12 Balzer, 2024, S. 29

13 Walter Benjamin, Das Passagen Werk, in: Gesammelte Schriften, Band V.I, Frankfurt am Main, 1978, S. 578

FLORIAN SCHROEDER

INFORMATIONEN UND BESTELLUNG:
WWW.FLORIAN-SCHROEDER.COM

EUR 16,00 [DE] – EUR 16,50 [AT] | ISBN: 978-3-423-28279-6
Erscheinungsdatum: 17.09.2021 | 4. Auflage | 368 Seiten | Sprache: Deutsch